HISTOIRE DE LA PRESSE

SOUS LA COMMUNE

(Du 18 mars au 24 mai 1871.)

PARIS. — IMP. VICTOR GOUPY, RUE GARANCIÈRE, 5.

A. GAGNIÈRE

HISTOIRE
DE LA PRESSE
SOUS LA COMMUNE

(DU 18 MARS AU 24 MAI 1871)

PARIS
E. LACHAUD, ÉDITEUR
4, PLACE DU THÉATRE-FRANÇAIS

1872

AVANT-PROPOS

Nous avons divisé notre travail en deux parties :

La première est une appréciation individuelle du rôle de la presse sous la Commune, et, incidemment, l'histoire du comité central et de la Commune.

Nous ne nous dissimulons pas la difficulté de notre tâche : raconter impartialement les événements, critiquer le mal, mais aussi faire remarquer le bien, tout cela est peu naturel dans un pays où le succès justifie tout; où le vainqueur, sur le pavoi la veille, vaincu le lendemain, n'est plus même digne du bagne.

La seconde partie nous offrait une tâche plus facile. Un travail bibliographique et descriptif devait enregistrer impartialement et sans commentaires tous les journaux parus. Il fallait donner les extraits des principaux articles, sans se préoccuper s'ils froissaient ou non nos convictions. Le seul but à atteindre était d'intéresser les lecteurs pour lesquels ces journaux sont complétement inconnus.

Deux qualités constituent un bon catalogue : il faut qu'il soit exact et complet.

Nous ne croyons pas que l'on puisse rencontrer une collection plus complète que la nôtre. Toutefois, il nous a été impossible de nous procurer certaines feuilles dont nous citons les titres, mais qui n'ont probablement jamais existé qu'à l'état de prospectus.

Tout ce que nous avons sous les yeux est décrit minutieusement, afin que si quelques-uns de nos lecteurs ou si les curieux de l'avenir voulaient faire cette intéressante collection, ils puissent reconnaître sans hésitation l'exemplaire décrit.

PREMIÈRE PARTIE

HISTOIRE DE LA PRESSE
SOUS LA COMMUNE

(Du 18 mars au 24 mai 1871.)

PREMIÈRE PARTIE

I

L'homme de Sedan venait de rendre son épée à son confrère Guillaume. Il livrait, pour sauver sa personne, 80,000 hommes, un immense matériel, et ouvrait aux Prussiens les portes de la France.

A l'annonce de ces nouvelles, Paris, secouant enfin ses vingt ans de torpeur, et ne craignant plus, cette fois, les casse-têtes de Piétri, se porta en masse au Corps législatif et, d'un souffle, balaya ministres et députés, humbles esclaves de l'assassin de Décembre. Une heure plus tard, la foule, qui avait envahi l'Hôtel-de-Ville, nommait par acclamation les députés de Paris membres du gouvernement provisoire.

Qu'était-ce que ces hommes ?

Il faut remonter à 1857 pour expliquer leur origine.

Lorsque la France fut terrassée dans la nuit de Décembre, les proscriptions furent faites avec tant de soin, la presse si lestement baillonnée, que la première Chambre se trouva composée exclusivement de serviteurs fidèles et dévoués au nouveau régime.

C'était l'heureux temps qui vit fleurir préfets et procureurs impériaux à poigne, temps où pour un dîner mal digéré, monsieur le préfet expédiait son homme à Cayenne ou à Lambessa. Mais tout s'use ici-bas, et le bonheur aussi complet qu'il soit ne peut être éternel. Vinrent les secondes élections législatives et *cinq* des nouveaux élus appartenaient à la fraction républicaine. Ce nom, républicain, était alors bien dangereux à porter. On les appela les cinq députés de l'opposition, et enfin les *cinq* tout court. Ces favorisés étaient MM. Jules Favre, Ernest Picard, Émile Ollivier, Darimon, Hénon. Un seul est resté fidèle à ses opinions, un seul jouit de l'estime de tous : c'est l'honorable maire de Lyon, M. Hénon. Lamentable est l'histoire d'un autre : elle vient de s'achever devant la cour d'assises de la Seine. Méprisable, celle de M. Picard. Sans vouloir raconter ce qu'il a fait durant les dernières années de l'Empire, en jetant même un voile sur le siège de Paris, il nous reste le ministre du 18 mars, il nous reste l'homme venant combattre à la tribune ce qu'il avait réclamé durant quinze ans d'opposition, et c'est assez. Ignoble est la fin des deux derniers. Il suffit de prononcer leur nom : Émile Ollivier, Darimon : le cœur léger, la culotte courte.

Ainsi la Chambre de 1857 compta cinq républicains. En 1863, la France, un peu moins affolée, leur envoya plusieurs nouveaux collègues qui, à l'exemple de leurs devanciers, remplirent consciencieusement leur mandat, c'est-à-dire taquinèrent les ministres impériaux, prononcèrent de beaux discours et rentrèrent le soir chez eux contents de tout, surtout d'eux-mêmes.

Mais durant la période de 1863 à 1869, le parti républicain s'était réformé ; les harangues sonores ne lui suffisaient plus, il lui fallait des hommes en chair et non des députés en baudruche. Malheureusement, le pli était pris ; la bourgeoisie qui qualifiait, en 1857, les Cinq de *buveurs de sang*, s'était apprivoisée. Décidément, disait-elle, ces messieurs avaient du bon. D'ailleurs cette opposition était nécessaire, elle émoustillait le pouvoir, qui n'avait rien à redouter d'eux, car, à part de rares exceptions, ils étaient tous riches à l'envi.

Le parti radical fut battu généralement aux élections de 1869. A peine quelques jeunes purent-ils émerger. Seuls contre tous, que pouvaient Gambetta, Rochefort? La Chambre reprit ses anciennes habitudes : Ollivier remplaça Rouher ; l'étiquette seule était changée.

Ce nouveau cabinet fut appelé le *Ministère des honnêtes gens*. Les ministres des quinze dernières années acceptèrent philosophiquement cette injure, s'en remettant à l'avenir pour prouver à l'opinion publique qu'elle avait eu grand tort de faire aucune distinction.

Du reste, pour fonder la dynastie, l'Empereur et sa famille s'efforçaient de faire oublier leur roturière origine, en imitant, aussi bien que faire se pouvait, les mœurs galantes de la cour de Louis XV. On poussa même fort loin cette imitation, si propre à rallier les anciennes familles. — Un cousin du roi trouvait grand plaisir à descendre à coups de fusil les couvreurs des toits avoisinant son hôtel : un cousin de l'Empereur se contentait de prouver son adresse au revolver en tirant sur les personnes qui se présentaient chez lui en parlementaires.

Une catastrophe imprévue les arrêta en si bon chemin. Les dilapidations des dernières années avaient pris de telles proportions qu'il était urgent ou de faire une guerre pour masquer ce déficit énorme, ou de fuir en Angleterre comme un vulgaire caissier.

Le premier de ces moyens pouvait entraîner la perte de la France; le second, au contraire, la sauvait : il n'y avait donc pas à hésiter. On choisit le premier, et la guerre fut déclarée à la Prusse.

Deux cent cinquante mille hommes se firent héroïquement écraser par sept cent mille, et assistèrent aux funérailles de la dynastie napoléonienne dans le trou de Sedan.

Le 4 Septembre arriva, et les hommes qui, depuis quinze ans, battaient en brèche l'Empire, prirent à leur tour, les rênes du pouvoir. Hélas ! Habitués à ce rôle agréable et peu dangereux d'opposants, ils étaient aussi usés que ceux auxquels ils succédaient.

Il est si facile de critiquer, si difficile de créer.

Bercés de cette illusion que l'Empire n'était pas près de sa fin, aucun n'avait songé au lendemain; aucun n'avait eu l'idée de réunir dans une vaste association les républicains de toute la France, d'avoir, dans chaque département, un chef qui préparât les cadres, depuis le garde-champêtre jusqu'au préfet, et qui transmît son travail au conseil supérieur : non, rien de tout cela ne fut fait.

Aussi dès les premiers jours régnèrent le désordre et l'incurie : chacun tira à soi. La plupart des hommes envoyés comme préfets étaient incapables ou ignoraient complétement les dispositions d'esprit de leur département.

Le mot république fut proscrit. On fit de la conciliation quand il fallait de la force. Ces hommes, qui se disaient républicains, acceptaient pour chef un général breton légitimiste, et se laissaient appeler Gouvernement de la défense nationale.

Pendant ce temps, les Prussiens s'avançaient. On expédia bien vite en province les deux plus âgés du gouvernement, et, le 16 septembre, Paris se trouva séparé du reste de la France.

Laissons Paris abandonné à lui-même, et esquissons rapidement cette douloureuse odyssée de Tours et de Bordeaux.

II

Le gouvernement de la Défense nationale avait adjoint comme ministre de la guerre et de la marine aux deux septuagénaires, Crémieux et Glais-Bizoin, un troisième invalide, dont l'avancement avait été dû à sa brillante conduite lors du transport des condamnés politiques à Cayenne, en 1852. J'ai nommé l'amiral Fourichon.

Ce triumvirat sénile quitta Paris avec la conviction que toute résistance était impossible. Crémieux lui-même se laissa berner par les contes de Thiers, qui partant pour sa fameuse mission diplomatique, lui avait fait entrevoir toute son influence sur les cabinets européens, afin d'arriver à nous faire conclure une paix honorable. Ah! monsieur Crémieux, avec toute votre finesse israélite, vous n'avez pas compris que, durant ce voyage à travers l'Europe, le sort de la France allait être beaucoup moins discuté que la candidature future du petit homme d'État à la présidence d'une république! Vous n'avez pas compris qu'en dépêchant comme ambassadeur extraordinaire auprès de toute l'Europe, cet ancien serviteur de Louis-Philippe, vous lui prépariez non-seulement un regain de popularité, mais encore vous lui facilitiez l'ascension du fauteuil présidentiel en lui permettant de solliciter et d'obtenir la reconnaissance immédiate d'un gouvernement dont il serait le chef.

Vous, *l'un des sept rois de la république de* 1848, suivant votre expression favorite, ignoriez-vous donc qu'il y avait deux gouvernements à Tours comme à Bordeaux : celui de la Défense nationale, celui de M. Thiers. Ignoriez-vous aussi que toutes les nouvelles diplomatiques étaient connues par ce dernier bien avant vous ?

Le premier acte du chef du gouvernement fut une faute.

Le républicain Crémieux, l'israélite Crémieux, descendit chez l'archevêque de Tours : la calotte noire fraternisa avec le bonnet rouge. On échangea des visites; on parla du haut des balcons, mais on oublia que les Prussiens cernaient Paris et s'avançaient sur la Loire.

Nous touchons au 9 octobre. Ce jour-là descendit du ciel le seul des hommes de septembre qui se soit montré à la hauteur de sa mission : le ballon l'*Armand Barbès* apporta dans sa nacelle celui qui allait faire prendre à la lutte une face nouvelle, celui qui, malgré les résistances, les lâchetés, les trahisons, aurait débarrassé la France des Prussiens s'il avait rencontré un seul général capable de le seconder dans l'immense tâche qu'il s'était imposée.

La France entière accueillit avec transport l'annonce de son arrivée. Au découragement le plus profond succéda l'espérance. Il apportait avec lui un des rares

1.

décrets qui ait fait honneur à l'esprit politique du gouvernement de Paris : le renvoi des élections. Car il était évident que bonapartistes et légitimistes avaient déjà repris courage, et que, dès cette époque, nous aurions eu la triste chambre qui siège à Versailles. Plus d'élections, plus de temps perdu, des actes.; plus de conciliation, de la dictature : voilà ce qu'il fallait, voilà ce que les républicains attendaient de Gambetta.

A-t-il répondu à cette attente ? Évidemment non.

Après bien des lenteurs, on était parvenu à constituer enfin un noyau de troupes composées de quelques vieux soldats des dépôts, auxquels vinrent s'adjoindre les mobiles de la classe de 1870.

Ce fut l'armée de la Loire, cette armée dont se moquaient les journaux étrangers; et que, d'après le dire des généraux prussiens, quelques régiments devaient réduire à néant.

Le triumvirat joua de malheur dans le choix de ses deux premiers généraux : le premier, La Motte Rouge, général de la garde nationale de Paris, avait été destitué le 4 septembre; le second, de Polhès, était un des divisionnaires du triste héros de Mentana, de l'homme au chassepot *qui fait merveille.*

A ces incapables succéda d'Aurelles de Paladine. Ce général, commandant à Marseille le jour du 4 septembre (*la République proclamée*), avait refusé de reconnaître le nouveau gouvernement, et, par *trois fois*, avait ordonné à la troupe de tirer sur le peuple.

Du moins, si les talents militaires de cet énergique sabreur avaient compensé sa haine pour la République, nous pardonnerions à Gambetta cette triste nomination. Mais non, fusiller le peuple désarmé, demander par télégramme des prières à Mgr d'Orléans : voilà toutes les qualités que devait montrer un des futurs vainqueurs de Montmartre au 18 mars.

Dès la fin d'octobre, le plan de la bataille de Coulmiers, ce Jemmapes de la nouvelle République, fut préparé et arrêté dans le cabinet du ministre de la guerre. C'est sur l'ordre de ce même ministre que, le 5 novembre, les opérations commencèrent pour aboutir le 9.

Notre jeune armée fut admirable de valeur et de courage. Malgré un feu d'une violence inouïe, elle enleva toutes les positions de l'ennemi, et, pour la première fois depuis le commencement de cette funeste campagne, le soldat français acquit la certitude que l'Allemand n'était plus invincible.

Victoire sans lendemain : d'Aurelles de Paladine transforma à son usage le mot inaction en temporisation, et donna ainsi à Frédéric-Charles tout le temps de venir porter secours à Von der Thann et à Mecklembourg.

Mais pourquoi s'arrêter plus longtemps sur ces désastreux souvenirs ; Coulmiers fut un éclair dans la sombre nuit de nos malheurs.

Le découragement recommença son œuvre démoralisatrice ; les troupes n'avaient plus confiance dans leurs chefs ; les généraux, créatures du bas empire, avaient le plus profond mépris pour ces soldats qui allaient mourir en criant : Vive la patrie ! Vive la République ! Ces mots ne réveillaient chez eux aucun souvenir : la patrie ! Un fauteuil au Sénat ; la République !

la cour des Tuileries où la plus grande liberté ne cessa jamais de régner.

Toutefois, il serait injuste de ne pas faire une exception en faveur de Chanzy, Faidherbe : Chanzy, dont l'indomptable fermeté arrêta pendant un mois l'armée du plus grand capitaine des Prussiens ; Faidherbe, qui fit coucher ses jeunes troupes sur les positions brillamment conquises à Bapaume.

Et ensuite, plus que des désastres à enregistrer : la retraite du Mans, l'évacuation de Tours, le passage en Suisse de l'armée de l'Est et enfin la capitulation de Paris.

Les événements sont encore trop récents pour que nous ayons la prétention de porter un jugement impartial sur celui qui fut la tête et le cœur de ce gouvernement errant. Les monarchistes l'appellent dictateur, les républicains, politique génois.

Dictateur ! lui qui, deux fois, a tenu la dictature dans ses mains et, deux fois, l'a laissé échapper !

Le jour de sa descente en ballon, il pouvait, par un plébiscite (renouvelé de celui de Paris au 31 octobre), faire voter par oui ou par non la République, et en être nommé le président. Au lendemain de Coulmiers, il n'avait même plus à consulter la France, il fallait mettre bas ce masque de conciliation, et marcher hardiment dans la voie révolutionnaire, réduire au silence toute cette tourbe de réactionnaires qui encombraient les antichambres ministérielles, couper court aux intrigues de Thiers et de son entourage et ne plus se laisser imposer de choix détestables ; renvoyer tous ces vieux généraux et faire avancer les jeunes officiers ; écouter enfin les avis des hommes désintéressés qui voyaient clairement l'abîme où ce mode de gouverner nous menait.

Un seul peut-être dans l'entourage de Gambetta eut conscience de la situation, et voulut appliquer une fois au pouvoir les maximes politiques de toute sa vie. Il ne varia jamais et suivit inflexiblement sa ligne de conduite. Trop peu écouté des siens, ses adversaires en revanche surent mieux l'apprécier, et s'efforcèrent de le lui prouver, en ne négligeant rien pour le faire fusiller pendant les tristes jours qui suivirent la Commune.

Cet homme était Ranc; ce nom doit adoucir l'amertume et les regrets poignants de ceux qui ont vu sombrer deux républiques faute de républicains.

Gambetta dictateur! Depuis que tous les journaux de la réaction l'ont ainsi nommé, le jeune ministre a dû regretter de ne pas avoir plus durement exercé sa dictature. Au dernier moment, alors que tout croulait, il semble qu'il ait entrevu son immense faute. Il prit coup sur coup plusieurs décrets qui furent, du reste, lettres mortes. Il était trop tard!...

Ces critiques faites au point de vue de la conduite politique de Gambetta, il nous reste à louer sans réserve le rôle qu'il a joué dans la défense nationale. Il fallait deux Gambetta : l'un à Paris, l'autre en province ; et la patrie était sauvée.

En France, le succès justifie tout : après Coulmiers, on lui tressait des couronnes; après sa chute, ce n'était plus qu'un aventurier. Mensonges, diffamations, calomnies, rien ne lui fut épargné. Qu'il se console, l'histoire impartiale, dédaignant la boue qu'on lui a jetée à la face, lui réservera sa plus belle page dans les terribles événements de 1870-1871.

III

Si Gambetta eut l'immense tort de ne pas installer définitivement la république, du moins peut-on dire qu'il consacra ses jours et ses nuits à la défense de la patrie. Mais que penser des hommes investis de l'absolue confiance de l'héroïque population parisienne.

Ceux-là ne surent même pas mériter ce nom de gouvernement de la Défense nationale pour lequel ils avaient répudié celui qui représentait les aspirations de toute leur vie.

Nous ne nous appesentirons pas sur les opérations du siége de Paris. Là, comme partout, on constate la même cause de nos désastres : Des soldats héroïques, des chefs ignares.

Trochu, Ducrot, Vinoy : *Chatillon, Champigny, Montretout;* Une défaite pour chacun, point de jaloux. — *Je rentrerai mort ou vainqueur*, dit Ducrot; — *Le gouverneur de Paris ne capitulera pas*, dit Trochu. Vinoy seul n'a pas ramassé sa petite phrase; mais quelle revanche il prendra au 18 mars.

Du 4 septembre au jour du complet investissement, il fallait déployer des prodiges d'activité pour ravitailler cette immense place de guerre. Des vivres et des conscrits, voilà tout ce que la France pouvait offrir à cette ville qui allait souffrir la ruine, le froid, la faim pour sauver notre honneur. Canons, chassepots, munitions, tout était resté à Sedan. Mais le patriotisme y suppléa. De tous côtés s'improvisèrent des fabriques de cartouches ; les grands ateliers industriels fondirent des canons. On fit flèche de tout bois. Les inventions se multiplièrent. On vida les arsenaux, et les fusils à silex de 1789 devinrent d'excellents fusils à tabatière.

Le 29 octobre, le Bourget fut occupé par les mobiles, mais le 30, les Prussiens revenant en colonnes serrées, les écrasèrent et firent de nombreux prisonniers. A l'annonce de cette fâcheuse défaite, une sourde irritation se manifesta dans les groupes. Le peuple énumérant les fautes commises, regrettait le temps perdu, se demandait enfin comment une ville, qui comptait dans son sein plus de 400,000 combattants, pouvait se laisser aussi étroitement bloquer par moins de 300,000. Tout à coup une nouvelle se répandit : Thiers vient d'arriver à Paris, apportant avec lui l'annonce de la capitulation de Metz. Et confirmant cette nouvelle, le 31 octobre au matin, le gouvernement publiait les déclarations suivantes.

M. Thiers est arrivé aujourd'hui à Paris ; il s'est transporté sur le champ au ministère des Affaires étrangères.

Il a rendu compte au gouvernement de sa mission, grâce à la forte impression produite en Europe par la résistance de Paris, quatre grandes puissances neutres, l'Angleterre, la Russie, l'Autriche et l'Italie se sont ralliées à une idée commune.

Elles proposent aux belligérants un armistice, qui aurait pour objet la convocation d'une assemblée nationale.

Il est bien entendu qu'un tel armistice devrait avoir pour condition le ravitaillement proportionné à sa durée et l'élection de l'assemblée pour le pays tout entier.

Le ministre des Affaires étrangères, chargé par intérim du ministère de l'Intériéur.

JULES FAVRE.

Suivait un récit officiel de la défaite de Bazaine.

Le dernier espoir des Parisiens s'évanouissait : Metz, la cité imprenable, Metz était livrée ! Ne comprend-on pas les ravages que ces deux mots laconiques firent dans la population parisienne ? Metz livrée, mais c'étaient les derniers vieux soldats de la France, qui allaient grossir le nombre des prisonniers en Allemagne ; c'était la perte de douze cents pièces d'artillerie et de trois cent mille chassepots ; c'était enfin l'espoir déçu de voir Bazaine, rompant son cercle de fer, s'avancer au secours de Paris. Metz livrée ! mais les deux cent mille hommes de Frédéric-Charles avaient alors toute liberté pour renforcer les assiégeants ou écraser la naissante armée de la Loire.

C'en était trop : battus au Bourget, trahis à Metz par des généraux bonapartistes, les Parisiens n'hesitèrent plus. Ils voulurent renverser ce gouvernement incolore et incapable, et mettre à leur place des hommes jeunes pour la plupart mais tous énergiques assurément. Du reste, qu'avaient-ils à redouter en faisant une révolution sous le feu même de l'ennemi? Les affaires pouvaient-elles être plus mal dirigées qu'elles l'étaient?

Non.

Paris, et par contre-coup la France entière, avait tout à espérer dans ce mouvement du 31 octobre.

L'Hôtel de ville fut envahi aux cris de : Vive la Commune! A bas Trochu! A Versailles! Des armes! Des armes!

Le programme fut formulé en trois points : 1° Déchéance du gouvernement de la Défense nationale; 2° Levée en masse et refus de tout armistice; 3° Établissement immédiat de la commune révolutionnaire.

Voyez dans ce grand salon, autour de la table du centre, voyez MM. Jules Favre, Jules Simon, Jules Ferry, Garnier-Pagès, Emmanuel Arago. Ils sont là, ces vainqueurs de la veille, ces vaincus d'aujourd'hui, causant entre eux à voix basse ; ils ne paraissent pas se douter que, non-seulement leur position, mais leur vie est en jeu.

Rendons justice, néanmoins, à qui la mérite. Ce fut la seule fois qu'ils se montrèrent à la hauteur de leur mandat. Pas un n'eut une défaillance. Fermes à leur poste, ils se contentèrent de protester, et, pour le reste, firent ce qu'ils avaient coutume de faire depuis qu'ils étaient au pouvoir : s'en rapportèrent à la Providence.

La Providence se montra sous les traits de l'avocat Picard. Celui-ci, dès l'envahissement de l'Hôtel de ville, n'avait eu qu'un but : mettre en sûreté sa précieuse personne ; mais une fois hors la bagarre, son esprit éminemment pratique lui suggéra l'idée de sauver son ministère en sauvant ses collègues. Il fit battre le rappel, réunit quelques bataillons *dits de l'ordre*, et marcha sur l'Hôtel de ville.

Il était alors neuf heures du soir. Le gouvernement prisonnier se considérait décidément vaincu et renonçait à la partie. Une affiche appelant les électeurs au scrutin pour l'élection d'une commune, signée : Dorian, Schœlcher, Étienne Arago, Ch. Floquet, Ch. Hérisson, Henri Brisson et Clamageran, venait d'être apposée.

A ce moment, le 106e bataillon qui, grâce à une méprise des volontaires de Flourens, avait pu approcher, envahit brusquement la salle et fit à son tour prisonniers les premiers envahisseurs.

Un temps précieux avait été perdu pour la composition de la liste des membres du nouveau gouvernement. Plusieurs listes circulèrent et furent chaleureusement discutées. Voici celle de la première heure, proposée par Flourens :

Dorian, Louis Blanc, Félix Pyat, Victor Hugo, Blanqui, Gustave Flourens, Delescluze.

La seconde comprenait plus de noms :

Dorian, Blanqui, Delescluze, Louis Blanc, Félix Pyat, Bonvalet, Ledru-Rollin, Verdure, Schœlcher, Joigneaux, Greppo, Martin-Bernard.

Enfin, on en dressa une dernière :

Dorian, Ledru-Rollin, Félix Pyat, Blanqui, Delescluze, Gambon, Flourens, Millière, Martin Bernard.

Ce n'est qu'avec une grande répugnance que nous attaquons un homme qui n'est plus, mais à chacun sa part de responsabilité : Flourens fut la cause de cette triste débâcle. En révolution, les minutes sont des heures, et il faut savoir les mettre à profit. Flourens, hissé sur la table centrale, passait son temps à composer des listes. Sans doute, les bottes vernies et les galons du brave commandant faisaient un bel effet sur la table du conseil : mieux eût valu moins de paroles mais plus d'actes.

Révolution, capitulation : voilà les deux terribles alternatives qui restaient à Paris, avant le 31 octobre. Révolution, c'est-à-dire l'espoir d'une réussite, en employant des hommes nouveaux ; capitulation, c'est-à-dire la certitude d'arriver à cette dernière humiliation, en laissant en place les hommes du 4 Septembre.

Nous le demandons aux esprits impartiaux, les citoyens choisis au 31 octobre, comme capacité, moralité, talents, ne valaient-ils pas les hommes que le peuple voulait remplacer ? Supposons que le 31 Octobre eût réussi : le résultat final aurait-il été plus pitoyable ? Aurions-nous obtenu des conditions plus honteuses ?

Entre un mal qui peut être guéri par une opération terrible, mais nécessaire, et la certitude de la mort, en restant dans l'inaction, il n'y a pas à hésiter. Entre des gens reconnus incapables et des hommes nouveaux, entre ceux qui représentaient l'*ordre*, mais la capitulation, et ceux qui représentaient le *désordre*, mais peut-être la libération, pouvait-on balancer ?

Le gouvernement du 4 Septembre conserva donc le triste honneur de remettre aux Prussiens les clefs de Paris.

Nous ne citons que pour mémoire le 22 Janvier.

Le Gouvernement avait fait arrêter Flourens et quelques autres chefs populaires. Dans la nuit du 21 au 22, leurs partisans forcèrent les portes de Mazas et délivrèrent les prisonniers. Ceux-ci se mettant à la tête du rassemblement, qui de 150 arriva rapidement au chiffre de 3 à 4,000 personnes, tentèrent l'assaut de l'Hôtel-de-Ville. Mais, cette fois, les mesures étaient prises ; tout se borna à une courte fusillade.

Cette échauffourée n'avait aucune chance d'aboutir. Les courageux citoyens qui, par patriotisme, avaient laissé mettre leur nom en avant au 31 octobre, s'étaient retirés. Du reste, ce mouvement eût-il réussi, on ne pouvait plus être sauvé. La famine s'avançait à grands pas, semant sa route de victimes : femmes, vieillards, enfants.

Révolution s'était évanouie ; on restait en face de *capitulation.*

Et c'est ainsi que bernés, joués, attendant toujours la réalisation du fameux plan Trochu, les Parisiens vécurent jusqu'au 27 janvier. Ce jour-là, la sinistre nouvelle d'une reddition prochaine retentit. Le pain (et quel pain !) allait manquer.

Allons, maître Jules Favre, faites provision de larmes; préparez vos sonores périodes, il va falloir recommencer un nouveau chemin de Damas !... Versailles est moins éloigné que Ferrières. Mais aussi, au bout de cette route, voyez flamboyer la devise du Dante : *Lasciate ogni speranza.* Laissez ici toute espérance! La dernière, la plus redoutable des forteresses demande à capituler. Et c'est vous qui venez pour elle implorer merci.

Deux cents millions, l'occupation des forts, un armistice qui ne s'étendait pas à l'armée de l'Est, furent les conditions imposées par le vainqueur à Paris.

Le 8 février, Paris fut appelé à élire des représentants. Privé de toutes communications avec le pays, son esprit politique était resté au 4 Septembre.

Il comprenait si peu que la République pût être même discutée, que, devant l'incurie, l'inertie de son gouvernement, il avait tenté par deux fois de substituer un élément nouveau.

Cette élection était d'autant plus importante que les noms qui allaient sortir de l'urne devaient être un bill de blâme ou de remerciement pour les hommes qui avaient gouverné du 4 septembre au 8 février.

Le vote fut écrasant pour eux.

Les bons républicains, Arago, Magnin, Ferry, furent confondus avec les faux-frères. Un seul nom surnagea : Jules Favre ; et cet homme, moins de deux mois après, reniait, dans les termes les plus outrageants, ceux-là même qui avaient fait en sa faveur une si honorable exception. Tous les autres élus étaient ces mêmes citoyens qui, durant le siége, n'avaient cessé de blâmer l'attitude du gouvernement.

Salut, noble cité ! Honneur à toi ! Affamée, vaincue, tu n'as pas désespéré de la république !

IV

Si les élections de Paris furent patriotiques et républicaines, celles de la province, en revanche, comprirent les réactionnaires de tous les partis.

Fait incroyable! Les départements les plus éprouvés par l'occupation prussienne, ceux qui s'étaient le plus courageusement battus, envoyèrent des républicains, tandis que ceux dont le sol avait été respecté, et dont les mobilisés n'étaient point partis, nommèrent les hommes qui voulaient la paix quand même.

A ce résultat inespéré, sacristies et châteaux furent dans l'allégresse. Ils voyaient, dans un avenir prochain, le fils du martyr Berry, que dis-je? l'enfant du miracle, un lis et un goupillon dans chaque main, revenant accorder un généreux pardon à ce peuple ingrat qui depuis quarante ans l'empêchait de faire son bonheur.

Leur joie fut de courte durée. Le télégraphe apporta les noms des élus parisiens : c'était la république venant jeter sa note discordante dans ce beau cantique, et prêter main-forte aux rares républicains élus dans les départements.

Dès ce jour, la lutte commença : *Intolérance* et *fanatisme* contre *liberté* et *progrès*.

Deux des élus représentaient la défense à outrance : Garibaldi et Gambetta.

Garibaldi était venu, malgré son âge et ses infirmités, offrir son épée. Grâce à son dévouement et à son courage, Lyon fut préservé de la botte prussienne.

Qu'importe? C'est un ennemi de la robe noire; c'est un ennemi des Bourbons. Allons! la droite, à la rescousse! Une insulte publique au grand patriote! Vengez-vous de Mentana, où le vaincu avait été vainqueur.

Pour vous, Gambetta représentait la république. Qu'on annule tous ses décrets; qu'on rende à la vie privée les honnêtes citoyens nommés par lui; qu'on l'insulte. C'était l'âme de la défense nationale, mais qu'importe? C'est aussi l'ennemi politique. Calomniez! Calomniez!

Le poëte des *Châtiments* que son génie, à défaut de son noble exil, aurait dû faire respecter fut forcé de se retirer.

Poursuivez votre œuvre, messieurs les monarchistes; trois puissants adversaires sont partis, mais regardez là-bas, tout à l'extrême gauche, il en reste encore : Millière, Rochefort, Lockroy, Delescluze, Ranc, Cournet, Razoua, Tolain, Clémenceau, Tirard. C'est le spectre rouge; c'est le fantôme de la révolution qui vous rappelle que, depuis 89, tout n'est plus pour vous que poussière, illusion, chimère.

Qu'inventer pour décider aussi ceux-là à vous laisser le champ libre? Vous avez étouffé leurs voix, qui voulaient protester contre le vote du premier mars : la paix à tout prix, et ils sont restés. Cherchez bien. Ah! vous avez trouvé. Applaudissez, votre idée est ingénieuse. Paris a décapité votre roi, décapitalisez Paris. Achevez la ruine de la ville qui a sauvé votre honneur, c'est la juste récompense de ces cinq mois de siége héroïque. Paris, la lumière ; vous, les ténèbres. La lumière vous fait peur, demeurez dans les ténèbres ; la lueur des incendies vous réveillera peut-être et sera la réponse à votre vote du 10 mars.

Nous n'exagérons rien en disant que si l'assemblée s'était transportée à Paris, aucun trouble n'aurait éclaté. A l'appui de notre affirmation, nous citons les dépêches suivantes, dont les originaux retrouvés à l'hôtel de ville furent publiées par le journal officiel du comité central.

HOTEL DE VILLE

5 mars 1871, 6 h. 30 m. soir.

Jules Ferry à Chef pouvoir exécutif.

« La cité est entièrement calme. Le péril passé, je n'ai plus de raison de rester ici, ayant des devoirs à Bordeaux ; cette situation intérimaire est fausse et ingrate, je crois que vous ne devez pas me demander de la prolonger : donnez-moi un successeur, vous savez qui je vous conseille et vous ne trouverez pas mieux.

Au fond de la situation, ici grande lassitude, besoin de reprendre vie normale, mais pas d'ordre durable à Paris, sans gouvernement et assemblée.

« Jules Ferry. »

Paris, 5 mars 1871, 6 h. 32 m. soir.

Jules Ferry à Jules Simon, ministre de l'intérieur.
Bordeaux.

« Jamais dimanche plus calme, malgré des rapports sinistres. La population jouit du soleil et de la promenade, comme si rien ne s'était passé. Comité central de la garde nationale continue à agir, mais il serait fort simple d'y couper court. D'Aurelles est arrivé, c'est un grand point. Je ne crois plus au péril. *Le danger est dans l'abolition générale de toute autorité, mais l'Assemblée rentrant dans Paris peut seule rétablir l'ordre. Par suite, le travail dont Paris a tant besoin, sans cela rien de possible. Revenez vite. Je télégraphie directement à M. Thiers. Insistez sur Say. Jules Favre va bien.*

« Jules Ferry. »

L'assemblée n'avait pas assez commis de fautes. Il était urgent que le gouvernement ne fût pas dépassé dans cette course folle, et arriva premier, pour faire déborder la coupe d'amertume dont on abreuvait Paris.

Deux questions palpitantes étaient à l'ordre du jour: les loyers, les échéances. Il fallait les résoudre sans retard. Mais on réserva la première, quant à la seconde, mieux eut valu lui infliger le même sort. En effet, le garde des sceaux, M. Dufaure, présenta à l'assemblée, qui l'adopta (après maints débats oiseux et stériles), une loi dont l'application aurait entraîné la ruine de la presque totalité des commerçants parisiens. Loi injuste, qui ne rencontra pas un seul défenseur hors de l'assemblée, et qu'il fut nécessaire de retoucher plusieurs fois. Ces nouvelles fâcheuses arrivèrent à Paris en même temps que la nomination du général D'Aurelles de Paladines au commandement en chef de la garde nationale. Vinoy en tressaillit d'aise; sa nomination avait aussi produit le plus déplorable effet. Dès lors ce fut une noble émulation entre eux pour commettre le plus d'actes impopulaires.

L'assemblée de Bordeaux se prorogea, en décidant que sa séance de rentrée aurait lieu le 20 mars à Versailles.

Dormez en paix, honnêtes ruraux; goûtez les plaisirs des champs. Vinoy et Paladines veillent.

Que s'était-il passé à Paris depuis les jours de deuil qui suivirent la capitulation jusqu'à la prorogation de l'assemblée ? Chacun avait tâché de réparer les privations de toute nature subies pendant ce long siége. On avait soif des nouvelles de la province. Les plus favorisés obtenaient des laissez-passer pour rejoindre leur famille. Les magasins se rouvraient; le commerce donnait quelques signes de vie. On espérait que cette chambre, oubliant ses rancunes politiques, prendrait en pitié la ruine et la misère des Parisiens, et viendrait bien vite s'installer dans sa véritable capitale. Négociants et locataires ne doutaient pas qu'elle ferait une large part aux malheurs du moment, et les aiderait autant que possible à se relever. Une à une leurs illusions tombèrent.

Une dernière humiliation restait à subir. Aux termes de l'armistice, les Prussiens devaient entrer dans Paris le 1er mars et n'en sortir que lors de la ratification complète du traité de paix. L'autorité militaire avait négligé d'enlever plusieurs parcs d'artillerie situés dans le périmètre de la barrière des Ternes. Les vainqueurs pouvaient donc tout à leur aise emporter ces canons laissés si bénévolement à leur discrétion. Il fallait les sauver immédiatement. Femmes, enfants, vieillards vinrent en aide aux gardes nationaux. Les chevaux manquaient ; mais les bras restaient. On s'attela, et les deux cents canons ou mitrailleuses furent placés en lieu sûr, boulevard Ornano, place des Vosges, buttes Montmartre et buttes Chaumont ; partout des postes permanents s'installèrent et les gardèrent nuit et jour.

À la veille de l'entrée des Prussiens, une affiche apposée sur les murs, recommandait à la population de se montrer calme et digne en présence de l'ennemi victorieux, d'éviter toute collision devant une résistance impossible. Cette affiche était signée de noms inconnus qui s'intitulaient : membres du comité central de la garde nationale.

Qu'était-ce que ce comité? Nous le verrons bientôt à l'œuvre, et nous raconterons son origine.

Nous avons fini le rapide exposé des faits qui se sont écoulés du 4 septembre au 18 mars. Pour comprendre la révolution qui allait éclater cet exposé était nécessaire. Nous avons pu nous tromper dans notre appréciation, mais ce que nous sommes certains d'avoir toujours respecté, c'est la vérité. Nous n'avons pas besoin d'ajouter que nous serons fidèles à ce programme, en racontant l'histoire du comité central et de la Commune.

V

LE 18 MARS

Paris a fait la révolution du 18 mars, Paris l'a perdue.

Parmi toutes les révolutions enregistrées dans l'histoire, cette dernière fut certainement la plus nationale. Elle eut le double but de vouloir sauver la république et de déchirer le honteux traité de paix qu'on lui avait imposé malgré ses héroïques efforts.

Tant d'élans patriotiques, tant d'aspirations politiques, comprimés pendant cinq mois, devaient enfin violemment éclater.

La révolution s'est faite, parce que fatalement elle devait se faire ; parce que la république, menacée par les monarchistes de toutes nuances, devait montrer les dents et leur prouver sa force et sa vitalité.

L'Action de Paris répondit à la Réaction de Bordeaux. Ce fut le coup de queue de la baleine qui renverse l'esquif du harponneur.

Pendant que l'Assemblée *décapitalisait* Paris, promulguait la triste loi des échéances, tombait en épilepsie au seul mot de république ; pendant que la province endormie glissait insensiblement sur la pente monarchique, Paris veillait, Paris qui ne comprenait pas qu'on lui ravît le prix de sa courageuse résistance, — la république.

Le gouvernement de la Défense nationale avait laissé s'organiser et fonctionner *un comité de vigilance*, qui se divisait en vingt comités d'arrondissement, déléguant chacun quatre de leurs membres aux vingt mairies de Paris.

Le 7 septembre, un décret parut au *Journal officiel*, annonçant que les électeurs allaient être appelés à élire un conseil municipal.

Les Parisiens furent enthousiasmés ; ils allaient enfin posséder ce qu'on leur refusait depuis vingt ans, ce qu'ils étaient réduits à envier à la plus petite bourgade de France, un conseil municipal.

Il en fut de ce décret comme du plan Trochu ; il ne reçut jamais commencement d'exécution. Dès lors, toutes les fois que l'occasion s'en présenta, on ne cessa de crier : Vive la Commune ! Vive le Conseil municipal ! car, pour la majorité des électeurs, commune et conseil municipal représentaient le même idéal.

C'est de ce manque de parole du gouvernement que date l'origine du comité de vigilance, fonctionnant du reste au grand jour, et qui, dans l'esprit de la garde nationale, remplaçait la commune absente.

Le 31 Octobre fut préparé et exécuté par lui. Nous avons vu la principale raison qui fit échouer ce mouvement.

Laissons le 22 Janvier, amené fortuitement, selon

nous, par les volontaires sauveurs de Flourens à Mazas.

Le comité de vigilance fit placarder l'*affiche rouge*.

La veille de l'entrée des Prussiens, il changea son nom en celui de comité central de la garde nationale, et, le 3 Mars, adopta les statuts suivants :

FÉDÉRATION RÉPUBLICAINE DE LA GARDE NATIONALE.

Statuts.

Déclaration préalable.

La république est le seul gouvernement possible; elle ne peut être mise en discussion.

La Garde nationale a le droit absolu de nommer tous ses chefs et de les révoquer dès qu'ils ont perdu la confiance de ceux qui les ont élus, toutefois après enquête préalable, destinée à sauvegarder les droits de la justice.

Art. 1° La fédération républicaine est organisée ainsi qu'il suit :

1° L'assemblée générale des délégués;

2° Les cercles de bataillon;

3° Le conseil de guerre;

4° Le comité central.

Art. 2. L'assemblée générale est formée :

1° D'un délégué élu à cet effet dans chaque compagnie sans distinction de grade;

2° D'un officier par bataillon élu par le corps des officiers;

3° Du chef de chaque bataillon. Les délégués quelqu'ils soient, sont toujours révocables par ceux qui les ont nommés.

Art. 3. Le cercle de bataillon est formé :

1° De trois délégués par compagnie élus sans distinction de grade ;

2° De l'officier délégué à l'assemblée générale ;

3° Du chef de bataillon ;.

Art. 4. Le conseil de légion est formé ;

1° De deux délégués par cercle de bataillon élus sans distinction de grade ;

2° Des chefs de bataillon de l'arrondissement ;

Art. 5. Le Comité central est formé :

1° De deux délégues par arrondissement élus sans distinction de grade par le conseil de légion ;

2° D'un chef de bataillon par légion élu par ses collègues.

Art. 6. Les délégués aux cercles de bataillon, conseils de légion et comité central sont les défenseurs naturels de tous les intérêts de la garde nationale. Ils devront veiller au maintien de l'armement de tous les corps spéciaux et autres de la dite garde et prévenir toute tentative qui aurait pour but le renversement de la république.

Ils ont également pour mission d'élaborer un projet de réorganisation complète des forces nationales.

Art. 7. Les réunions de l'assemblée générale auront lieu les premiers dimanches du mois, sauf l'urgence. Les diverses fractions constituées de la fédération, fixeront par un règlement intérieur, les modes, lieux et heures de la délibération.

Art. 8. Pour subvenir aux frais généraux d'administration, de publicité et autres du comité central, il sera établi dans chaque compagnie une cotisation qui devra produire au minimum un versement mensuel de cinq francs, lequel sera effectué du 1ᵉʳ au 5 du mois, entre les mains du trésorier par les soins des délégués.

Art. 9. Il sera délivré à chaque délégué membre de l'assemblée générale une carte personnelle qui lui servira d'entrée à ses réunions.

Art. 10. Tous les gardes nationaux sont solidaires et les délégués de la fédération sont placés sous la sauvegarde immédiate et directe de la garde nationale toute entière.

On vient de lire les statuts du comité central ; remarquons sa puissante organisation. Elle lui permettait de pouvoir faire passer instantanément son mot d'ordre dans tout Paris, et d'englober dans un réseau formidable les timides et les hésitants.

Nous n'analyserons pas en détail ce document; nous voulons simplement faire remarquer les phrases suivantes :

1° Dans la déclaration préalable. *La république est le seul gouvernement possible. Elle ne peut être mise en discussion.*

2° Art. 5 *Le comité central est formé :*

1° *De deux délégués par arrondissement élus sans distinction de grade par le conseil de légion :*

D'un chef de bataillon par légion, élu par ses collègues.

3° Art. 6. *Les délégués devront veiller au maintien de l'armement de tous les corps spéciaux et autres de ladite garde, et prévenir toute tentative qui aurait pour but le renversement de la République.*

Maintenant que nous connaissons la formation du Comité central, et le but qu'il poursuivait, reprenons la marche des événements et voyons-le à l'œuvre.

Les gardes nationaux, depuis la translation des canons à Montmartre, faisaient bonne garde ; aussi ne parut-il pas possible au gouvernement de s'en emparer autrement que par la force. Toutefois, le ministre de l'intérieur réunit les maires de Paris pour leur déclarer qu'il était décidé à agir. Ceux-ci combattirent cette résolution maladroite, et M. Clémenceau, maire du 18e arrondissement, après avoir conseillé la prudence, promit de voir le Comité central pour tâcher d'arriver à une solution amiable.

La réunion terminée, M. Clémenceau se hâta d'aller trouver le Comité central, et il fut convenu entre eux que les canons seraient rendus aux maires, qui les réclameraient au nom des bataillons souscripteurs.

Le brandon de discorde habilement écarté, il semblait que tout était fini et que l'orage, qui grondait, allait peu à peu s'apaiser. Mais on avait compté sans le général Vinoy.

Un commencement de révolte apaisé sans que le sabre intervînt, c'était illogique et tout à fait contraire aux traditions de l'empire.

Cet intelligent militaire fit paraître un décret qui débutait ainsi :

« Le général en chef de l'armée de Paris, exerçant pendant l'état de siége, en vertu des articles 7 et 9 de la loi des 9 et 11 août 1849, les pouvoirs nécessaires au maintien de l'ordre et de la police, etc.

« *Arrête :*

« Art. 1er. La publication des journaux : *le Vengeur, le Cri du Peuple, le Mot d'Ordre, le Père Duchesne, la Caricature, la Bouche de Fer*, est et demeure suspendue.

« Art. 2. La publication de tout nouveau journal ou écrit périodique traitant de matière politique ou d'économie sociale, est interdite jusqu'à la levée de l'état de siége par l'Assemblée nationale.

« Art. 3. Le préfet de police est chargé de l'exécution du présent arrêté.

« Le général en chef de l'armée de Paris,

« Signé : Vinoy. »

Sans vouloir entamer une discussion au sujet de la suppression des six journaux, discussion qui nous ferait sortir du cadre que nous nous sommes tracé, nous ferons cependant observer à M. Vinoy que son décret était intempestif et criminel. Intempestif, puisque les canons allaient être rendus; criminel, puisqu'il n'ignorait point l'immense colère qu'il soulevait, et qu'il n'avait pas en mains les forces suffisantes pour y tenir tête.

En effet, une violente émotion se manifesta dans Paris à la lecture de cet incroyable arrêté. Tous les journaux, sans distinction d'opinion, le blâmèrent; et il n'y eut ce soir-là que deux personnes enchantées de n'avoir pas perdu la journée : le ministre Picard et le général Vinoy.

Quand l'honnête M. Clémenceau se présenta devant le Comité pour réclamer l'exécution de la convention, les membres lui demandèrent s'il se moquait du Comité, ou si M. Vinoy se moquait d'eux tous.

La tentative de reprendre les canons à l'amiable avait échoué; restait la force. Il fut décidé en conseil des ministres que, sans plus tarder, on allait l'employer. Le plan d'exécution en fut confié au général en chef Vinoy qui, faisons-le remarquer, *répondit sur sa tête du succès de l'entreprise.*

Le 18 mars, à trois heures du matin, les troupes cernèrent la butte Montmartre. Le 88ᵉ, quelques compagnies de gendarmes et un bataillon de chasseurs à pied gravirent les hauteurs et, sans coup férir, s'emparèrent des canons, gardés par une cinquantaine d'hommes. Le coup de main avait réussi; restait à descendre cet immense matériel (104 pièces, dit-on). On demande les attelages; pas d'attelages. Ordre est donné d'attendre, l'arme au bras, que l'on eût réparé cette négligence. Mais quelques coups de feu, tirés par les gendarmes sur le poste de la rue des Rosiers, avaient réveillé les habitants.

Les tambours battirent le rappel; femmes et enfants arrivèrent, entourant les soldats : Vive la ligne ! Vive nos frères de l'armée ! Ne tirez pas sur le peuple ! Vous êtes des enfants du peuple ! On vient prendre nos canons, nous qui les avons tirés des griffes prussiennes ! Allons ! à la santé de la République !

Et vous, les artilleurs, laissez donc ces canons à leur place; vous n'avez que douze attelages; qu'est-ce que vous pouvez faire ?

Au même instant, débouchait une colonne de gardes nationaux.

Le général Lecomte ordonna le feu. Ses troupes lui

répondirent en levant la crosse en l'air et en fraternisant avec les arrivants. Lui-même fut saisi, entraîné et conduit au Château-Rouge.

Puis la foule se rua vers la place Pigalle occupée par les gendarmes à pied et les chasseurs à cheval, sous les ordres du général Susbielle. Ce dernier ordonna aux chasseurs de charger. Ils refusèrent trois fois. Leur capitaine se jetta dans la foule ; ils se décidèrent alors à le suivre et le capitaine tomba mortellement blessé.

Le général Susbielle, avec son état-major, se replia sur le boulevart Clichy où il trouva son général en chef ; et ces deux héros continuèrent à se replier jusqu'à l'avenue de la Grande-armée.

Il était neuf heures du matin ; l'insurrection venait de remporter sa première victoire, et la partie était perdue pour le gouvernement.

Depuis ce jour l'infortuné général Vinoy n'est plus qu'un corps sans tête.

Lequel fut le plus étonné de ce résultat, du gouvernement ou du comité central? Nous n'oserions nous prononcer. Quoi qu'il en soit, le comité central mit rapidement sa victoire à profit. Dès midi, Paris était hérissé de barricades ; dès midi, le gouvernement, renonçant à la lutte, se préparait au départ. Imitant en cela l'exemple que lui donnait Vinoy dont la précipitation à quitter le lieu du combat fut telle qu'il perdit son képi d'ordonnance au milieu de la rue de Clichy. Un de ses généraux, Lecomte, était tombé au pouvoir de ce même peuple contre lequel il avait ordonné de tirer. Il allait payer de sa vie l'obéissance aux ordres de son chef. Qu'importe? de l'air, de l'air, de l'air ; celui de Paris est malsain : allons à Versailles.

Jules Ferry portait en ce moment le poids de sa faute. Après avoir vainement demandé un successeur, il avait accepté de rester provisoirement maire de Paris. Ce fut le seul, le seul des membres du gouvernement qui montra de l'énergie. Il demeura maître de l'Hôtel de ville jusqu'au moment où, malgré ses protestations, Vinoy eut fait retirer ses dernières troupes. Le comité central s'en empara immédiatement (neuf heures du soir).

Nous ne terminerons pas le récit de cette journée, sans parler de la mort des généraux Lecomte et Clément Thomas. Nous avons vu l'arrestation du premier et sa translation au Château Rouge. Il y était depuis quelques heures, quand on lui amena un compagnon de captivité, Clément Thomas, général de la garde nationale pendant le siége. Ce dernier stationnait sur la place Pigalle quand il fut reconnu, arrêté par un sous-lieutenant et transféré au Château Rouge. Peu après, au milieu d'une population furieuse, ces infortunés furent conduits dans un jardin du n° 6 de la rue des Rosiers, et fusillés malgré la courageuse résistance de quelques citoyens.

Le premier sang avait coulé.

Quels furent les auteurs de ce crime aussi stupide qu'inutile? Les uns ont accusé le comité central ; d'autres ont affirmé que c'étaient les déserteurs du 88e mêlés à des mobiles. Nous penchons pour cette opinion et citons à l'appui le passage suivant de la lettre adressée au rédacteur en chef de l'*Opinion Nationale* par M. Edouard Lockroy :

« Vous dites que nous n'avons osé nous déclarer

les ennemis politiques des meurtriers de Clément Thomas. Qui a tué Clément Thomas? Les membres de ce comité central qui siégeait à l'Hôtel de ville, nous ont dit qu'ils avaient horreur, comme nous, de ce crime; qu'ils avaient ordonné d'en arrêter les auteurs. Savez-vous ce qu'on m'a affirmé? Que ce crime avait été commis par les soldats du général Lecomte ! . . . .
. . . , ...

« Édouard Lockroy. »
Député de la Seine.

Paris, 19 mars 1871.

Nous n'entreprendrons pas de raconter les généreuses tentatives des maires et des députés de Paris pour arriver à une entente amiable entre Versailles et Paris.

Que désirait à ce moment le peuple? Un conseil municipal, une loi sur les loyers, une loi sur les échéances. *Si l'Assemblée adopte ces projets de loi, nous sommes sauvés*, dit Millière, dans une réunion des maires.

En vérité elle songeait bien à contenter ces légitimes demandes. Dans la séance du 21 mars, M. Vitet lut à la tribune la proclamation adressée à Paris par l'Assemblée nationale. Elle fut adoptée à l'unanimité. Un membre de la gauche, l'honorable M. Peyrat, se lève et dit :

Je demande qu'on ajoute cette disposition additionnelle : Vive la France ! vive la République!

A droite : Non ! non!

Un autre : Si ! si!

Une voix : Vous ne pouvez pas engager ainsi les électeurs.

Autre voix : Il faut attendre la décision de la France.

Et la proposition de l'honorable M. Peyrat ne fut pas prise en considération.

Que le sang qui allait être versé, que toutes les horreurs de cette guerre civile retombent sur ceux qui, se refusant à l'évidence, ont forcé une population tout entière à se lever pour la leur prouver!

Le 22 mars le comité central fit insérer dans l'*Officiel* un long arrêté concernant les élections communales. Les électeurs étaient convoqués pour le lendemain à l'effet de nommer quatre-vingt-dix conseillers municipaux, soit un pour 20 mille habitants et par fraction de 10 mille.

Cette convocation à bref délai fut mal accueillie. La majorité, tout en détestant l'Assemblée, n'aurait pas été fâchée de voir aboutir les tentatives de conciliation faites par les maires. Du reste un incident grave vint remplir cette journée du 22 et donner pâture à la dévorante imagination parisienne.

Une manifestation de sept ou huit mille personnes ayant des rubans bleus à la boutonnière, et sans armes, apparentes du moins, se réunit devant le nouvel Opéra. Elle se dirigea ensuite vers la rue de la Paix pour occuper la place Vendôme. Ceux qui marchaient en tête, étaient principalement des gardes nationaux, des soldats et un groupe de civils dont l'un d'eux portait un immense drapeau tricolore. La manifestation rencontra une patrouille de fédérés, qui furent entourés et désarmés; les avants postes se replièrent

alors sur la seconde ligne et lancèrent un formidable :
On ne passe pas !

La manifestation continua sa marche.

Que survint-il alors ? De quel côté partirent les premiers coups de feu (car le revolver joua son rôle dans cette triste affaire) ? Nul ne pourrait exactement l'affirmer. Mais on entendit coup sur coup deux décharges des fédérés et la foule se dispersa éperdue, laissant treize morts et quinze blessés.

Constatons seulement que deux des morts, les citoyens Wahlin et François, des 7e et 215e bataillons fédérés tombèrent au milieu de leurs camarades ; huit autres furent blessés.

Que voulait cette manifestation en venant relancer le Comité Central jusque dans son antre ? Espérait-elle amener cette fusion devant laquelle les maires républicains avaient échoué ? En lui supposant même cette intention, croyait-elle l'obtenir en criant : Vive l'Assemblée nationale ! A bas le Comité !

Le Comité pouvait-il se laisser cerner et entourer dans cette souricière de la place Vendôme ? Pour plus amples détails, nos lecteurs trouveront dans la seconde partie de ce livre les deux versions publiées dans l'*Officiel* de Versailles et l'*Officiel* de Paris.

Heureux ceux qui pourront se former une opinion ! plus heureux encore ceux qui chercheront à se former cette opinion en oubliant toute rancune politique !

Cette journée devait être funeste à tous les points de vue. Pendant qu'on manifestait place Vendôme, l'Assemblée manifestait à Versailles ses sentiments anti-républicains. Elle votait l'urgence sur le projet de loi concernant les élections municipales, présenté par M. Picard. Nous nous contenterons de citer l'art. 8.

Art. 8. Il y a un maire et trois adjoints par chacun des vingt arrondissements de Paris ; ils sont choisis par le chef du pouvoir exécutif de la République.

On refusait donc à Paris le droit d'élire ses maires.

Le 23 au matin, l'*Officiel* publiait une proclamation du Comité ajournant les élections au dimanche 26 mars. En voici quelques passages :

« Nous devons accepter la lutte et briser la résistance, afin que vous puissiez procéder aux élections dans le calme de votre volonté et de votre force. En conséquence, les élections sont remises à dimanche prochain, 26 mars.

« Jusque-là, les mesures énergiques seront prises pour faire respecter les droits que vous avez revendiqués.

« Hôtel de Ville, 22 mars 1871.

« *Le Comité central de la garde nationale*,
« Assi, Billioray, Ferrat, Babick, Edouard Moreau, Lavalette, Fr. Jourde, Poursier, Mortier, Gouhier, Blanchet, J. Grollard, Barroud, H. Geresme, Rousseau, Ch. Lullier, Fabre, Pougeret. »

Du 23 au 26 mars, enregistrons les derniers efforts des maires de Paris et des députés de la Seine. Ils comprenaient que, passée cette date fatale, leur rôle était fini : celui de la Commune devait commencer.

Pour empêcher cette effroyable guerre, qui se préparait, ils furent à Versailles faire une suprême tentative auprès de l'Assemblée. Accueillis par les bravos de la gauche, les murmures et les protestations de la droite, ils durent s'en revenir désolés, mais avec la conscience calme d'avoir accompli leur devoir.

L'incident Saisset n'a point encore été suffisamment expliqué. Il est clair que, si les promesses contenues dans cette fameuse affiche avaient été mises à exécution, le conflit était probablement écarté.

Nous croyons nécessaire de la citer tout entière.

RÉPUBLIQUE FRANÇAISE

LIBERTÉ, ÉGALITÉ, FRATERNITÉ.

« Chers concitoyens,

« Je m'empresse de porter à votre connaissance que, d'accord avec les députés de la Seine et les maires élus de Paris, nous avons obtenu du gouvernement de l'Assemblée nationale ;

« 1° La reconnaissance complète de *vos franchises municipales;*

« 2° L'élection de tous les officiers de la garde nationale, *y compris le général en chef;*

« 3° Des modifications à la loi des échéances ;

« 4° Un projet de loi sur les loyers favorable aux locataires jusques et y compris les loyers de 1,200 fr.

« En attendant que vous confirmiez ma nomination ou que vous m'ayez remplacé, je resterai à mon poste d'honneur, pour veiller à l'exécution des lois de conciliation que nous avons réussi à obtenir et contribuer ainsi à l'affermissement de la République.

« Paris, le 23 mars 1871.

« *Le vice-amiral commandant en chef provisoire,*

« Saisset. »

Nous pensons que M. Thiers, avec sa longue expérience des hommes et des révolutions, comprit que la partie la plus difficile à amener à une entente était l'Assemblée. Espérant qu'une fois engagée par cette affiche, elle n'oserait pas la désavouer, il chargea l'amiral de la faire publier.

Rendons hommage à M. Thiers. Cette tentative est sa justification devant l'histoire. Il a joué sa position, sa popularité dans la Chambre, pour tenter ce dernier effort.

Ce ne fut qu'un long cri d'indignation parmi les ruraux à la lecture de cette affiche. L'amiral avait osé parler de l'affermissement de la République. Périsse Paris plutôt que de renoncer au bien-aimé monarque.

Immédiatement la droite se réunit et discuta la proposition suivante, pour la présenter à la séance du soir.

« Nomination du prince de Joinville aux fonctions de lieutenant-général aux armées de France. »

Ah! messieurs, que n'eûtes-vous, ce soir-là, le courage de vos opinions! Que ne mîtes-vous à exécution ce beau projet! C'en était fait de vous et de vos maîtres. La gauche se retirait, et venait à Paris. Paris et la province s'embrassaient, et tout finissait par un immense cri de : Vive la République!

C'était vous qui aviez fait naître le conflit; c'était à vous de trouver un dénouement. Je ne crois pas qu'aucun eût mieux réussi.

Le dimanche, 26 mars, les élections eurent lieu dans le plus grand calme; il y eut 200,000 votants. Voici les noms des nouveaux élus :

1er arrondissement : Adam, Méline, Bochard, Barré;

2e arrondissement : Brelay, Loiseau-Pinson, Tirard, Chéron;

3e arrondissement : Demay, A. Armand, Pindy, Murat, Dupont;

4e arrondissement : Lefrançais, A. Arnould, Clémence, Gérardin, Amouroux;

5e arrondissement : Regère, Jourde, Tridon, Blanchet, Ledroit;

6e arrondissement : Albert Leroy, Goupil, Varlin, Beslay, Dr Robinet;

7e arrondissement : Dr Parisel, Ernest Lefebvre, Urbain, Brunel;

8e arrondissement : Raoul Rigault, Vaillant, Arthur Arnould, Jules Allix;

9e arrondissement : Ranc, Desmarest, Ulysse Parent, E. Ferry, André;

10e arrondissement : Gambon, Félix Pyat, Fortuné Henry, Champy, Babyck, Rastoul;

11e arrondissement : Mortier, Delescluze, Protot, Assi, Eudes, Avrial, Verdure;

12e arrondissement : Varlin, Geresme, Fruneau, Theisz;

13ᵉ arrondissement : Léo Meillet, Duval, Chardon;

14ᵉ arrondissement : Billioray, Martelet, Descamps;

15ᵉ arrondissement : Vallès, Clément, Langevin;

16ᵉ arrondissement : Dʳ Marmottan, Dʳ Bouteiller;

17ᵉ arrondissement : Varlin, Clément, Gérardin, Chalain, Malon;

18ᵉ arrondissement : Dereure, Theisz, Blanqui, J.-B. Clément, Th. Ferré, Vermorel, Paschal Grousset;

19ᵉ arrondissement : Oudet, Puget, Delescluze, Cournet;

20ᵉ arrondissement : Ranvier, Pergeret, Blanqui, Flourens.

On voit figurer sur cette liste les citoyens qui avaient fait parti du 31 Octobre, et, à côté, beaucoup de membres de l'ancienne municipalité : Adam, Méline, Loiseau-Pinson, Tirard, Murat, Albert Leroy, Ranc, Desmarest, Ulysse Parent, E. Ferry, etc.

Il faut y joindre plusieurs noms, qui demeurèrent aussi inconnus avant qu'après : Fruneau, Descamps, Clément, Champy, Fortuné Henry.

La proclamation des votes eut lieu, le 28 mars, en grande solennité. Ce fut une fête imposante et qui rappelait le 14 juillet 1790. Les cris de : Vive la République! la Marseillaise, les détonations des canons se mélangeaient et faisaient frissonner les assistants.

Le citoyen Assi proclama les nouveaux élus : le soir même paraissait l'affiche suivante :

« Citoyens,

« Notre mission est terminée; nous allons céder la

place dans votre Hôtel de ville à vos nouveaux élus, à vos mandataires réguliers.

« Aidés par votre patriotisme et votre dévouement, nous avons pu mener à bonne fin l'œuvre difficile entreprise en votre nom. Merci de votre concours persévérant, la solidarité n'est plus un vain mot : Le salut de la République est assuré. »

Le comité central avait vécu ; la commune entrait en fonctions.

LA COMMUNE

Toutes les révolutions ont eu pour contre-coup une revendication sociale : en 1795, Babœuf; en 1848, les journées de Juin. La Commune révolutionnaire de 1871 devait aussi avoir ses partisans socialistes; et ce fut certainement sa perte.

Le comité central, qui n'était autre chose que l'Internationale, n'avait pas eu tout le succès qu'il espérait aux élections communales. Abandonner la partie quand le triomphe paraissait assuré, n'entrait nullement dans ses intentions. Aussi, malgré la promesse de se retirer, prétextant d'aider la commune pour la réorganisation de la garde nationale, il ressuscita en sous-comité de dix membres. Il l'aida d'abord, la contrôla ensuite, l'absorba enfin.

Si le farouche procureur de la commune avait mis dans la destruction de ce sous-comité toute l'énergie qu'il a consacrée à poursuivre des prêtres, inoffensifs en tant qu'hommes privés, la commune aurait eu certainement d'autres destinées.

Les partisans de l'Internationale ne veulent pas

comprendre qu'avant de s'occuper de réformes sociales, il faut changer la vieille société.

Lorsque la république aura été installée sur des bases stables, il sera temps alors de s'occuper de la question ouvrière. Jusque là, tous les efforts, toutes les tentatives des socialistes n'aboutiront pas.

Ils se trouvent en présence de la bourgeoisie actuelle, comme l'ancienne en présence de la noblesse en 89. Avant de rebâtir la maison moderne, la bourgeoisie démolit le donjon féodal ; c'était indispensable !

Écrire l'histoire de la commune, c'est raconter la lutte permanente entre les républicains et l'Internationale. A cette pensée, la plume tremble de colère : vingt ans d'empire ont abaissé le caractère à tel point, que des Français n'ont pas craint de s'affilier à une association cosmopolite dont le président, Karl Marx, est un Prussien !

L'Internationale ! mais c'est la négation de la patrie ! prenez-y garde, c'est la négation de la république ! Qu'espérez-vous donc ? Croyez-vous que nous laisserons désagréger notre unité nationale ? Croyez-vous que nous tolèrerons d'être gouvernés par des Prussiens, des Anglais, des Russes ? Ces étrangers ont-ils la prétention d'employer la France à leur base d'expérimentation ? Arrière ! vous puez l'or prussien, l'or du Bonaparte ! Arrière ! vous avez fait détester par bien des gens ce beau mouvement du 18 mars ! Arrière ! vous ou vos séides avez brûlé nos plus beaux monuments !

Quel homme intelligent, s'il n'était bonapartiste ou malhonnête, oserait soutenir que des mains françaises ont incendié l'hôtel de ville et les Tuileries? Rentrez sous terre Cluseret, Bergeret, La Cecilia, Wrobleski, *condottieri* cosmopolites, qui mettez votre épée au service de toutes causes, pourvu qu'elles paient bien.

Le 23 mars, le *Journal officiel* de Paris publia la proclamation suivante :

« COMMUNE DE PARIS.

« Citoyens,

« Votre commune est constituée.

« Le vote du 26 mars a sanctionné la révolution victorieuse.

« Un pouvoir lâchement agresseur vous avait pris à la gorge : vous avez, dans votre légitime défense, repoussé de vos murs ce gouvernement qui voulait vous déshonorer en vous imposant un roi.

« Aujourd'hui, les criminels, que vous n'avez même pas voulu poursuivre, abusent de votre magnanimité pour organiser, aux portes même de la cité, un foyer de conspiration monarchique.

« Ils invoquent la guerre civile : ils mettent en œuvre toutes les corruptions; ils acceptent toutes les complicités; ils ont osé mendier jusqu'à l'appui de l'étranger.

« Nous en appelons, de ces menées exécrables, au jugement de la France et du monde.

« Citoyens, vous venez de vous donner des institutions qui défient toutes les tentatives.

« Vous êtes maîtres de vos destinées. Forte de votre appui, la représentation que vous venez d'établir va réparer les désastres causés par le pouvoir déchu : l'industrie compromise, le travail suspendu, les transactions commerciales paralysées, vont recevoir une impulsion vigoureuse.

« Dès aujourd'hui, la décision attendue sur les loyers ;

« Demain, celle des échéances ;

« Tous les services publics rétablis et simplifiés ;

« La garde nationale, désormais seule force armée de la cité, réorganisée sans délai.

« Tels seront nos premiers actes.

« Les élus du peuple ne lui demandent, pour assurer le triomphe de la République, que de les soutenir de sa confiance.

« Hôtel de Ville, 29 mars 1871.

« *La Commune de Paris.* »

Loin d'effrayer, cette proclamation ne pouvait que donner confiance à la population. Dès le lendemain, la commune tint parole, car elle fit afficher les décrets suivants :

1° La conscription est abolie ;

2° Aucune force militaire autre que la garde nationale ne pourra être créée ou introduite dans Paris ;

3° Tous les citoyens valides font partie de la garde nationale.

DÉCRET SUR LES LOYERS

Art. 1er. Remise générale est faite aux locataires des termes d'octobre 1870, janvier et avril 1871.

Art. 2. Toutes les sommes payées par les locataires

pendant ces neuf mois seront imputables sur les termes à venir.

Art. 3. Il est fait également remise des sommes dues pour les locations en garni.

Art. 4. Tous les baux sont résiliables, à la volonté des locataires, pendant une durée de six mois à partir du présent décret.

Art. 5. Tous congés donnés seront, sur la demande des locataires, prorogés de trois mois.

Ce décret était excessif. Du reste, l'Assemblée, en promulguant la loi sur les loyers, se montra aussi peu raisonnable. La commune ne pensa qu'aux locataires, l'Assemblée qu'aux propriétaires. Ces deux classes souffrirent certainement de ce conflit; de part et d'autre, l'intérêt général fut sacrifié à des rancunes politiques.

DÉCRET

2 avril. — La commune, considérant que, dans une république réellement démocratique, il ne peut y avoir ni sinécure, ni exagération de traitement,

Décrète :

Article unique. — Le maximum de traitement des employés aux divers services communaux est fixé à six mille francs par an.

Cette mesure excellente a été constamment mise à exécution. En publiant ce décret, les membres de la commune, qui ne touchaient même que quinze francs par jour, furent plus logiques que les hommes du 4 septembre. Ceux-ci, en effet, après avoir réclamé vingt ans contre les pléthoriques traitements impériaux, se sont empressés de ne rien changer à cet ordre de choses si agréable pour eux, si désastreux pour la nation.

Dans une république démocratique, toutes les fonctions publiques doivent être rétribuées, sinon certains emplois constituent l'apanage des riches.

2 avril. — Par ordre de Raoul Rigault, délégué à la police, défense a été faite à tous les aumôniers des prisons de dire la messe qu'on célèbre d'ordinaire pour les prisonniers.

Les prêtres suivent dans les prisons la même méthode que les missionnaires en Chine. La seule différence consiste en ce que les premiers paient les prisonniers incrédules pour pratiquer, tandis que les seconds paient les infidèles pour se convertir. Nous engageons à lire dans l'ouvrage de Delescluze : *De Paris à Cayenne*, l'édifiante histoire d'une communion au bagne de Toulon.

2 avril. — Considérant que le premier principe de la République française est la liberté;

Considérant que la liberté de conscience est la première des libertés;

Considérant que le budget des cultes est contraire au principe, puisqu'il impose les citoyens contre leur propre foi;

Considérant en fait que le clergé a été le complice des crimes de la monarchie contre la liberté,

Décrète :

Art. 1er. — L'Église est séparée de l'État.
Art. 2. — Le budget des cultes est supprimé.

Art. 3. — Les biens dits de main morte, appartenant aux congrégations religieuses, meubles et immeubles, sont déclarés propriétés nationales.

Art. 4. — Une enquête sera faite immédiatement sur ces biens pour en constater la nature et les mettre à la disposition de la nation.

Plus on considère les événements qui se sont écoulés du 4 septembre au 18 mars, plus on est effrayé de l'incurie ou de la trahison de quelques hommes. Certes, parmi les ennemis de la république, en est-il de plus ardent que le catholicisme? La séparation de l'Église et de l'État est une des premières mesures à prendre au lendemain d'une révolution.

Que les hommes du 4 septembre aient eu à s'occuper d'affaires plus urgentes, c'est incontestable; mais pourquoi n'avoir pas proclamé au moins le principe?

Feu Jules Simon, ce moderne Sixte-Quint, l'avait fort bien expliqué dans ses livres et ses discours. Vos leçons ont profité, honorable ministre : vos électeurs de l'empire ont voulu passer de la théorie à la pratique. Vous, vous n'en êtes plus même à la théorie.

Cette journée du 2 avril, si bien employée par la Commune, ne fut pas moins une date funèbre; car la lutte armée éclata ardente, implacable, et ne finit que par l'extermination d'un des deux combattants.

Le comité central, auquel la commune avait abandonné toute l'organisation militaire, choisit pour généraux trois de ses membres : Eudes, Bergeret, Duval, qui organisèrent rapidement le service des remparts. Il est probable que si les Parisiens s'étaient bornés à garder l'enceinte fortifiée, ils auraient mis les généraux de l'Assemblée dans un grand embarras; mais les chefs avaient rêvé une grande sortie contre Versailles; sans réfléchir que, comme Trochu, ils avaient donné aux ennemis tout le temps nécessaire pour s'organiser et se défendre.

Le 2 avril, les avant-postes fédérés se trouvaient à Courbevoie. Une division composée de gendarmes à pied, de marins, d'infanterie de marine, et d'un régiment de ligne, reçut l'ordre de les attaquer. Une partie de la ligne leva la crosse en l'air; mais le reste de la division commença résolûment l'attaque, soutenu par le Mont-Valérien. Le combat fut vif et les pertes sensibles; les fédérés durent battre en retraite et se retrancher en tête du pont de Neuilly.

Un conseil de guerre, immédiatement réuni à l'Hôtel de ville, décida que l'on tenterait une sortie générale par trois côtés.

La première colonne, sous les ordres de Bergeret et Flourens, s'avancerait par Neuilly, Courbevoie, Rueil, Bougival et Marly.

La seconde, sous les ordres de Duval, marcherait sur Versailles par le Bas-Meudon, Chaville et Viroflay;

La troisième, sous les ordres du général Eudes, traverserait Villacoublay, Vélizy et Clamart.

Bergeret et Flourens, partis durant la nuit, parvinrent au rond-point des Bergères; malgré un feu violent, ils marchèrent sur Rueil. Mais le Mont-Valérien, silencieux jusque là, se mit à tonner. La déroute commença; Flourens voulut résister et se barricada dans une petite maison; la porte en fut enfoncée, et l'héroïque volontaire Crétois eut la tête fendue en deux par un capitaine de gendarmerie.

Bergeret, plus heureux, ramena à Paris les bataillons dispersés.

Eudes et Duval arrivèrent sans encombre jusqu'à Meudon, mais assaillis par la violente fusillade des troupes embusquées sur la terrasse du Château, ils furent obligés de rétrograder; Duval, qui s'était porté en avant, fut cerné et fait prisonnier avec quelques centaines de gardes nationaux.

Alors Vinoy, qui n'avait rien tenté au 18 mars pour sauver son collègue Lecomte, voulut au moins venger sa mémoire. Sur son ordre, Duval et son état-major furent extraits du groupe des prisonniers et fusillés sur le champ.

Admirable élasticité de la langue française ! Si Duval avait fusillé Vinoy, c'était un crime abominable ! Vinoy fusille Duval, c'est un exemple et un juste châtiment.

La Commune comprit, mais un peu tard, qu'elle avait eu tort de laisser le comité central s'occuper exclusivement de la défense et nommer des généraux. Eudes et Duval étaient de vaillants soldats : ils le prouvèrent, mais n'avaient aucune idée d'un corps d'armée en bataille. A l'ignorance des deux premiers, Bergeret joignait la couardise.

On mit à la commission exécutive : Delescluze, Cournet et Vermorel, et l'on nomma, comme délégué à la guerre, Cluseret. Dès lors, la direction militaire allait prendre une autre tournure. En même temps, comme réponse au meurtre de Duval et de ses officiers, le comité central fit afficher la déclaration suivante :

5 *Avril.* — *Déclaration et décret.*

« Chaque jour, les bandits de Versailles égorgent ou fusillent nos prisonniers, et pas une heure ne s'écoule sans nous apporter la nouvelle d'un de ces assassinats. Les coupables, vous les connaissez : ce sont les gendarmes et les sergents de ville de l'Empire. Ce sont les royalistes de Charette et de Cathelineau qui marchent contre Paris au cri de : Vive le roi ! et drapeau blanc en tête.

« Le gouvernement de Versailles se met en dehors des lois de la guerre et de l'humanité ; force nous sera d'user de représailles. Si, continuant à méconnaître les conditions habituelles de la guerre entre peuples civilisés, nos ennemis massacrent encore un seul de nos soldats, nous répondrons par l'exécution d'un nombre égal au double des prisonniers.

« Toujours généreux et juste, même dans sa colère, le peuple abhorre le sang comme il abhorre la guerre civile ; mais il a le devoir de se protéger contre les attentats sauvages de ses ennemis, et, quoi qu'il lui en coûte, il rendra œil pour œil, dent pour dent. »

Les journaux de Versailles, tout en se moquant des généraux de la Commune, reconnaissaient l'admirable courage des gardes nationaux, qui marchaient au feu sans défaillance, comme de vieux soldats.

A l'Assemblée, Trochu et ceux qui avaient capitulé pour atténuer leurs crimes, affirmaient que les trente

sous de solde constituaient toute l'énergie des fédérés.
— Vous êtes bien coupables alors de ne pas leur en avoir donné le double pour anéantir les Prussiens.

Cluseret prit en main la direction de la guerre; il mit de l'ordre dans ce désordre inhérent à toute entreprise dirigée par plusieurs. Il décida que l'on ne tenterait plus de grandes sorties ; que l'on se bornerait à faire quelques reconnaissances en avant des forts, et fit installer des batteries sur les remparts. Il publia enfin un ordre excellent à la garde nationale, qui avait la manie des aiguillettes et des galons.

Pour en terminer avec ce remuant personnage, citons sa proclamation du 9 avril.

PROCLAMATION DE CLUSERET,

« Considérant les patriotiques réclamations d'un grand nombre de gardes nationaux qui tiennent, quoique mariés, à honneur de défendre leur indépendance municipale, même au prix de leur vie, le décret du 5 avril est ainsi modifié :

« De dix-sept à dix-neuf ans, le service dans les compagnies de guerre sera volontaire; et de dix-neuf à quarante ans obligatoire pour les gardes nationaux mariés ou non.

« J'engage les bons patriotes à faire eux-mêmes la police de leur arrondissement et à forcer les réfractaires à servir. »

Ce décret dénote chez son auteur un manque absolu de sens moral. Nous sommes étonnés que pas un membre de la Commune n'ait protesté contre cet ordre inouï qui forçait frères, parents, amis à s'entr'égorger. Ajoutons toutefois que, comme beaucoup de décrets, il fut lettre morte dans la plupart des arrondissements. Seul, un abominable gredin du nom de Lacord, poursuivit à outrance les réfractaires de son arrondissement.

Bergeret, après sa destitution de général en chef, avait été nommé commandant de la place de Paris; mais sa nullité radicale lui attira une nouvelle disgrâce; il fut remplacé par Dombrowski. Ce nouveau général ne manquait pas de courage et de savoir; il prolongea par sa capacité la défense de Paris. Pourquoi faut-il ajouter que Cluseret et tous ces noms en ki se seraient battus avec autant d'énergie dans l'autre camp si leur intérêt les y avait engagés.

11 avril. — Institution des conseils de guerre. Elle précéda de peu le décret sur l'organisation de la cour martiale (16 avril). Le Président de cette cour était Rossel, ancien capitaine du génie durant le siége de Metz. Lors de la trahison Bazaine, après avoir cherché à soulever l'armée contre ce traître et n'ayant réussi qu'à se faire emprisonner, il s'évada et vint offrir son épée à Gambetta. Le ministre le nomma colonel de génie et le chargea de l'organisation du camp de Bourges. Ardent patriote, vaillant officier, il ne put pardonner à l'Assemblée la ratification du traité de paix. Aussi, le 18 Mars, il envoya sa démission au nouveau ministre de la guerre, et vint à Paris se jeter résolùment dans cette insurrection qui lui paraissait devoir relever notre drapeau humilié. Accueilli froidement par les hommes du 18 mars, il fut mieux reçu par Cluseret,

qui le nomma, pour ses débuts, président de la cour martiale. Il prononça plusieurs condamnations à mort qui, du reste, furent commuées sur sa demande.

Nous le reverrons dans une circonstance grave, lorsque la Commune, faisant appel à ses lumières, lui confia la direction de la guerre.

12 avril. — DÉCRET SUR LA COLONNE VENDOME.

« Considérant que la colonne impériale de la place Vendôme est un monument de barbarie, un symbole de force brutale et de fausse gloire, une affirmation du militarisme, une négation du droit international, un attentat perpétuel à l'un des trois grands principes de la République française, la fraternité ;

« ARTICLE UNIQUE. — La colonne Vendôme sera démolie. »

Trois œuvres surtout ont contribué à amener le second Empire : les chansons de Béranger, le *Consulat et l'Empire* de M. Thiers et la colonne Vendôme. Devant l'impossibilité d'anéantir les deux premières, que l'on ait voulu détruire la troisième, rien de mieux ; mais le moment était mal choisi : les Prussiens campaient encore autour de Paris ; c'était Iéna qu'on détruisait quand Reischoffen et Sedan ne sont point encore vengés.

Ce même jour eut lieu la manifestation franc-maçonnique, dont l'intention était bonne, sans doute, mais les moyens employés détestables. Le XIXe siècle est devenu d'un scepticisme effrayant : Et ces bannières déployées, ces rubans multicolores, loin d'en imposer à la foule, eurent un succès de rire.

Le soir, à huit heures, l'assaut du fort d'Issy fut tenté par les troupes versaillaises. Sur un signal parti du château de Meudon, elles s'avancèrent sur trois colonnes ; les fédérés les laissèrent approcher ; puis, tout à coup, éclata une mousqueterie furieuse, et les mitrailleuses firent entendre leur cri strident. Les Versaillais essayèrent vainement de franchir ce feu redoutable ; à dix heures, la retraite s'effectuait avec des pertes considérables.

Les généraux de Versailles comprirent enfin que si leurs collègues de Paris étaient à leur niveau comme capacité, en revanche, les gardes nationaux savaient se défendre ; ils renoncèrent donc à tenter l'assaut contre les forts, mais, à partir de ce moment, ne cessèrent de les bombarder.

16 avril. — Plusieurs membres de la Commune, républicains convaincus, mais socialistes intelligents, avaient vu avec peine la voie dans aquelle on s'engageait ; le 5 avril, ils donnèrent leur démission. C'étaient MM. Adam, Barré, Beslay, Brelay, Desmarest, Goupil, Lefèvre, Leroy, Loiseau-Pinson, Marmottan, Méline, Murat, Ulysse Parent, Ranc, Robinet, Tirard.

Flourens et Duval étaient morts, Blanchet avait été exclu comme indigne. Il était donc urgent de combler les vides en procédant à de nouvelles élections.

Elles eurent lieu le 16 avril, calmes, indifférentes, puisque, dans plusieurs arrondissements, le nombre des voix ne s'éleva même pas au huitième des électeurs inscrits. La Commune passa outre et admit dans son sein tous les élus à la majorité absolue, quel que fût le nombre des votants.

Les nouveaux membres étaient: MM. Andrieu, Arnold, Briosne, Cluseret, Courbet, Dupont, Durand, Menotti Garibaldi, Johannard, Jonclas, Longuet, Pillot, Philippe, Pothier, Rogeard, Serailler, Sicard, Trinquet, Vésinier, Viard.

MM. Briosne et Rogeard refusèrent un mandat ainsi conféré ; Menotti Garibaldi ne vint jamais occuper son siége.

Ces élections étaient peu favorables aux candidats républicains. Le comité central l'emportait, et cependant les internationaux n'avaient nul besoin de ce renfort, car pendant que Paris votait, on affichait le décret suivant :

16 avril. Décret. — Considérant qu'une quantité d'ateliers ont été abandonnés par ceux qui les dirigeaient afin d'échapper aux obligations civiques, et sans tenir compte des intérêts des travailleurs ;

Considérant que, par suite de ce lâche abandon, de nombreux travaux essentiels à la vie communale se trouvent interrompus, l'existence des travailleurs compromise ;

Les chambres syndicales ouvrières sont convoquées à l'effet d'instituer une commission d'enquête ayant pour but :

1° De dresser une statistique des ateliers abandonnés, ainsi qu'un inventaire exact de l'état dans lequel ils se trouvent, et des instruments de travail qu'ils renferment ;

2° De présenter un rapport établissant les conditions pratiques de la prompte mise en exploitation de ces ateliers, non plus par les déserteurs qui les ont abandonnés, mais par l'association coopérative des travailleurs qui y étaient employés ;

3° D'élaborer un projet de constitution de ces sociétés coopératives ouvrières ;

4° De constituer un jury arbitral qui devra statuer, au retour desdits patrons, sur les conditions de la cession définitive des ateliers aux sociétés ouvrières, et sur la quotité de l'indemnité qu'auront à payer les sociétés aux patrons.

Cette commission d'enquête devra adresser son rapport à la commission communale du travail et de l'échange, qui sera tenue de présenter à la Commune, dans le plus bref délai, le projet de décret donnant satisfaction aux intérêts de la Commune et des travailleurs.

Ce décret, où perce la griffe internationale, était injuste. On spoliait, en effet, les patrons d'une propriété, sous le prétexte qu'ils ne faisaient pas travailler ; mais comment pouvaient-ils exercer leur industrie, puisque la Commune avait enrôlé dans la garde nationale tous leurs ouvriers.

Le 17 avril, les fédérés perdirent une de leurs positions importantes : le château de Bécon, situé sur une hauteur dominant la Seine. Ce château commande la route qui relie Courbevoie et Asnières. Les fédérés, solidement installés, avaient repoussé une première attaque de nuit ; ils ne purent résister à la seconde, qui eut lieu le 17, sous le commandement du général Montaudon.

Le 18, le régiment de gendarmerie s'empara des villages de Bois-Colombes et de Gennevilliers.

Ainsi, les Parisiens ne conservaient plus, sur la rive droite de la Seine que le village d'Asnières. Mais dès le lendemain, 19, la division Montaudon s'avançait à l'attaque du malheureux village : les maisons furent prises une à une, et les gardes nationaux, acculés à la Seine, se précipitèrent vers l'unique pont de bateaux qui reliait les deux rives. Le passage commença sous une pluie d'obus et de mitraille ; le chef de légion, Landowski, craignant que les Versaillais ne traversassent le pont à la suite des fuyards, ordonna de le couper. Ce fut un lamentable spectacle : les gardes nationaux, abandonnés sur la rive droite, essayèrent de ramener la partie rompue et se noyèrent ; pas un n'échappa : ils furent tous tués ou faits prisonniers.

Refoulés dans la zone comprise entre la Seine et l'enceinte de la place, les fédérés durent se contenter d'occuper Levallois et une partie de Neuilly. Ce n'était cependant ni la résolution de vaincre ni le courage qui leur faisaient défaut : une discipline de fer et des chefs, voilà ce qui leur manquait. Tel fut le triste résultat de la première quinzaine des opérations militaires.

Les opérations, un moment interrompues du côté des forts du sud, furent reprises avec activité. La tranchée s'ouvrit devant le fort d'Issy, sous la protection des batteries de Meudon, de Châtillon et des Moulineaux.

Le 30 avril, les habitants de Versailles purent lire la dépêche suivante :

Fleury, 6 heures du matin.

« Opération bien réussie. Le cimetière, les tranchées, les carrières et le parc d'Issy ont été enlevés avec beaucoup d'élan par les bataillons des brigades Derroja, Paturel et Berthe, avec le concours des marins fusiliers. »

Pendant que la victoire abandonnait définitivement les fédérés, trois lâches coquins de l'Internationale s'abouchaient avec le préfet de police Valentin pour livrer, moyennant finances, le fort d'Issy ; c'étaient les sieurs Bourget, Billioray, membre de la commune, et Cérisier, capitaine au 101ᵉ bataillon. Faut-il faire remonter plus haut encore la trahison et dire que Cluseret était leur complice? Cette supposition n'a rien d'impossible, si l'on considère les antécédents du personnage. Ces soupçons germèrent certainement dans l'esprit des membres de la commune, car, le même jour, Cluseret était destitué et mis au secret à la Conciergerie.

Rossel fut nommé délégué à la guerre ; son arrivée déjoua le complot, et quand le major des tranchées versaillaises fit sommer le fort d'Issy de se rendre, il fit la réponse que tout le monde sait.

Le récit succinct des opérations militaires nous a fait négliger quelques mesures importantes de la commune. Nous y revenons avant de passer à la troisième phase de la révolution du 18 mars.

La commune se décida enfin, le 20 avril, à publier son programme, sous forme de déclaration au peuple français. Ce manifeste contenait d'excellents principes et commençait par faire connaître à la France quelle est la nature, la raison et le but de la révolution.

Ce préambule était inutile. Royalistes et républicains connaissaient la cause du 18 mars : la menace de mort suspendue sur la tête de la République.

En premier lieu vient « la garantie absolue de la liberté individuelle, de la liberté de conscience et de la liberté de travail. »

Voilà trois libertés de l'essence même républicaine. La commune n'eut-elle pas tort de les promettre, puisqu'elle ne pouvait les laisser fonctionner. La liberté individuelle en temps de trouble, de guerre civile, n'est qu'un vain mot; à moins de courir volontairement à sa perte, un gouvernement ne peut la garantir. La liberté de conscience, indispensable en tout temps, pouvait seule être donnée. Quant à la liberté de travail, excellente en théorie, elle était bien difficile à appliquer pratiquement, puisque les ouvriers étaient obligés de déserter leurs ateliers pour marcher au feu.

Un des droits conférés par la commune consistait aussi en « l'intervention permanente des citoyens dans les affaires communales *par la libre manifestation de leurs idées, la libre défense de leurs intérêts.* »

Ce principe essentiel était atténué par le droit que s'arrogeait la commune « de seule *surveiller* et d'*assurer le libre et juste exercice du droit de réunion et de publicité.* »

Et comment pouvait-il en être autrement? Droit de réunion, quand la manifestation de la rue de la Paix, sous prétexte de concorde, tâchait de détruire le comité central; droit de publicité, quand des journaux vendus débitaient journellement les calomnies les plus absurdes, indiquaient à Versailles les mouvements militaires, mettaient sur le compte de certains hommes des crimes aussi invraisemblables que monstrueux.

4.

On promettait aussi la fin du militarisme et du fonctionnarisme.

On aurait dû ajouter : quand la commune triomphante pourrait s'occuper activement de choses pacifiques.

Venait ensuite une phrase, qualifiée par nous de nébuleuse : « L'autonomie de la commune n'aura pour limite que le droit d'autonomie égal pour toutes les autres communes adhérentes au contrat dont l'association doit assurer l'unité française. »

Nous doutons que les rédacteurs de cette phrase aient jamais pu arriver à la comprendre.

Enfin, disait le manifeste en terminant :

« Cette fois encore, Paris souffre et travaille pour la France. »

Oui, infortunée cité, tu souffres et travailles pour la France! Oui, au milieu des convulsions de cette affreuse guerre civile, tu peux lever haut la tête et dire que tu sauves la République, comme, pendant le premier siége, tu as sauvé l'honneur national!

Mais pourquoi se laisser subjuguer par ces inconnus de l'Internationale, pillards éhontés qui, oubliant leurs promesses premières, les réformes municipales, n'ont pas voulu organiser la commune? Pourquoi laisser impunément s'étaler sur les murs l'affiche suivante :

« Des journaux ont publié que le comité central, ayant rempli sa mission, s'est dissous; cette nouvelle est complètement fausse.

« Le comité, comme la garde nationale dont il est

l'émanation, ne peut disparaître qu'avec la liberté.

« Le siége du comité central est rue de l'Entrepôt, 2 (derrière la caserne du Château-d'Eau).

« Les arrondissements qui ne sont pas représentés complétement au comité central par trois membres, sont invités à envoyer dans le plus bref délai leurs représentants, munis des procès-verbaux de leur élection.

« *Pour le Comité central,*
« Audoynaud, Cumet, Prudhomme. »

Ainsi la lutte sourde entre le comité central et la Commune s'affirmait au grand jour.

Pauvre Commune ! Elle était déjà bien malade ; ce dernier coup l'acheva. Elle va se débattre, se défendre, mais inutilement. Peut-elle lutter contre deux ennemis puissants, Versailles et le comité central ?

1er mai. — Nous entrons dans la troisième phase de la révolution ; du 1er mai à l'agonie suprême.

La Commune comprit que c'en était fait d'elle, si elle ne réagissait au plus vite. Ses premiers actes dans cette nouvelle voie furent l'arrestation de Cluseret, et son remplacement par le colonel Rossel, qui joignait aux capacités militaires de son prédécesseur une honnêteté incontestable et incontestée. Sa personnalité, une des plus sympathiques assurément, fait tache parmi tous ces aventuriers pour la plupart en sûreté aujourd'hui. Rossel seul va peut-être payer de sa tête son amour ardent pour son pays.

La Commune discuta ensuite et décréta la création d'un comité de salut public, sur la proposition de Miot, l'ancien déporté, « vu la gravité des circonstances et la nécessité de prendre promptement les mesures les plus radicales, les plus énergiques pour réprimer les trahisons qui pourraient perdre la République. »

Cette mesure ne passa pas sans soulever d'énergiques protestations ; 25 membres sur 62 présents votèrent contre. On comptait parmi les dissidents, les citoyens Vermorel, Malon, Lefrançais, Courbet, Andrieu, Arnould, Peslay et Vallès.

Les cinq membres qui composaient ce comité étaient : les citoyens A. Arnaud, Leo Meillet, Ranvier, Félix Pyat et Charles Gerardin. On avait écarté Delescluze, Cournet, Tridon, Razoua.

Il n'est point douteux que l'idée première de ce comité n'ait germée dans l'esprit des républicains de la Commune. Nous n'osons trop critiquer ce titre de comité de salut public ; mais pourquoi toujours singer le passé ? Pourquoi toujours copier, et ne jamais créer ? *Comité de salut public, Père Duchêne, Carte d'identité, Procureur de la Commune.* Voilà de vieux mots qui pouvaient représenter d'excellentes choses, mais dont l'exhumation faisait plus de mal que de bien.

Le décret qui instituait le comité de salut public ajoutait :

Les pouvoirs les plus étendus sur toutes les délégations et commissions sont donnés à ce comité qui ne sera responsable qu'à la Commune (*sic*).

Et, pour se mettre en garde contre la trop grande puissance de son œuvre, elle publia ce dernier décret :

« Les membres de la Commune ne pourront être traduits devant aucune autre juridiction que la sienne (celle de la Commune). » (*sic*)

O imitatores servum pecus! Pendant que les décrets de la Commune portaient la date du calendrier grégorien, le comité de salut public s'empressait de dater ses arrêtés avec le calendrier républicain, fort ingénieux sans doute, mais parfaitement incommode.

Les événements militaires se pressaient de plus en plus; Rossel entrait en fonction le 1er mai, et la nuit même les Versaillais occupaient la gare de Clamart et le château d'Issy. Ces deux affaires furent meurtrières, surtout pour les fédérés : le 22e bataillon de la garde nationale fut presque tout entier anéanti.

Remarquons que presque toutes les attaques de l'armée versaillaise eurent lieu la nuit. Espérait-elle surprendre plus facilement ses ennemis, ou bien comptait-elle sur l'appui de traîtres? Nous penchons pour cette dernière hypothèse, et n'en voulons pour preuve que ce qui se passa dans la nuit du 2. Toute l'armée de Versailles se massa sans bruit dans le bois de Boulogne, à la hauteur du front 54-55 de l'enceinte fortifiée. A trois heures du matin, la porte Dauphine devait être livrée et les troupes faire irruption dans Paris. Cette attaque nocturne échoua; probablement les traîtres furent découverts; c'était la seconde fois depuis dix jours que l'on tentait ce genre de surprise.

Le 4 mai, la redoute du moulin Saquet était prise d'assaut par les troupes du général Lacretelle; la dépêche officielle portait : « 200 insurgés sont restés sur le carreau; nous avons ramené beaucoup d'officiers insurgés et 300 prisonniers, 8 canons et plusieurs fanions.

Le dimanche, 7 mai, M. Thiers fit afficher dans

Paris une longue proclamation du gouvernement de la république française aux Parisiens..

Le gouvernement, disait cette dépêche, est obligé, pour vous délivrer, de prendre les mesures les plus promptes, les plus énergiques. Il ne bombardera pas Paris, il se contentera d'enfoncer une porte à coups de canon. Si vous voulez éviter d'effroyables catastrophes renversez les sectaires de la Commune, livrez-nous cette porte ; *nous laisserons la vie sauve à ceux qui déposeront les armes et nous continuerons le subside aux ouvriers nécessiteux.*

Telle est l'analyse exacte de ce document, auquel les Parisiens ne purent ou ne voulurent pas répondre. C'était la dernière sommation qui précéde le bombardement ou l'assaut d'une ville ennemie.

Dès le lendemain, la batterie de Montretout, composée de 70 pièces de gros calibre, envoyait aux Parisiens des arguments plus convaincants.

Au fort d'Issy, la position devenait intenable, son ravitaillement impossible : casemates et casernes avaient été détruites. Dans la matinée du 8 mai, ses défenseurs, officiers en tête, abandonnèrent le fort, et, quelques heures après le 31e de ligne en prenait possession. — Le 9 mai le colonel Rossel envoyait à la Commune sa démission dans une longue lettre qui se terminait ainsi :

« Éclairé par l'exemple de mon prédécesseur, sachant que la force d'un révolutionnaire ne consiste que dans la netteté de la situation, j'ai deux lignes à choisir : briser l'obstacle qui entrave mon action ou me retirer.

« Je ne briserai pas l'obstacle ; car l'obstacle, c'est vous et votre faiblesse ; je ne veux pas attenter à la souveraineté publique : je me retire, et j'ai l'honneur de vous demander une cellule à Mazas.

« ROSSEL. »

L'obstacle, c'est vous et votre faiblesse : ces deux mots résument l'histoire de la Commune. Rossel, plein d'énergie et de volonté, n'avait pu rendre aucun service parce que dès son arrivée il s'était heurté « à la nullité du comité d'artillerie empêchant l'organisation de l'artillerie ; aux incertitudes du comité central de la fédération arrêtant l'administration ; aux préoccupations mesquines des chefs de légion paralysant la mobilisation des troupes. »

Nous comprenons les regrets poignants de ce patriote, ayant sacrifié sa position, joué sa tête pour prendre la revanche ; mais nous ne pouvons excuser sa lettre. A moins d'ouvrir lui-même une des portes, il ne pouvait seconder plus efficacement Versailles. Il criait bien haut, qu'ayant demandé 12,000 hommes, il n'en avait pu réunir que 7,000 ; que les défenseurs d'Issy, affolés de peur, avaient chassé un commandant énergique qui voulait se défendre, etc..... Il prêtait, en un mot, l'appui de sa compétence et de son autorité aux rapports journaliers des partisans de Versailles.

La fin de sa lettre si noble, si courageuse, se transformait en une triste pasquinade, puisque, corrompant le membre de la Commune chargé de le garder dans un des salons de l'Hôtel de ville, il s'évada avec lui.

A l'annonce de ces deux nouvelles : évacuation du

fort d'Issy, fuite de Rossel, la Commune prit sur le champ plusieurs énergiques résolutions.

1° Réclamer la démission des membres actuels du comité de salut public, et pourvoir immédiatement à leur remplacement.

Les nouveaux élus étaient les citoyens A. Arnaud, Billioray, Eudes, F. Gambon, F. Ranvier ;

2° Nommer un délégué civil à la guerre qui sera assisté de la commission militaire actuelle, laquelle se mettra immédiatement en permanence.

Le délégué civil à la guerre fut le citoyen Ch. Delescluze ;

3° Créer une cour martiale dont les membres seront immédiatement nommés par la commission militaire ;

4° Mettre le comité de salut public en permanence à l'Hôtel de ville ;

5° Renvoyer devant la cour martiale le citoyen Rossel, ex-délégué à la guerre ;

6° Décréter la destruction de l'hôtel de M. Thiers.

Ce décret est ainsi conçu :

Le comité de salut public ;

Vu l'affiche du sieur Thiers, se disant chef du pouvoir de la République française ; considérant que cette affiche, imprimée à Versailles, a été apposée sur les murs de Paris par les ordres dudit sieur Thiers ; que dans ce document, il déclare que son armée ne bombarde pas Paris, tandis que chaque jour des femmes et des enfants sont victimes des projectiles fratricides de Versailles ;

Qu'il y est fait un appel à la trahison pour pénétrer

dans la place, sentant l'impossibilité absolue de vaincre par les armes l'héroïque population de Paris.

Arrête : Article 1ᵉʳ. Les biens meubles des propriétés de Thiers seront saisis par les soins de l'administration des domaines.

Art. 2. La maison de Thiers, située place Georges, sera rasée.

Art. 3. Les citoyens Fontaine, délégué au domaines, et Andrieu, délégué aux services publics, sont chargés, chacun en ce qui le concerne, de l'exécution immédiate du présent arrêté.

Paris, 24 floréal an 79.

Les Membres du comité de salut public,
ARNAUD, EUDES, F. GAMBON, J. RANVIER.

Ce décret qui voulait punir M. Thiers du bombardement de Paris, des ruines de Neuilly, Passy et Auteuil, était absurde. Ceux qui ont commis cette atteinte à la propriété privée, avaient-ils l'espoir qu'à l'avenir Paris ne recevrait plus d'obus? Evidemment non. Alors pourquoi prendre une mesure qui devait révolter tous les honnêtes gens, quand elle ne pouvait être d'aucune utilité aux assiégés?

Le 14 mai, le fort de Vanves fut occupé par l'armée versaillaise; il avait été abandonné pendant la nuit par ses défenseurs.

Ainsi, en moins de huit jours, deux des forts insurgés étaient tombés au pouvoir de Versailles. Sans doute, il restait encore le rempart; mais l'espoir de la réussite commençait à diminuer; chaque jour voyait s'accomplir un nouveau progrès des assiégeants; chaque jour le cercle de fer se rétrécissait; comment tout cela finirait-il?

Nous arrivons à la journée funeste qui vit s'effondrer la Commune. Vingt-deux membres, presque tous de l'Internationale, publièrent une déclaration informant leurs électeurs que « la Commune ayant abdiqué ses pouvoirs entre les mains d'un dictateur auquel elle a donné le nom de Comité de salut public, ils se retiraient pour se consacrer exclusivement au service de leur municipalité. »

Il est curieux de connaître les noms de ces dissidents. Ce sont : les citoyens Beslay; Malon, de l'Internationale; Jourde, de l'Internationale; Theisz, de l'Internationale; Lefrançais, de l'Internationale; Eug. Gérardin, de l'Internationale; Vermorel, écrivain de talent, mais dont l'honnêteté politique a été constamment attaquée; Clément, de l'Internationale; Andrieu, de l'Internationale; Ch. Longuet; Arthur Arnould; Victor Clément, de l'Internationale; Avrial, de l'Internationale; Ostyn, de l'Internationale; Frankel, de l'Internationale; Pindy, de l'Internationale; Arnold, de l'Internationale; Jules Vallès, un vendu de l'Empire, Tridon; Varlin, de l'Internationale; G. Courbet.

Sur ces vingt-deux démissionnaires, seize faisaient partie de l'Internationale, et se retiraient, prétextant la toute-puissance du Comité de salut public. N'était-ce pas plutôt l'arrivée de Delescluze, le républicain autoritaire, qui les gênait?

Les événements se précipitent; le dénouement est proche.

Une catastrophe épouvantable servit de prétexte aux mesures de rigueur que voulaient prendre ceux qui croyaient la partie perdue si l'on n'agissait pas avec la plus extrême énergie. Le 16 mai, la cartoucherie Rapp sauta à cinq heures du soir, quelques minutes après le départ de huit cents ouvriers. Toutes les maisons, dans un rayon d'un kilomètre, furent ébranlées, les vitres brisées. Le nombre des victimes fut considérable.

Quatre heures après, le Comité de salut public déclarait que le gouvernement de Versailles venait de se *souiller d'un nouveau crime, le plus épouvantable et le plus lâche de tous : Ses agents ont mis le feu à la cartoucherie Rapp et provoqué une explosion effroyable. Quatre des coupables sont entre les mains de la sûreté générale.*

La séance du 17 à la Commune fut agitée. Urbain et Miot réclamaient l'application immédiate du décret sur les otages. Elle leur fut accordée, et le procureur de la Commune, Raoul Rigault, fut chargé de l'installation du tribunal révolutionnaire.

Nous croyons indispensable de donner une explication de ce décret sur les otages.

Il y a deux sortes de barbaries, dit Condorcet, celle qui précède l'établissement d'une civilisation, l'autre qui lui succède. Ce grand philosophe a omis d'en citer une troisième : celle produite par la guerre civile. Dans ces temps malheureux, on voit les hommes les plus sages, les plus sensés, déraisonner et perdre la notion du juste et de l'injuste. Certes, nous ne faisons pas l'apologie quand même de la Commune et de ses œuvres, mais nous ne pouvons oublier que des actes odieux furent aussi commis par Versailles : au nom du gouvernement établi, au nom de l'ordre, de la société menacée, soit ; ce n'en était pas moins de la barbarie.

De part et d'autre, les esprits étaient très-montés. On disait à Versailles : les sectaires parisiens ; à Paris : les bandits vendéens. De plus, le bruit se répandait que les prisonniers parisiens étaient impitoyablement fusillés : bruit faux, sans doute, mais qui trouvait un appui dans la mort de Duval. La Commune répondit à cette cruauté en arrêtant les hommes que leur situation et leurs antécédents forçaient à être des ennemis de Paris, des amis de Versailles. Elle décréta qu'après avoir passé devant un tribunal institué à cet effet, ces personnes seraient déclarées otages ou renvoyées libres ; en un mot, le tribunal devait décider si elles avaient droit ou non à cette qualité d'otages.

C'est l'exécution de ce décret que réclamèrent et obtinrent les citoyens Miot et Urbain.

L'installation de ce tribunal fut solennellement faite par le procureur de la Commune, Raoul Rigault, assisté de son substitut Dacosta. Douze jurés, choisis parmi la garde nationale, devaient prononcer le verdict.

Les premiers prisonniers amenés étaient tous d'anciens sergents de ville de l'Empire. Ils furent déclarés otages de la Commune.

Les conséquences qui résultaient de cette terrible qualification étaient affreuses : pour chaque fédéré fusillé à Versailles, on devait exécuter trois otages.

On a dit par erreur que M. Bonjean, l'archevêque de Paris et plusieurs ecclésiastiques ont été fusillés *comme otages*. Le jury révolutionnaire n'a jamais statué sur leur situation.

De jour en jour, la position s'aggravait ; les partisans de Versailles, pressentant l'heure de la délivrance, relevaient la tête et s'agitaient. Le Comité de salut public, qui avait surpris quelques-unes de ces menées ténébreuses, redoublait de vigilance et de sévérité.

Le comité central, qui n'avait cessé de lutter contre la Commune, qui était même arrivé à ses fins en la disloquant, comprenait enfin sa faute et se rangeait résolûment sous les ordres du délégué civil, de Delescluze. Tous se préparaient à faire une résistance désespérée. Quinze jours de plus et peut-être la face des événements eût changé. Une émeute qui dure deux mois, qui tient en échec une armée régulière, n'est plus émeute : l'armée qui avait marché avec regret d'abord, avec un peu moins d'indécision ensuite, ne se serait-elle pas bientôt lassée de se battre contre ses propres frères ?

Le 18 mai, un combat s'engagea entre les troupes du 2me corps et les gardes nationaux, qui durent céder devant le nombre, abandonnant le Petit-Vanves, Malakoff et le Grand-Montrouge.

Les cheminements s'avançaient, les tranchées dans certains endroits (notamment le Bois de Boulogne), n'étaient pas à plus de 200 mètres de l'enceinte. Les batteries de Montretout, le Mont-Valérien faisaient rage et rendaient intenable aux assiégés toute la partie du rempart qu'ils battaient en brèche : mais les obus éclataient et faisaient peu de mal à ces massifs murs de pierre. Si, pour entrer dans Paris, une brèche était nécessaire, un mois à peine devait suffire pour combler cet énorme fossé.

Telle était la conviction de plusieurs personnes dans l'entourage même de M. Thiers, quand une dépêche arrivée à Versailles, le dimanche 21 mai à 6 heures du soir, annonça que le corps de Douay entrait à Paris par la porte du front 65-66.

Et, à six heures et demie, le Gouvernement adressait cette dépêche aux autorités de toutes les communes de France :

« *La porte de Saint-Cloud vient de s'abattre sous le feu de nos canons.* Le général Douay s'y est précipité, et il entre en ce moment dans Paris avec ses troupes. Les corps des généraux Ladmirault et Clinchant s'ébranlent pour le suivre. »

Cette dépêche disait la vérité, sauf sur un point, le plus essentiel. Ce n'étaient pas les canons qui avaient abattu la porte de Saint-Cloud, la trahison seule l'avait livrée. Appelons l'acte de M. Ducatel une grande action, appelons-le trahison, cela dépend uniquement dans quel camp l'on se place pour le juger. Quoi qu'il en soit, le fait existe : c'est un piqueur des ponts et chaussées qui se montra sur le rempart de la porte du Point-du-Jour et fit signe aux soldats d'avancer. Avait-il pris cette mesure de son propre mouvement ? Était-ce, au contraire, le résultat d'un des nombreux complots qui se tramaient au sein de Paris ? Le temps seul pourra nous donner des éclaircissements indispensables sur ce point et bien d'autres encore.

La bataille de Paris était commencée.

Elle dura du 21 au 28 mai 1871.

Quinze mille fédérés furent fusillés, trente mille faits prisonniers.

L'armée régulière, dès son entrée, fusilla sans pitié tout homme pris les armes à la main : tout homme dans la rue, surpris près d'une barricade, tout locataire d'une maison où l'on avait fait feu sur la troupe.

Ces scènes affreuses commencèrent le 21.

Le 24 et le 27, les fédérés fusillèrent les prisonniers politiques enfermés à Mazas.

Le moment n'est pas venu d'éclairer cette longue nuit sinistre. De même que quinze ans s'écoulèrent entre l'histoire du 2 décembre et l'événement, de même plusieurs années s'écouleront avant que l'on puisse raconter cette sanglante bataille.

Ainsi finit ce mouvement insurrectionnel appelé émeute parce qu'il n'a pas réussi.

Nous le répétons, dès le 15 mai, la Commune n'existait plus que de nom. Au 21 mai, elle s'effondra tout à fait, et la seule autorité qui régna dans Paris fut celle du Comité de salut public, et surtout du comité central. Encore faut-il ajouter que la confusion se mit rapidement dans l'organisation de la défense. Chaque chef de légion se défendit suivant ses inspirations et sans recevoir d'ordres d'un pouvoir qui ne pouvait plus en donner.

Quant aux causes qui ont provoqué le 18 mars, nous les avons indiquées : la revanche contre les Prussiens ; la défense de la République menacée par l'Assemblée. Notre conviction profonde est que la droite n'a reculé devant un coup d'état monarchique que cédant à la crainte d'une guerre civile générale.

Quant aux causes qui ont amené sa défaite, elles sont nombreuses. En premier lieu, nous plaçons l'abandon du parti républicain libéral. En second lieu, l'intervention de l'Internationale, intervention qui aurait été écartée ou annihilée si les républicains de toute la France avaient secondé le mouvement ; enfin le manque absolu de direction centrale. Deux pouvoirs étaient en présence, et chacun s'efforçait de contrecarrer l'autre.

CONCLUSION.

Une rapide esquisse des événements qui se sont déroulés depuis le 4 Septembre jusqu'au 26 mai 1871, était nécessaire pour faire comprendre l'esprit des journaux de la Commune.

Un peuple a un tempérament et des nerfs comme un simple particulier. L'histoire de 1852 à 1859 n'a-t-elle pas été d'une morne atonie? Bonaparte et ses complices ont pu impunément étouffer toute liberté. Le peuple qui laissait faire avait-il cessé d'être républicain? Non, mais il traversait une période d'affaissement. — N'est-il pas manifeste que, depuis le 4 Septembre, le peuple de Paris a ressenti secousses sur secousses, qui l'ont amené au paroxysme de l'énervement. Le 18 mars a été la crise de nerfs des Parisiens.

Pour parcourir les longs extraits des journaux de la Commune, il est donc absolument nécessaire de se reporter au milieu exalté, enfiévré dans lequel ils paraissaient. Les rédacteurs, emportés eux-mêmes dans ce tourbillon, étaient de bonne foi et ce qui pourrait passer aujourd'hui pour des fanfaronnades représentait pour eux dans le moment présent des mesures nécessaires.

Nous avons analysé les journaux sans distinction de partis ni d'opinions : Bonapartistes, légitimistes, orléanistes, cléricaux, tous, jusqu'à l'immonde *Père Duchêne*. Immonde, le mot n'est pas trop fort pour désigner celui qui abritait sa personne sous le nom de Père Duchêne, marchand de fourneaux, Eugène Vermesch, écrivain de talent, le Dorat de la *Vie parisienne* et du *Figaro*, passant du blanc le plus pur au rouge le plus foncé, fit un mauvais pastiche de la célèbre feuille révolutionnaire. Hébert, du moins, finit sur l'échafaud ; Vermesch mange à Londres l'énorme bénéfice que lui a rapporté sa spéculation.

Toutes les feuilles publiques approuvèrent le 18 Mars : les lecteurs étonnés trouveront plus loin cette unanime approbation qui indique bien la générale surexcitation de l'esprit parisien.

Nous avons omis à dessein dans la rapide analyse des événements de mentionner la suppression des journaux par ordre de la Commune d'abord, du Comité de salut public ensuite.

Nous ne discuterons pas l'excuse assez plausible que pouvaient donner les promoteurs de cette mesure. Le gouvernement de Versailles interdisait la sortie de tout journal approuvant la révolution et autorisait seulement la vente en province des feuilles qui lui étaient dévouées, donc par représailles il fallait supprimer ces feuilles.

L'excuse est mauvaise : si votre voisin est un coquin, ce n'est point une raison suffisante pour le devenir à votre tour.

La seule et bonne raison qu'ils peuvent invoquer est celle-ci :

En temps de guerre comme en temps de crise politique, un gouvernement ne peut laisser publier des journaux qui contiennent des nouvelles pouvant servir à ses adversaires. Le seul blâme que nous ferons à la

Commune, c'est de ne pas les avoir tous supprimés pour n'en laisser subsister qu'un seul, l'*Officiel*. Oublions pour l'instant ces grands mots : liberté de la presse, attentat à une propriété privée, et restons dans la réalité. Le gouvernement versaillais connaissait jour par jour, heure par heure, les mouvements des gardes nationaux, les actes de la Commune, les noms de tous les citoyens qui prenaient une part directe ou indirecte au mouvement révolutionnaire. Quelle était cette police si bien informée? les journaux hostiles à la Commune.

Combien de malheureux ont été emprisonnés et fusillés dont le seul crime consistait à avoir leurs noms inscrits sur ces futures listes de proscription. Cette prétention de l'Assemblée de n'avoir pas voulu considérer comme gouvernement, la Commune, ne peut être soutenue par des esprits impartiaux. Ce gouvernement a existé ; bon ou mauvais, ce n'est pas la question, mais enfin il a vécu et a été sanctionné par le suffrage universel. Ces élus avaient-ils le droit de se défendre? La réponse ne peut être qu'affirmative, si l'on veut rester dans le domaine des faits et non dans le champ vague des hypothèses légales. Si on leur concède ce droit, la suppression des journaux nuisant à la défense est résolue par cette même affirmation.

Ce n'est pas dans le but unique de satisfaire la curiosité du public que nous donnons de nombreux extraits des journaux ; ces extraits ont leur enseignement et, à défaut de la collection complète fort difficile à se procurer, on pourra suivre pas à pas les phases diverses de la révolution. Le public ne sera plus obligé de se contenter de rares articles odieusement tronqués ou dénaturés par des gens qui avaient tout intérêt à montrer le mauvais côté des actes révolutionnaires.

Il n'en reste pas moins à louer de bonnes et utiles réformes : séparation de l'Église et de l'État, conscription abolie, suppression des amendes infligées aux ouvriers, maximum du traitement des fonctionnaires fixé à 6,000 francs, etc.

Toute tyrannie est suivie d'une révolution d'autant plus forte que l'oppression a été plus violente. Le 4 Septembre devait être cette révolution : il a manqué de force parce que les chefs étaient usés. Le 18 Mars est la réponse à l'Empire et au 4 Septembre.

Que les gens s'intitulant républicains libéraux donnent enfin l'explication de ce pléonasme. De quelle liberté parent-ils leur qualité de républicain?

Est-ce la liberté de dire *Amen* à tous les crimes de Bonaparte, de laisser ses complices s'évader, de leur permettre de revenir au grand jour chanter les louanges du Corse, insulter tout ce qui est honnête? Est-ce la liberté de voir les d'Orléans comploter à leur aise, mettre leurs créatures dans tous les postes, chasser les républicains?

Républicains libéraux? une république sans républicains!...

Et vous avez cru que le peuple se contenterait de ce simple mot : république? Ventre affamé n'a pas d'oreilles? En vérité, ce serait fort commode : posséder des institutions monarchiques couvertes du pavillon républicain.

Le peuple est républicain tout court, il entend la république et la liberté autrement que vous. Quand son heure viendra, quand il aura fait disparaître à tout jamais ces vieux débris des monarchies passées, quand il aura, en un mot, fondé la vraie république, alors il vous donnera la liberté.

Nous connaissons votre objection. Il faut, dites-vous, donner le temps à notre république de s'asseoir; et, parodiant la phrase du Christ, vous ajoutez : laissez venir à nous les petits enfants, — non, les honnêtes gens. — Voyez les excellents résultats déjà obtenus : les campagnes deviennent républicaines, la noblesse et la bourgeoisie s'apprivoisent, leurs fils daignent demander des postes et des honneurs. La république entre dans nos mœurs par la petite porte, comme un pauvre honteux dans la maison du riche.

Gardez votre république, MM. les libéraux, le peuple ne se contente pas de mots; il veut des institutions. En vérité vit-on rien de plus inconscients que ces gens qui, conspués, vilipendés, vingt ans durant, viennent tendre la main à leurs bourreaux et les remettre en place.

La conciliation, c'est votre grand mot. Savez-vous où cela mène la conciliation? Au 18 Mars. Quand on berne le peuple, il répond par des coups de massue.

Tout comme vous, nous déplorons la mort des personnes fusillées le 24 mai. Ces prisonniers, quels étaient-ils? Un sénateur, un archevêque et des ecclésiastiques. Tous ennemis ardents de la république. Au lendemain du 4 Septembre, si vous aviez puni tous les complices de l'Empire, si vous les aviez chassés de leurs fonctions, en un mot, si vous aviez fait justice, le peuple se serait déclaré satisfait, et les victimes vivraient aujourd'hui.

Laissons ce sujet irritant, la liste des reproches serait trop longue.

Vous avez applaudi à la chute de la Commune. Soyez heureux.

Vous coudoyez tous les intrigants du passé, tous les corrompus politiques. Vous vivez avec eux, vous leur tendez la main et vous efforcez de vous faire pardonner votre tache originelle de républicain. Soyez heureux.

Les Jésuites vous enlacent, les Orléanistes vous jouent, les légitimistes se moquent de vous, et le peuple vous méprise. Soyez heureux.

Mais voyez ce disque rougeâtre, il se lève à l'horizon. Qu'est-ce encore? N'avez-vous pas froidement laissé fusiller, mitrailler vos coreligionnaires politiques? N'avez-vous pas absous toutes les infamies? N'avez-vous pas tressauté de joie à l'annonce que l'ordre régnait dans Paris? Ce peuple est bien exigeant! Qu'est-ce encore? C'est la révolution qui reparaît, sanglante, mutilée, il est vrai, mais plus résolue que jamais.

C'est la révolution contre laquelle vous lutterez en vain. Rien ne peut l'arrêter dans son cours et sa puissance grandit en raison même de la résistance qu'elle rencontre. Comment en serait-il autrement? La révolution, c'est le Juif-Errant de l'idée. Il faut qu'elle marche, qu'elle marche sans cesse.

Ne confondons pas toujours république et révolution. Deux choses parfaitement distinctes. La république est la seule forme de gouvernement qui peut loyalement seconder la révolution. La révolution est le bras qui exécute les ordres du progrès, de l'idée, naissant au fur et à mesure des besoins de la société. En 89, le progrès, l'idée (ces deux mots sont identiques), trouvèrent que la société débarrassée de la noblesse, du clergé, de la royauté, des parlements, n'en marcherait que mieux, et de pourrie qu'elle était se releverait forte. Le bras révolutionnaire renversa ces vieilles idoles.

En 1871, le progrès croit que la société débarrassée à tout jamais de la monarchie, du clergé, du militarisme, se relevera et redeviendra ce qu'elle était au lendemain de 89. Lorsqu'il fut avéré que ceux qui avaient proclamé la république du 4 septembre, mentant à toutes leurs promesses, ne voulaient pas apporter ces réformes sociales instamment réclamées par le progrès; ce jour-là, une scission profonde se déclara entre elle et ceux qui s'intitulaient républicains libéraux. Qu'importait cette république qui se traîne dans la même fange que les gouvernements qui l'ont précédée ?

Le 18 Mars fut la réponse de la Révolution à l'Idée, réponse étouffée, comprimée, mais enfin elle a fait entendre sa voix. Pour l'instant cela suffit.

Nos successeurs, mieux inspirés, accueilleront l'Idée et, cette fois, elle triomphera.

Triomphante, elle pardonnera aux insensés qui ont cru la tuer, parce qu'elle se souviendra que toute idée grande et généreuse, depuis le Christianisme, proclamant l'amour du prochain comme de soi-même, jusqu'aux principes de 89, établissant l'égalité entre les hommes, a été arrosée de flots de sang pour grandir et se faire jour.

SECONDE PARTIE

DOCUMENTS

POUR SERVIR A L'HISTOIRE

DE LA RÉVOLUTION DE 1871

CATALOGUE BIBLIOGRAPHIQUE

DE TOUS LES JOURNAUX PARUS SOUS LA COMMUNE DE PARIS EN 1871

Action (l') politique et quotidien, révolutionnaire et communal, feuille simple in-folio à dix centimes imprimeé des deux côtés. Six numéros seulement. Commencé : numéro 1, le mardi 4 avril 1871 (14 germinal an 79), terminé numéro 6, le dimanche 9 du même mois (19 germinal an 79). Rédaction et administration, 7, rue Baillif, rédacteur en chef : A. Lissagaray ; gérant : Bondon ; collaborateurs : Henry Maret, Jean Labour et Charles Lullier.

Imprimerie de MM. Balitout, Questroy et Cie, 7, rue Baillif et de Valois, 18.

Ce journal n'a point publié de programme ; en tête de la première colonne de chaque numéro se trouve un sommaire.

Dans son premier article, intitulé: A mort! Lissagaray affirme ses convictions, il est l'homme de son titre; il crie aux républicains : En avant! Pour lui, point de transaction ni de conciliation possible ; il n'y a plus qu'un agresseur et une victime désignée, qu'un vainqueur et qu'un vaincu. Après avoir parlé du *bombardement* de Paris qu'il compare à celui des Prussiens, il dit :

> Cet acte de sauvagerie qu'ils dénonçaient il y a trois mois à l'Europe, Jules Favre, Picard et Thiers viennent de le renouveler.
>
> Allons-nous discuter aujourd'hui avec ce triumgueusat?
>
> La République ou la royauté, voilà la question ! Paris l'a vu, j'en atteste la fureur sombre avec laquelle 100,000 hommes ont sauté aux remparts, sentant qu'ils n'allaient pas combattre seuls, mais avec toute la France républicaine derrière eux.
>
> Et pour vaincre, que leur faut-il? — la direction — la discipline. — Commune de Paris, à toi de l'imposer! à toi de t'adjoindre tous les hommes de valeur, officiers ou intendants, sauf à les faire fusiller, sans pitié, à la moindre désobéissance.
>
> En face des continuateurs des Prussiens, en face des obus de la Défense nationale, qu'il n'y ait qu'une autorité, celle de la Commune.

Puis il termine en ces termes :

> Quant à ce journal, dont le projet était né avant le bombardement, il n'a à dire aux républicains qu'un mot: En avant ! et son rédacteur en chef dépose momentanément sa plume, ne comprenant à cette heure qu'une manière de collaborer à l'action — avec un fusil — sur les remparts.

Dans son deuxième article, intitulé : des chefs : même numéro ; l'*Action* demande à la Commune, des chefs :

> Commune! Commune! trouve-nous des généraux, trouve-nous de jeunes chefs.

Telle est sa première phrase ! Il réclame ensuite l'envoi

des commissaires auprès des généraux, la suspension, — *sans phrase* — de tous les journaux hostiles à la Commune et invite énergiquement cette dernière à publier son programme.

L'*Action*, tel est, en effet, le titre qui convient le mieux à ce journal, car rédacteurs et collaborateurs le répètent si souvent qu'ils semblent l'avoir pris pour base de leurs articles.

Dans un article intitulé ; l'*Action* et signé Jean Labour, (toujours même numéro), ce dernier déclare que malgré toutes les espérances de conciliation, de la veille, il n'y a plus d'illusion possible : l'action est engagée ; le temps n'est plus aux discours ; il faut agir maintenant que les masques sont tombés et qu'on ne peut se refuser à l'évidence :

En ne pouvant nier, ajoute-t-il, que les soi-disant républicains de Bordeaux et de Versailles n'aient été que de lâches conspirateurs n'ayant d'autre objectif que de ravir à la France le fruit de ses généreux efforts et de replacer le peuple entier sous le joug de cette famille hypocrite et stupide, qui, pendant des siècles, exploita les sueurs et le sang du peuple.

Peuple français! il faut savoir si tu veux redevenir esclave taillable et corvéable à merci, au profit de maîtres égoïstes, insolents et sans cœur; ou si tu te sens non pas assez fort, mais assez noble, assez pur, assez grand pour vivre libre, et te charger toi-même de tes destinées!

Si tu le veux, l'honneur et la liberté sont là : tu n'as qu'à te lever pour assurer ton repos et ton indépendance. Mais il faut agir ! De l'action, de l'action, toujours de l'action, voilà quelle doit être ta devise ; là est ton devoir, ton salut, ton avenir!

Puis s'étonnant de ne pas voir tout le monde sous les armes, il termine en s'écriant :

Pourquoi Paris, à l'heure où tous les cœurs battent, est-il sillonné d'une foule insouciante et flâneuse, bâillant (*sic*) aux corneilles, sans avoir l'air de songer à prendre les armes? En vérité, c'est inconcevable ! Jeunes et vieux passent tranquillement les mains dans leurs poches ; on dirait qu'ils n'entendent pas le canon dont la voix couvre tous les bruits !

— Comment peut-il se faire qu'en pareil instant, un seul citoyen soit sans emploi ?

— De l'action, citoyens de la Commune, de l'action ! et forcez, s'il le faut, chacun à faire son devoir !

Le deuxième numéro, a ajouté à son titre ainsi conçu : l'*Action*, journal politique et quotidien, ces quelques mots qu'ont aussi conservés les numéros suivants : « paraissant à quatre heures du soir, » et, au bas de la dernière colonne, la signature, au lieu d'être comme dans le premier numéro, conçue en ces termes : le gérant : Bondon ; est orthographiée ainsi qu'il suit : l'administrateur Boudon ; de même pour les quatre numéros suivants.

Dans ce numéro, un article intitulé : *les députés de Paris*, et signé G.-R., juge ainsi les députés qui se sont enfin décidés à donner leur démission, dès le début :

Qu'ont-ils dit ? Qu'ont-ils fait là-bas à Versailles ?
Était-ce là leur place ?
Du moment que les ruraux ne voulaient d'aucun compromis avec eux, ils devaient tous se retirer, se lever comme un seul homme.
Ce n'est certes pas de la trahison — j'en réponds. — C'est tout simplement de l'incapacité.

Dans le troisième numéro, à l'avant dernière colonne, se trouve un entrefilet intitulé : *il faut en finir*, signé Charles Lullier.

Dans la nuit nous avons conféré avec douze rédacteurs en chef de la presse de Paris, et ce matin, avec soixante-cinq officiers supérieurs de la garde nationale. Il faut en finir ! d'un côté comme de l'autre, cette phrase est sur toutes les lèvres.
Mais pour en finir, il faut deux choses d'un avis unanime;

1° que la Commune cesse de trembler devant l'ex-comité central de la garde nationale, qui n'est plus qu'une ombre ; 2° qu'on confie le commandement en chef des forces militaires de Paris à un général capable. Si la Commune refuse de donner un chef à l'armée, celle-ci nommera elle-même un général en chef. C'est décidé ! *Caveant consules !*

On voit poindre la candidature.

N° 4. Vendredi, 7 avril (17 germinal an 79).

Dans un article intitulé Eunuques et traitres, Charles Lullier en parlant de l'Assemblée Nationale s'exprime ainsi :

L'Assemblée de Versailles est composée de députés champêtres, de soldats sans science militaire comme sans talents, enfants chéris de la déroute et cause première de tous nos désastres, des phraseurs usés se trainant à grand'peine aux portes de l'extrême vieillesse ; ramassis de traitres, de bandits et d'eunuques qu'un véritable homme de guerre disperserait ou mettrait dans sa poche en moins de vingt-quatre heures, s'il avait le commandement en chef des forces dont Paris dispose. Cet homme, la garde nationale l'attend. Les généraux de Bonaparte, encore couverts de la boue de Sedan, se trempent les mains dans le sang des prisonniers. Duval et Flourens ont été assassinés par eux.

On a agi au hasard ; on a gaspillé le sang du peuple. On n'est arrivé à aucun résultat. Derrière les enfants qui ont voulu jouer au général, je vois une trainée de veuves et d'orphelins.

Le peuple envisage cet état de chose avec douleur, il demande que la Commune avise immédiatement. Mais que nos ennemis se le tiennent pour dit, quoiqu'il arrive, il est prêt à tous les sacrifices, aujourd'hui, comme hier, comme demain ; victorieux, le peuple n'amènera pas son pavillon !

Le deuxième article, intitulé : *Flourens* (signé Henry Maret), raconte en ces termes la mort de Flourens :

La République vient de perdre un de ses plus intrépides défenseurs, la Révolution un de ses plus fermes soutiens.

Notre ami Gustave Flourens est mort.

Il est mort victime des hommes qu'il avait épargnés au 31 octobre, les coups de sabre d'un gendarme l'ont étendu sur la terre, comme au 9 thermidor, le coup de pistolet d'un gendarme fracassa le crâne de Robespierre.

Flourens n'est pas seulement un héros, c'est un martyr.

Ce furent aussi les gendarmes du temps qui lièrent le Christ sur la croix.

Cette dernière phrase semble assez piquante dans la bouche d'un révolutionnaire.

N° 5, samedi 8 avril (18 germinal, an 79).

Le premier article, intitulé : Souviens-toi de thermidor (signé Henry Maret), commence et fint par cette même phrase : Peuple de Paris, souviens-toi de thermidor.

L'auteur après avoir rappelé tous les excès qui furent commis par la réaction, pendant cette période, termine :

La réaction thermidorienne fut un règne d'assassins. La terreur blanche frappa dans l'ombre, bassement, hypocritement. Ce fut épouvantable et lent. On ne compte plus le nombre des victimes.

Peuple de Paris, veille sur tes remparts, et, si tu crois devoir faire la paix, ne pose pas sans condition ta main loyale dans des mains sanglantes. Exige avant toutes choses qu'on te laisse tes armes, et que nul ne puisse être poursuivi pour un acte antérieur à la journée de conciliation.

Peuple de Paris, souviens-toi de thermidor.

N° 6 et dernier, dimanche 9 avril (19 germinal, an 79).

Le premier article de ce numéro est intitulé : *Le programme de la Commune*. Lissagaray, le signataire de l'article ne comprend pas pourquoi la Commune n'a pas encore formulé son programme ; il le demande énergiquement et veut que la Commune affirme d'abord, dans un manifeste, son indissoluble union avec la France ; en second lieu qu'elle définisse ses attributions, la durée de son mandat, son caractère révocable, et en même temps les garanties qu'elle juge indispensable au respect des droits de Paris.

Nous avons, dit-il, le droit d'être impatients du programme de la Commune. Plus le danger est grand, plus ce programme devient nécessaire. A part une adresse aux départements qui ne contenait que quelques explications, nous sommes depuis dix jours en présence de décisions et de décrets dont l'ensemble est loin de constituer un programme ou seulement un système. Au moment où les obus pleuvent dans Paris, où tant de milliers de héros vont joyeusement exposer leur poitrine, les combattants ont le droit de demander à la Commune, la formule de cette République pour laquelle ils donnent leur vie.

Que la France, que les grandes villes apprennent au plus vite pourquoi Paris se bat : voilà votre premier devoir, hommes de la Commune. Le bruit du canon ne doit pas vous en distraire. Que Paris apparaisse à la France ce qu'il est réellement, le soldat de la République, et la France des villes suivra Paris.

Rien dans ce numéro n'indique que le journal dût cesser de paraître le jour même pour toujours.

En tête de la première colonne se trouve seuls ces quelques notes : « Les ateliers étant fermés demain dimanche de Pâques, » l'*Action* ne paraîtra pas.

Actualité (l'), par Gaillard·fils. Feuille de dessin à périodicité fixe ; il n'a paru que trois numéros.
Je n'ai aucun numéro de ce dessin.

Affranchi (l'), journal des hommes libres (feuille simple in-folio, à 10 centimes; imprimée des deux côtés sur six colonnes).

Commence, n° 1, dimanche 2 avril 1871 (13 germinal an 79); — finit n° 24, mardi 25 avril 71 (6 floréal an 79); vingt-quatre numéros.
Rédacteur en chef : Paschal Grousset.
Collaborateurs : A. Arnoult, Edm. Barère, F. Morot, R. Rigault, L. Bonsin, Charles et Gaston Dacosta, Simon Dereure, A. Breuillé, G. Gaulet, A. Grandin, O. Pain, L. Picard, A. Régnard, E. Kunemann et F. Vésinier.

Rédaction et administration, 10, faubourg Montmartre; imprimerie Schiller, même adresse. Bureau de vente, 20, rue du Croissant.
A partir du n° 9, le journal est imprimé à l'imprimerie nouvelle (Association ouvrière), 4, rue des Jeûneurs.]

Ce journal n'est que la suite de la *République nouvelle* ainsi qu'on le verra plus loin (voir l'R,).

N° 1

En tête de la première colonne, il débute ainsi :

A une situation nouvelle. il faut un nom nouveau.
La nouvelle République, née le 18 mars au matin avec la révolution dont elle a prévu, suivi, reproduit toutes les phases, doit arrêter sa publication au jour de la victoire du peuple, affirmée par la constitution de la Commune.
L'Affranchi, journal des hommes libres, lui succède.

AVIS

L'Affranchi commencera demain la publication, en feuilleton, de pièces très-curieuses trouvées à la ci-devant préfecture de police.

En tête du premier article de chaque numéro figure un bonnet phrygien.

Le premier article de ce numéro est intitulé :

LA GUERRE INFAME

N'osant attaquer Paris en face, les misérables vaincus du 18 mars ourdissent autour de lui mille trames ténébreuses. Ils ouvrent et confisquent ses lettres, saisissent ses journaux, désorganisent ses octrois, enlèvent ses finances, suspendent son commerce, arrêtent son travail, entravent son approvisionnement, corrompent et terrorisent ses fonctionnaires.

A quel résultat peuvent-ils aboutir, les organisateurs de cette guerre anti-sociale, anti-humaine ?

Où veulent-ils en venir, ces empoisonneurs de fontaines, ces bombardeurs moraux de la cité, venus sur les talons des bombardeurs prussiens ?

Paris a fait son noviciat dans la vie de soldat, et, ce qu'il a souffert pour son honneur, il est prêt à le souffrir pour sa liberté.

Il sait qu'il a placé à son avant-garde des hommes résolus à faire leur devoir et prêts à tout pour assurer la victoire du peuple ; qu'il y a à l'Hôtel de ville une Commune résolue à donner sa vie et à s'ensevelir sous les ruines de la ville plutôt que de céder une parcelle du droit parisien,

Que la nouvelle armée de Condé, formée à Versailles, rabatte donc de ses insolentes prétentions.

Par toutes les fissures de l'investissement, la Commune se fera jour et ira porter à la province la contagion salutaire.

Les grandes villes partiront les premières ; les villes moyennes suivront ; puis viendront jusqu'aux moindres villages, et sous ce flot vainqueur toutes les résistances seront submergées.

Ceci n'est pas pour nous une espérance : c'est une certitude et une évidence.

Quant aux misérables qui osent ajouter à la liste de leurs crimes, celui de mettre en danger — si cela était possible — la grande unité française et déchaîner sur leur pays, qu'ils ont vendu, la guerre civile, cette impiété, — ils en seront pour cette honte de plus, et sans doute aussi, espérons-le, — pour les châtiments exemplaires, que la justice du peuple saura leur réserver.

N° 2.

Ce numéro qui devait publier les pièces très-curieuses trouvées à la préfecture de police inscrit ces lignes en tête de sa première colonne :

L'abondance des matières nous oblige à remettre à demain la publication des « *pièces très-curieuses* trouvées à la ci-devant Préfecture de police. »

Nous extrayons quelques passages de son premier article signé par le rédacteur en chef et intitulé : L'*Odeur de la Poudre.*

La bataille est imminente.

Dans quelques jours, demain peut-être, de ce sombre drame, la guerre civile, nous allons voir le dénouement !

Ainsi ce sera l'éternelle et lamentable histoire ! Toutes les fois que le peuple voudra revendiquer ses droits méconnus, c'est les armes à la main qu'il devra le faire !

Et l'on pouvait encore parler à Versailles de transaction !

Alors même que Versailles viendrait à nous, le chapeau bas, l'air piteux, toute entente serait impossible. Nous avons vu ces hommes à l'œuvre.

Leur parole, quand ils l'engageraient, serait une piètre garantie.

On ne transige pas avec les Thiers, les Trochu et les Jules Favre, avec les traîtres, les menteurs et les faussaires. — Pas plus qu'on ne transige avec le coupe-jarret qui vous arrête sur la grande route.

La Commune de Paris est menacée.

La Commune de Paris est en droit de légitime défense.

La bataille va se livrer.

Eh bien ! soit.

Que le sang versé retombe sur la tête des provocateurs ! nous relevons le gant ; nous acceptons la lutte.

La situation est désormais tranchée.

N° 3.

A VERSAILLES

Le sort en est jeté.

Les misérables émigrés de Versailles ont engagé la lutte : le sang français a coulé, versé par des mains françaises.

Nous pouvons bien le dire à cette heure: jamais nous n'aurions osé croire à cet excès d'infamies.

Paris, ce grand Paris, d'où sort toute lumière et toute vérité, Paris a eu depuis dix jours une pensée d'égoïsme.

Blessé dans son orgueil par l'ingratitude rurale, il a un instant songé à s'isoler.

Que m'importent ces misérables ! a-t-il osé dire à voix basse ; faisons-nous libres et laissons à leur esclavage ces aveugles que la lumière ne peut toucher. Le temps est un grand maître, peut-être les guérira-t-il ?

Et Paris a fait sa révolution, et il a eu la faiblesse de l'appeler municipale.

Le canon d'hier vient à point pour l'arracher à ce rêve malsain.

Le canon d'hier vient lui rappeler que Paris ne peut pas s'isoler de la province, parce que, entre deux principes contraires, la révolution et le privilége, il n'y a pas de conciliation possible.

La République ne peut pas siéger à Paris et la monarchie à Versailles ; la République le voudrait que la monarchie ne le souffrirait pas.

Guerre à mort, donc. Constatons-le, c'est la monarchie qui a tiré la première.

Mais le sabre tiré, que Paris ne s'arrête plus.

Qu'il en finisse, d'un coup, avec ce passé impitoyable, qui se dresse à chaque pas, menaçant et railleur, en face de l'avenir.

Qu'il écrase à jamais cette réaction avide, à laquelle il abandonnait lâchement une proie et qui ne s'en contente pas.

Qu'il ne recule devant rien pour assurer sa victoire, et s'il faut un stimulant de plus à son admirable ardeur, qu'il se dise ceci :

« Ma victoire ne me délivre pas seul, elle délivre la France et le monde. »

Sous le titre : *Venin réactionnaire* ; Vésinier passe en revue les articles des différents journaux, à l'égard de la Commune et des événements.

Dans ce numéro, après avoir dit :

L'*Opinion nationale* assure que l'Assemblée rurale ne se dissoudra pas volontairement; nous le croyons volontiers : comme celle de 1830 et de 1848, elle tombera dans le sang du peuple et sous la malédiction publique.

Il termine en disant :

Les ruraux, comme Caïn, sont condamnés à entendre la voix de la conscience leur crier partout :
« Caïns, qu'avez-vous fait de vos frères ? »

N° 5.

Sous ce titre : Le Talion, Olivier Pain, un des collaborateurs au journal, s'exprime ainsi :

Les gens de Versailles assassinent les prisonniers républicains et mutilent d'une manière horrible les cadavres.

Œil pour œil, dent pour dent.

Les portes de Paris sont fermées.

Nul ne peut sortir de la ville.

Nous avons en main des otages.

Que la Commune rende un décret, que les hommes de la Commune agissent.

A chaque tête de patriote que Versailles fera tomber, qu'une tête de bonapartiste, d'orléaniste, de légitimiste, roule comme réponse.

Allons, soit! Versailles le veut.

La Terreur!

Dans ce numéro commence enfin la publication des pièces trouvées à la préfecture de police; le dossier Galiffet ouvre la marche, en voici quelques passages :

N° 58,419. — *Urgent. Confidentiel, venant du cabinet.*

« Ce 8 avril 1856.

M. le commissaire de police est averti que ce soir (probablement), on doit jouer, chez une nommée Constance, future marquise de Galiffet, demeurant au coin de la rue des Capucines et du boulevard, au-dessus de Giroux.

Déjà plusieurs nuits, on y a joué un jeu d'enfer.

Puis, plus loin :

CABINET DU PRÉFET DE POLICE.

N° 58,419. — *Note pour M. le chef de la police municipale. Urgent et confidentiel*

Ce 8 avril 1856.

Monsieur Hébert,

On reçoit l'avis suivant :

« On se livre au jeu avec frénésie chez la fille Constance,

maîtresse du marquis de Galiffet, demeurant boulevard des Capucines, au coin de la rue Neuve-des-Capucines, au-dessus du magasin Giroux.

« Le jeu ne commence bien qu'après une heure du matin.

M. Palestrino est prié de faire vérifier, avec circonspection, l'exactitude de cet avis et de faire connaître le résultat des investigations.

Signé : GRANZ.

N° 8.

L'article intitulé : *Atrocités sur Atrocités* ; P. Vésinier s'exprime ainsi :

Le sang versé par la réaction coule tous les jours plus abondamment, les atrocités succèdent aux horreurs.

Le citoyen Barrette, de Courbevoie, avoit donné l'hospitalité à deux gardes nationaux blessés ; pour le punir de sa généreuse action, les misérables soudards de l'armée impériale et royale l'ont fusillé, lui, sa femme, ses deux filles et les deux malheureux malades.

Si on ne met pas un frein aux atrocités de ces brigands, ils continueront de verser le sang comme de l'eau.

Il faut que les maisons, les repaires de ces bandits, devrions-nous dire (Il parle ici de Thiers, Jules Favre et Jules Simon), soient rasés et qu'un pilori infâmant s'élève sur leurs ruines, afin de vouer ces traîtres égorgeurs aux malédictions de leurs contemporains et de la postérité.

Il faut terrifier les brigands qui souillent les prisonniers, en arrêtant leurs femmes, leurs enfants, leurs parents et leurs complices, en les emprisonnant comme ôtages et en les rendant responsables sur leurs têtes du sang que les hyènes de Versailles voudraient encore verser.

N° 12.

EST-CE CLAIR ?

Malheureusement oui, elle est claire la signification des

agissements les plus récents de l'exécutif de Versailles, trop claire.

Il est bon nombre de braves gens qui avaient compté sur sa conversion, qui s'imaginaient que, malgré sa présomption, son entêtement et sa légèreté proverbiale, il en était arrivé, après son récent appel « au bon sens et au courage du bon sens », à renoncer à ses vieux errements et à ses vieilles idées.

On croyait que cet ermite de la place St-Georges était devenu assez sage pour brûler les dieux qu'il avait tant adorés. Mais on oubliait que M. Thiers n'a jamais été qu'un faux libéral, rattaché au libéralisme orléaniste seulement par les circonstances, qu'au fond il n'a jamais été qu'un impérialiste.

Rien de plus naturel, d'ailleurs; à l'âge de M. Thiers, on ne change plus. Tant pis pour les sots qui se l'imaginaient.

La Chambre avait voté par 285 voix contre 275, un amendement de M. Lefebvre-Pontalis, qui donnait à toute ville, à Paris conséquemment, le droit d'élire son maire.

Eh bien ! M. Thiers, le serviteur, la créature de cette Assemblée, est monté à la tribune pour l'obliger, la question de cabinet sur la gorge, à revenir sur une loi votée, à courber la tête sous ses volontés séniles.

Cet acte soulève la réprobation même des journaux qui ont toujours protégé l'illustre homme d'Etat, comme ils disent.

. . . .

M. Thiers a l'habitude, à la fin de ses discours, de s'écrier de sa voix aigre et flûtée : est-ce clair ! messieurs, est-ce assez clair ?

Nous aussi, nous disons aux républicains de toute nuance, à tous les honnêtes gens, à tous les hommes de cœur de l'armée et de la province:

MM. Thiers et les républicains, Mac-Mahon, Vinoy, Ladmirault, Galiffet, de Cissey, Valentin, Cathelineau, Charette et *tutti quanti* ligués ensemble ne sont pas les serviteurs de la République.

Ils en sont les assassins, est-ce clair ? est-ce assez clair, enfin ?

Cet article est signé de Eug. Kunemann.

N° 13.

On parle beaucoup de « conciliation » depuis huit jours.

. . . .

Entre les gens de Versailles et les citoyens de Paris, il n'y pas de conciliation possible, parce que le programme des uns est la négation même de celui des autres.

. . . .

Il faut que Paris triomphe, ou Versailles.

La guerre déclarée par les ruraux et poursuivie par eux avec une atrocité sans exemple, ne peut s'arrêter que sur la reconnaissance intégrale et sans restriction des droits de Paris ou par sa disparition de la surface du globe.

                              PASCHAL GROUSSET.

(N° 16.

AU SCRUTIN

Au scrutin ! citoyens.

Contre les insolentes prétentions des assassins de Versailles, Paris a deux armes : le fusil et le bulletin de vote.

Que tous prennent le fusil !

Que tous se rendent au scrutin !

N° 20.

C'est dans ce numéro à l'article de Vésinier : *le Venin réactionnaire*, que se trouve l'entrefilet qui brouilla Racine de Buis avec Rochefort, et occasionna entre ces deux hommes une discussion assez vive dont nous reproduirons certains passages à la biographie du *Mot d'Ordre*

Voici l'entrefilet en question :

Un journal qui a la prétention d'être républicain et qui chaque jour tourne de plus en plus au *Figaro* se livre à des charges à fond contre les dernières élections.

L'ancien acolyte de son rédacteur en chef, le sieur Villemessant, ne ferait pas mieux.

Voici son chef-d'œuvre d'argumentation.

J'ai eu deux voix : la mienne et celle de mon fils aîné. C'est le douze millième des électeurs inscrits, mais comme il n'y a à cet égard aucune base établie, je ne vois pas pourquoi j'hésiterais à me considérer comme élu.

On peut juger, d'après cet échantillon, du sérieux de son auteur.

Décidément il fera bien de rentrer au *Figaro*, d'où il n'aurait jamais dû sortir, dès que cet honnête journal reparaîtra.

Ce numéro débute par le programme de la Commune, que ce journal avait si énergiquement réclamé et que nous reproduirons au *Journal officiel*. Il contient aussi comme feuilleton : le mariage d'une Espagnole (*Mlle de Montijo*), par P. Vésinier, condamné à deux ans de prison pour ce volume.

N° 22.

Ce numéro publie en tête de sa première colonne les quelques lignes suivantes :

Le citoyen Paschal Grousset nous prie d'annoncer qu'il est absolument étranger, depuis huit jours, à la rédaction du journal, et qu'il n'y prendra aucune part tant qu'il fera partie de la commission exécutive de la Commune.

Dans ce numéro, M. Vésinier a consacré entièrement son article intitulé : *le Venin réactionnaire*, a une polémique avec Rochefort.

Nous n'en citerons que quelques passages.

M. Rochefort, dit-il, se livre à notre égard à un débordement d'invectives grossières, indignes d'un homme qui a le respect de lui-même et de sa plume.

. . . .

Nous laisserons de côté les injures basses et honteuses pour celui qui descend à s'en salir.

Nous répondrons aux faits.

Notre rédacteur en chef, puisque c'est ainsi que M. Rochefort désigne le directeur politique de l'*Affranchi*, est complètement étranger à notre entrefilet, qui a mis M. Rochefort dans une si grande rage.

. . . .

Puisque M. Rochefort me force à parler de moi en m'attaquant personnellement, non sur ce que j'ai écrit le concernant, mais sur mon passé, je lui réponds sans injures ni gros mots.

. . . .

Quelque obscure qu'ait été ma carrière politique, elle ne mérite à aucun titre les grossièretés ignobles, dont M. Rochefort s'est rendu coupable envers moi.

A de pareils procédés, indignes d'un homme qui se respecte, la seule réponse est le mépris.

Quant à la théorie de M. Rochefort, qui prétend que les membres de la Commune doivent briser leur plume, cesser d'écrire, et à sa prétention outrecuidante d'être inviolable et sacré, et d'en appeler à la Commune chaque fois qu'on relèvera les insanités de sa feuille figariste, ce sont vraiment choses trop grotesques ou trop « biscornues », pour qu'on s'y arrête.

Si M. Rochefort ne veut pas qu'on qualifie, comme elles le méritent, ses tartines journalières contre la Commune et ses membres, il n'a qu'à cesser de les publier.

24ᵉ et dernier numéro, 25 avril 1871 (6 floréal an 79).

Ce numéro insère en tête de sa première colonne la lettre suivante :

*Aux rédacteurs de l'*AFFRANCHI.

Mes chers amis,

Il me revient de divers côtés qu'on persiste à m'attribuer une part occulte dans la rédaction de l'*Affranchi*.

Dans ces circonstances, et pour en finir avec ces insinuations, je crois devoir vous demander de suspendre la publication du journal.

C'est la meilleure réponse à faire aux ennemis de la République, qui s'en vont criant que les journalistes de la Commune suppriment des journaux pour mieux vendre les leurs.

A vous.
Paschal Grousset.

La rédaction a fait suivre cette lettre de ces quelques lignes.

A dater de demain, la publication de l'*Affranchi, journal des hommes libres*, sera suspendue.

Ami de l'Ordre (l'), titre déposé, devait paraître le 23 mars au matin, avec Arnold Mortier comme rédacteur en chef et comme principaux collaborateurs : Gaston Jollivet et Ed. Moriac.

L'imprimeur refusa le tirage du journal déjà composé et en épreuves ; il le trouvait trop réactionnaire, surtout au lendemain de l'échauffourée de la rue de la Paix.

Ami du Peuple (l'); brochure journal format grand in-8°, 8 pages au numéro; cinq centimes. Administration et vente chez Châtelain, 13, rue du Croissant, imprimerie Vallée, 16, rue du Croissant, par A. Vermorel, membre de la Commune.

Avec cette épigraphe : « L'ignorance, c'est l'escla-
« vage. — L'instruction, c'est la liberté. »

Au-dessous, une vignette représentant un ouvrier distribuant au groupe à droite (une femme et deux enfant) le catéchisme républicain, et au groupe de gauche (un paysan et deux autres enfants), *la déclaration des droits de l'homme et du citoyen.*

N° 1, 23 avril 1871.

Ce n'est point un journal.

C'est un compte rendu, à mes concitoyens, du grave et redoutable mandat qu'ils m'ont confié, en me nommant membre de la Commune de Paris.

Partisan déclaré du mandat impératif et de la responsabilité, j'ai le devoir de me tenir en rapports constants avec le peuple dont je relève, — de lui rendre compte, en quelque sorte, jour par jour, de mes principes, de ma conduite et de la situation des affaires publiques.

Jamais l'heure n'a été aussi solennelle pour les mandataires du peuple, jamais la responsabilité n'a été plus terrible.

Le canon gronde, le sang coule. Du résultat de la bataille qui se livre dépendent les destinées de la République et de la France.

Dans une pareille situation, toute faute, toute défaillance, toute erreur est un crime ; — et tout crime est un attentat contre la patrie, contre la République, contre l'humanité entière.

Et nous n'y serons pas seulement responsables, chacun

individuellement de nos propres fautes, de nos propres défaillances, de nos propres erreurs, nous sommes tous solidaires.

Nous avons donc le devoir de nous éclairer les uns les autres, de nous tenir tous dans une communion intime de sentiments et d'idées.

Telles sont les considérations qui me déterminent à entreprendre cette publication. Elle me paraît être le complément indispensable du mandat que j'ai reçu et accepté.

Les numéros 3 et 4 (28 et 29 avril), sont transformés en journal avec ce titre « *Ami du Peuple* (l'), journal politique quotidien ; format in-folio, feuille simple, à 5 centimes, imprimé des deux côtés sur six colonnes.

Directeur : A. Vermorel.
Rédacteur-gérant : L. Picard.
Rédaction, 5, rue Coq-Héron, vente, administration et annonces, chez Châtelain, 13, rue du Croissant, imprimerie Dubuisson et Cᵉ, rue Coq-Héron, 5.

Ce journal ainsi transformé, servit d'arène aux coups de plumes peu fraternelles que s'envoyèrent mutuellement les citoyens Pyat et Vermorel.

Nº 1, 28 avril 1871.

Paris, 27 avril.

Mon cher ami,

Je me rends à vos bonnes raisons, et surtout à l'évidence.

Je voulais faire une publication analogue à celle du *Courrier de Provence* de Mirabeau, des *Lettres de Robespierre à ses commettants*, de l'*ami du peuple* de Marat ! — Moins un journal qu'un discours quotidien au peuple, un compte rendu, présenté au jour le jour à mes électeurs, du mandat qu'ils m'ont confié.

Mais puisque le public veut un journal, faisons donc — ou plutôt — faites un journal.

Aussi bien j'avais trop présumé de mes forces, il me serait difficile, pour ne pas dire impossible, au milieu des occupations innombrables qui nous incombent, de trouver chaque jour seulement une heure de tranquillité pour écrire quelques pages au courant de mes impressions.

. . . .

Il est bien certain que, faute d'être suffisamment expliquée et commentée, notre politique n'a pas été généralement comprise du public qui, animé à notre égard d'une complaisance excessive ou d'une malveillance systématique, ne s'est pas fait encore sur notre compte cette opinion impartiale et éclairée qui est le véritable point d'appui d'un gouvernement libre.

Si vous savez remplir cette tâche, vous rendrez à nous et à notre cause, c'est-à-dire à la cause de la République et du socialisme, un véritable et signalé service.

Cordialité fraternelle,
A. VERMOREL.

C'est encore dans ce numéro que commence la polémique entre Vermorel et Félix Pyat.

L'article intitulé : *Réponse au citoyen Félix Pyat*, prend presque deux colonnes entières.

Vu sa longueur, nous nous contenterons d'insérer les passages les plus marquants.

Citoyen Félix Pyat,

Quand on déserte le poste de combat et d'honneur on n'a pas le droit de jeter par derrière, l'outrage à ceux qui font leur devoir.

Vos attaques ne peuvent m'atteindre.

Celui qui affronte les balles à poitrine découverte ne se détourne pas pour éviter les éclaboussures de la boue.

Je vous répondrai pourtant ; mais ce ne sera pas pour me défendre, ce sera pour faire justice.

Il y a, dites-vous, une question de moralité politique à vider entre nous. J'accepte le débat.

. . . .

Nous nous sommes déjà trouvés ensemble, citoyen Pyat : le 31 octobre.

Ce jour-là vous avez manqué à la cause du peuple, qui avait été, dès le début de la journée, vous chercher au bureau de votre journal pour vous porter triomphalement à l'Hôtel de ville.

Vous deviez rester à ce poste d'honneur, pour y succomber, s'il le fallait, à la tête de ce peuple qui vous donnait un témoignage si éclatant de sa confiance.

. . . .

Mais ce n'est pas tout ; emprisonné avec nous, au lieu de revendiquer, comme nous le faisions tous, l'honneur de cette grande protestation du peuple contre les lâchetés et les trahisons de la défense, — et vous y aviez plus que personne contribué, par vos éloquents articles du *Combat*, — vous l'avez désavoué, vous y avez répudié toute participation, vous avez eu le triste courage d'insulter publiquement Flourens : moyennant quoi, vous avez été mis en liberté, avec M. Maurice Joly.

Vous avez déserté la prison comme vous aviez déserté l'Hôtel de ville.

. . . .

Le peuple vous a pardonné votre défaillance et il vous a envoyé à l'assemblée de Bordeaux.

Quelle attitude y avez-vous eue?

Vous n'avez eu ni le courage de donner votre démission pour revenir solennellement protester devant vos électeurs, ni celui de rester à l'Assemblée pour faire entendre, à la face de la France et du monde, les légitimes griefs et revendications du peuple de Paris.

Vous vous êtes dérobé de façon à vous tenir à l'abri pendant la lutte, et à pouvoir reparaître ensuite pour vous mettre du côté des vainqueurs.

La victoire étant restée à la Commune de Paris, vous êtes sorti de votre cachette, et vous êtes bravement venu siéger à la Commune.

Quelle y a été votre attitude ?

. . . .

Vous dites que je vous avais promis de vous suivre sur le terrain de la question électorale. Je vous répondrai simplement que je vous y avais devancé en votant contre la validation des élections, avec douze de mes collègues, ce qui nous a valu d'être désignés comme *réactionnaires*, par votre collaborateur Vésinier.

Quant à votre opinion personnelle, il est probable que la Commune ne l'aurait jamais sue au juste, si vous n'aviez cru devoir saisir ce prétexte pour donner votre démission.

Depuis que, malgré vous, et un peu par mon insistance, les procès-verbaux de nos séances sont devenus publics, vous vous êtes fait remarquer par une abstention à peu près complète, et vous vous êtes réservé uniquement pour les comités secrets, où vous avez toujours soutenu, comme le faisait observer avec raison notre collègue J. B. Clément, les mesures les plus intolérantes, les plus violentes, les plus énergiques.

En même temps vous vous montriez dans votre journal, partisan des idées de liberté, de modération et de conciliation.

Votre jeu est facile à deviner; vous ménagiez d'une part votre popularité pour le cas où le peuple serait victorieux, et, d'autre part, vous vous réserviez une porte dérobée pour échapper aux persécutions dans le cas du triomphe de Versailles.

C'est plus que de l'habileté cela, citoyen F. Pyat, c'est de la malhonnêteté.

Ma jeunesse a le droit et le devoir de le dire à vos cheveux gris. Et, dans les circonstances actuelles, quand on porte votre nom, la duplicité est un véritable crime.

Vous venez d'y ajouter celui de désertion devant l'ennemi.

. . . .

Mais c'est sans doute parce que vous vous sentiez incapable de payer de votre personne à l'heure du danger, que vous avez cru devoir vous retirer, modestement, avant la victoire.

. . . .

Vous croyez diriger contre moi une plaisanterie bien acérée en m'appelant le plus moral des membres de la Commune.

Je suis prêt, citoyen Félix Pyat, à soumettre à vos investigations, comme je l'ai toujours soumise à toutes les investigations de mes adversaires, ma moralité privée aussi bien que ma moralité politique.

Et comme encore une fois je ne veux pas abuser de mes avantages, je ne vous demande pas d'affronter vous-même une pareille enquête. On se doit des égards entre collègues et on en doit même à un collègue démissionnaire.

4ᵉ et dernier numéro, samedi 29 avril 1871.

DERNIER MOT AU CITOYEN FÉLIX PYAT.

. . . .

Vous essayez de m'écraser du haut de vos vingt ans d'exil, citoyen Félix Pyat.

Je vous répondrai simplement, comme je l'ai fait l'autre jour, en comparant mon attitude à la vôtre, et en laissant à l'opinion publique le soin de prononcer entre nous.

Pendant que vous faisiez, à Londres, du régicide en chambre, je luttais activement à Paris.

. . . .

Le 22 janvier, j'étais de ma personne à l'enterrement de Victor Noir, pendant que vous vous cachiez dans un bateau à charbon, et je poussais le peuple à la révolution par des articles dont j'affrontais toute la responsabilité.

Le 4 septembre m'a trouvé en prison. Vous étiez, vous, prudemment abrité à Londres.

. . . .

Vous ne me pardonnerez pas de vous avoir démasqué, mais tout le monde comprendra que j'ai autre chose à faire que de m'occuper de vous répondre désormais.

Puis, dans un article curieux, intitulé : *Mon dossier*, Vermorel, après s'être défendu, d'après l'accusation du citoyen Félix Pyat, d'avoir été subventionné par M. Rouher, pour attaquer les hommes de la gauche républicaine et de la presse démocratique ; termine ainsi :

Et dire que M. Félix Pyat qui a donné sa démission de membre de la Commune pour faire sa rentrée littéraire dans le rôle du chiffonnier de Paris, qu'il a créé, va en être réduit, s'il veut continuer sa malheureuse polémique, à recueillir ses ordures dans sa hotte! Pitié!

A. VERMOREL.

A partir de ce jour, samedi 29 avril, l'*Ami du peuple*, cesse sa publication sans en donner le motif.

Anonyme (l'), journal politique quotidien, format in-folio, feuille simple, imprimée des deux côtés sur six colonnes; prix : 10 centimes. Du 11 au 12 mai, 2 numéros seulement.

Rédaction et administration, 5, rue Coq-Héron; imprimerie Dubuisson et C°, même adresse.

Gérant, J. Imbert.

L'*Anonyme* était opposé à la Commune, qui le supprima le 12 mai, lendemain de son apparition.

Un article : l'*Anonyme*, justifie le titre de ce journal, qui n'est que la suite de la Paix, autre journal qui lui-même faisait suite au *Bien Public*, fondé d'une côte de la *Liberté*, par Henri Vrignault.

N° 1, 11 mai 1871.

L'heure n'est pas aux programmes, ni aux vaines popularités. Notre titre le dit. C'est le gouvernement anonyme qui sauvera la France, parce que seul il la remettra en pleine possession d'elle-même, parce que seul il la délivrera des sauveurs patentés.

. . . .

La Commune s'appellera dans l'histoire Touche-à-tout. Elle est comme l'enfant du conte qui, renfermé dans la salle aux pendules, les arrête toutes en les cassant pour les mettre à l'heure. Elle ne laisse pas un ressort en place. Plus que ses actes de despotisme, plus que le sang versé, ce sera sa condamnation. La France ne veut pas être sauvée par ordonnance ; elle veut vivre et non pas aller sur des béquilles ou dans une voiture mécanique au gré de son guide.

. . . .

Dès aujourd'hui, nous nous retournons contre la réaction ; elle ne viendra peut-être pas, mais en tous cas nous sommes prêts, et, après avoir défendu jusqu'à la dernière heure la liberté de la France contre la Commune despotique, nous la défendrons avec non moins de vigueur contre le gouvernement légal.

Après avoir reproduit, dans ce même numéro et d'après la publication dans le *Mot d'Ordre*, la lettre du citoyen Rossel aux membres de la Commune, dans laquelle ce dernier reproche à la Commune, le désordre général qui existe dans tout l'ensemble de son organisation, l'*Anonyme* termine ainsi :

M. Rossel parle en homme énergique et de sens. Il dit évidemment la vérité. Cette vérité est lamentable pour la Commune, mais elle ne nous surprend pas. Nous avons toujours cru à ce désordre.

M. Rochefort dit, après avoir publié la lettre de Rossel : La Commune n'a pas un jour à perdre pour trouver son homme.

Ce mot nous rappelle celui de M. Thiers à l'empire : « Il n'y a plus une seule faute à commettre. »

M. Rochefort est trop spirituel et il a trop bien observé le jeu de tous les gouvernements pour ne pas savoir que « cette seule faute » se commet toujours, et que « ce dernier jour » est toujours perdu.

C'est une loi fatale.

2ᵉ et dernier Nº, 12 mai 1871.

Ce numéro contient un entrefilet ainsi conçu ;

Qui gouverne Paris? Nous le demandions hier; un peu de réflexion nous l'a appris. C'est le père Duchêne, marchand de fournaux, qui nous gouverne. Cet industriel nous gouverne comme Egérie gouvernait Rome au temps de Numa. Veut-on des preuves? en voici deux.

Le père Duchêne met le citoyen Rossel au pied du mur : « Fais fusiller les jean-foutres de membres du comité central et de chefs de légion, ou fous-nous ta démission ; » dit cet aimable fumiste. Le citoyen Rossel fout — pardon, — donne sa démission.

Le *Père Duchêne* se met en rage parce que les salles des hôpitaux portent des noms de ci-devant saints ; le citoyen délégué à l'assistance publique décrète que ces noms seront changés.

Nous pourrions multiplier les exemples.

N'est-ce pas le duc de Choiseul qui, montrant à l'ambassadeur d'Angleterre un gentilhomme fort obscur, lui dit : « Voici le roi de France. » L'ambassadeur de se montrer surpris, presque offensé. « Eh ! oui, dit le ministre, celui-ci fait ce qu'il veut de ma belle-sœur, qui a toute influence sur ma femme, laquelle me mène, et le roi ne voit que par mes yeux. »

En remontant ainsi, il est facile de prouver que le bon bougre de *Père Duchêne* gouverne Paris.

Bien Public (l'), journal politique quotidien, feuille double grand format, 4 pages; prix, 10 centimes.

Rédacteur en chef, H. Vrignault.

Administration, E. Valpinçon ; secrétaire de la rédaction, Aimé Dollfus.

Collaborateurs : MM. Charles Vrignault, Frédéric Fort, Edouard Drumont, J. de Gastines, Saint-Aimé, H. Murgeard, etc.

Rédaction et administration, 5, rue Coq-Héron ; Dubuisson et Ce, imprimeurs, même adresse.

Ce journal qui commence le 5 mars 1871, fut supprimé par la Commune le vendredi 21 avril 1871 (quarante-huit numéros).

Notre but en commençant cet ouvrage, ayant été de nous occuper spécialement des journaux parus sous la Commune, nous laisserons de côté les nos 10 et 13 inclusivement pour ne relater que les faits principaux contenus dans ce journal, à partir du n° 14, 18 mars, jusqu'au 48e et dernier (21 avril).

Avant de reproduire les principaux articles de chacun des numéros de ce journal, il nous semble utile de dire quelques mots sur sa nuance et ses opinions.

Travailler à la réorganisation du pays, à la réconciliation du travail et du capital unis par une intelligente et honnête coopération; vouloir que la liberté soit complète, que la responsabilité soit individuelle et absolue, etc., etc., et cela sans violences, sans injures, tout en disant ce qu'il pense des hommes et ce qu'il attend du pays, tel est le but que semblait devoir s'être proposé d'atteindre le *Bien Public*.

Sa campagne contre la Commune fut des plus vives.

Un mandat d'amener ayant été lancé contre son rédacteur en chef, M. H. Vrignault, put se dérober aux poursuites dirigées contre lui.

De sa retraite, il tire à boulets rouges sur ses ennemis. Supprimé, le *Bien Public* paraît, disparaît, paraît encore, reparaît toujours, tantôt sous un nom, tantôt sous un autre; aujourd'hui c'est la *Paix*, demain ce sera l'*Anonyme*, après demain le *Républicain* — mais toujours le *Bien public*.

N° 16, 20 mars 1871.

LE 18 MARS

« Triste journée pour la liberté, pour la République et pour l'honneur de Paris.

. . . .

Le gouvernement régulièrement élu, les ministères régulièrement constitués n'ont plus d'autorité à Paris.

Qui a pris ou recueilli cette autorité ?

Qui a pris et assumé la responsabilité des actes accomplis hier ?

Qui a ordonné l'arrestation et l'exécution des généraux Clément Thomas et Lecomte ?

En un mot, qui gouverne Paris ?

Etant connus ceux qui nous gouvernent, de qui tiennent-ils leurs pouvoirs ? Sommes-nous en République ? Subissons-nous une dictature ? Faut-il croire ce que disent bien des gens, que l'or et les intrigues bonapartistes sont derrière ces tristes agitateurs ?

Toutes ces questions se posent et s'imposent à tout citoyen digne de ce nom. Nul n'a le droit de s'enfermer à cette heure dans une coupable indifférence. Nous ne prêchons pas la lutte ; au contraire, nous supplions nos concitoyens de faire tout pour éviter la lutte, — éviter que le sang coule.

. . . .

Que les citoyens y songent ; il ne faut pas qu'ils s'abandonnent, car d'autres interviendraient, et alors le sang, qu'ils auraient voulu éviter de verser, coulerait à flots.

Tout peut se sauver avec de l'énergie, avec du calme et de la raison.

Tout peut être sauvé : la République, la liberté et l'honneur. »

H. VRIGNAULT.

CE QU'IL FAUT FAIRE

« Le gouvernement a quitté Paris ; il est auprès de l'Assemblée ; l'armée a quitté Paris cette nuit.

Paris est livré à lui-même :

Que les vingt maires élus se réunissent ; qu'ils arrêtent les termes d'une proclamation ; que la garde nationale soit placée sous leurs ordres ; qu'ils convoquent, par un appel énergique, chaque bataillon dans son quartier ; qu'ils visitent ces bataillons et qu'ils leur parlent, rassurant les républicains inquiets du sort de la République et les gens timides effrayés de quelques excès.

C'est le seul moyen, mais il est infaillible : pas de désordre possible, pas de promenades, pas de manifestations sans but, pas de lutte, pas d'inquiétude. Chacun protégera sa demeure.

. . . .

Il faut que tout cela soit fait aujourd'hui.

Il faut que demain Paris, revenu d'un accès de fièvre chaude, causé par un malentendu, se montre digne, sérieux, honnêtement républicain, pour contre-balancer les exagérations réactionnaires qui ne manqueront pas de se produire à la première séance de l'Assemblée.

H. VRIGNAULT.

N° 20.

NOTRE DEVOIR

« La Presse parisienne a fait son devoir au milieu du danger elle ne le désertera pas.

Le Comité central déclare les Maires de Paris et les Députés de la Seine responsables de la situation : ce sont eux qui ont déclaré la guerre.

Nous protestons contre cette accusation ; la provocation vient du Comité central. Il a commencé en s'intitulant : Délégation. Il s'est fait Gouvernement, puis Dictateur.

Le Comité central menace les journaux de poursuites judiciaires s'ils le calomnient ou s'ils l'outragent.

Qui jugera ce crime ?

Le Comité central lui-même.

Il traduira à sa propre barre ceux qui l'auront attaqué : car contredire le Comité central, blâmer ses actes, attaquer sa politique, dire qu'il est sans droit pour gouverner, sans droit pour convoquer les électeurs, c'est le calomnier.

Nous continuerons à dire notre pensée toute entière, avec la force et le calme que nous donne notre droit.

H. VRIGNAULT.

N° 21, 25 mars 1871.

DEBOUT

« Paris est encore divisé en deux camps : les hommes qui ont assumé la terrible responsabilité de la lutte opposent obstinément aux paroles et aux actes du pouvoir légitime, la violence du langage et la violence des actes. Avant-hier, ils faisaient tirer sur une manifestation sans armes ; hier, ils lançaient contre les maires et les députés élus à Paris une accusation odieuse. Ils les accusaient, eux, ces maires et ces députés, de leur avoir déclaré la guerre.

. . . .

Cette situation est des plus douloureuses, et chacun sent qu'elle ne peut se prolonger.

. . . .

Nous faisons appel au patriostime de nos concitoyens ; mais nous faisons surtout appel à leur bon sens et à leur intérêt. La lutte peut être évitée si les bons citoyens qui sont en majorité, se lèvent tous.

. . . .

Debout donc et aux armes ! Aux armes si nous voulons éviter le sang versé ! aux armes si nous voulons montrer aux hésitants qu'ils peuvent venir à nous sans crainte ! Aux armes si nous ne voulons pas passer par ces deux douleurs et ces deux hontes : le triomphe de l'émeute et l'occupation prussienne.

H. VRIGNAULT.

N° 22.

Le Comité qui siége à l'Hôtel de ville, convoque les électeurs pour demain. Cette convocation est illégale ; les électeurs doivent la considérer comme nulle et non avenue.

Nous n'avons pas le droit de répondre à cet appel. Déposer demain un bulletin dans l'urne, fut-il blanc, fut-il absolument hostile au comité, ce serait faire acte d'adhésion et d'obéissance au comité.

Citoyens gardes nationaux, attendez pour voter que vos maires vous convoquent.

Demain, l'abstention est un devoir absolu.

N° 32.

LA VÉRITÉ

La Commune a joué hier sa partie sur le champ de bataille, nous n'avons pas de nouvelles ; nous ne savons, nous ne voulons pas savoir où est la vérité entre les bruits de défaite et les bruits de victoire des fédérés, entre les bulletins enthousiastes de la Montagne et les récits les plus froids que nous font des témoins oculaires.

Ce que nous savons, c'est que, victorieuse ou vaincue sur le champ de bataille, la Commune de Paris a compromis hier une cause dont elle a fait un marchepied à son ambition et dont son usurpation illégale ne peut oblitérer la justice.

. . . .

Il nous importe peu que les hommes placés à la tête de ce mouvement se compromettent, fous ou sages, ambitieux ou convaincus, ils vont où ils veulent ; ils tomberont dans le gouffre qu'ils creusent ; qu'ils aillent ; l'heure n'est pas aux sensibleries, tant pis pour eux.

. . . .

Ce qui nous importe, c'est que la République elle-même ne disparaisse pas avec ses conséquences précieuses.

Vous vous battez pour la République, dites-vous ; vous luttez pour la liberté ! allons donc ! vous vous battez, vous envoyez les citoyens au combat au nom de je ne sais qu'elle raison d'état.

. . . .

C'est en son nom qu'on vous conseille de nous supprimer sans phrases.

. . . .

Nous aussi nous vous conseillons d'agir sans phrases ; non pas en faisant autour de vous le silence et la terreur, mais en rentrant sur le terrain du droit, de la raison et de la légalité.

Hors de la légalité, on peut élever la dictature de Marius ou de César, la république de Scylla ou l'empire d'Auguste ; mais la vraie République — quand donc le comprendrez vous? — est le seul gouvernement qui ne puisse vivre sans elle et hors d'elle.

H. VRIGNAULT.

N° 35.

DE MA RETRAITE

Hier, à quatre heures un quart, deux messieurs accompagnés de gardes nationaux, se sont présentés à nos bureaux pour procéder à mon arrestation ; j'étais parti. A la même heure une autre troupe cernait mon domicile et, ne m'y trouvant pas, établissait une souricière.

Cela se fait au nom de la patrie, blasphème! au nom de la République, profanation! c'est au nom de la République, de la patrie, qu'on violait à ce moment mon domicile et qu'on me traquait comme un malfaiteur.

Me voilà donc proscrit ; proscrit soit, exilé non. Je resterai à Paris, j'y resterai pour dire ma pensée, pour soutenir mes concitoyens, pour ouvrir les yeux des aveugles. Qu'auront gagné ceux qui me poursuivent? de m'obliger à quelques ruses faciles ; en vérité c'est peu.

H. VRIGNAULT.

N° 38.

LA COMMUNE

Comme pouvoir politique et gouvernement national, la Commune a fait ses preuves. Elle a eu le champ libre pour s'affirmer ; elle l'a fait ; nul à cette heure ne l'ignore ; nul ne peut arguer d'ignorance pour lui refuser son amour ou son mépris.

Notre choix est fait.

Nous haïssons et nous méprisons la Commune politique, parce qu'elle est la plus odieuse et la plus inepte des usurpations, parce que son règne aura été le plus éphémère et le plus stérile des règnes. Sa formule dans l'histoire sera celle ci : Avoir fait le plus de mal possible, en aussi peu de temps que possible.

N° 47.

Après avoir reproduit, en tête de sa première colonne, la note anonyme de l'*Officiel*, par laquelle la Commune de Paris supprime les journaux : *le Soir, la Cloche, l'Opinion nationale* et le *Bien public*, il termine en ces termes :

La Commune ose ce que jamais l'empire n'a osé, elle supprime les journaux et ne daigne même pas leur en donner avis. Il nous plaît, devant cet étrange mépris de tous les droits et de toutes les lois, de ne point laisser croire que de telles tyrannies trouvent des serviteurs à leur niveau. Nous ne nous dissimulons pas que la Commune a la force et qu'elle peut tout, comme elle ose tout, mais pour l'honneur du journalisme, nous voulons qu'on sache que si la presse a subi le joug du plus fort, elle ne l'a point subi sans protestation et ne l'a jamais accepté.

La rédaction du *Bien Public*.

N° 48 et dernier numéro.

LES ÉLECTIONS

Le principe admis, c'est la majorité absolue (moitié plus un) quelque soit le nombre des votants.

Avec la théorie émise par la Commune, trois hommes peuvent faire une élection.

Jean à deux voix et Jacques une ;

Jean est membre de la Commune.

On appelle cela la libre et solennelle expression de la volonté populaire.

Ce journal supprimé, reparaît, le 28 avril, sous le titre : *La Paix* (Voir à la lettre P.)

Bonnet rouge (l'), journal politique quotiden, grand format, feuille simple, imprimée des deux côtés ; prix deux sous ; bureau de vente, 6, rue du Croissant. 13 numéros seulement.

Rédaction et administration, 32, rue Notre-Dame-des-Victoires.

Secrétaire de la Rédaction : Lefèvre.

Rédacteur en chef : Secondigné.

Collaborateurs : G. Dantray, A. de Saint-Léger, Le Guillois, H. Jacques.

N° 1er, 10 avril 71 (21 germinal an 79) 13e et dernier numéro, 22 avril 71 (9 floréal an 79).

Ni programme, ni profession de foi.

Il ne nous est point nécessaire d'indiquer la couleur de ce journal, son titre l'indique assez et de plus jugez-le par ces quelques passages de son premier article :

LES MAUDITS

Les maudits ! le nom est-il assez fort pour qualifier la conduite des soldats de Thiers et compagnie qui ont déjà commis plus d'atrocités, plus de lâchetés, plus de crimes que les Prussiens eux-mêmes durant leurs cinq mois de siége.

. . . .

Il serait vraiment comique que ces lâches qui n'ont pu remporter la plus petite victoire contre les armées allemandes, essayassent d'en remporter une contre les armées de la Commune !

Non, cela est mille fois impossible. Et quand même ils viendraient jusque sous les murs de Paris, ils se sauveraient épouvantés, en entendant la grande voix du peuple leur crier :

Arrière maudits ! c'est ici l'arche sainte de la Commune ! c'est ici le sanctuaire de la République ! entrez donc maintenant égorger cette dernière sous l'œil de trois cent mille citoyens décidés à mourir avec elle.

SECONDIGNÉ.

N° 2.

BOULETS ROUGES

Ce Jean foutre de Galiffet, comme dirait le *Père Duchêne*. — Ce ruffian qui a prêté sa femme à l'homme de Sedan, pour un brevet de colonel, a déchaîné sa colère sur la grotesque Assemblée qui s'intitule Commune.

Nous demandons où est le grotesque et où est l'ignoble, si ce n'est dans cette Assemblée de Versailles, réduite à employer un Galiffet pour assommer les gens.

N° 7.

Dans ce numéro, le *Bonnet rouge* porte son rédacteur en chef aux élections communales en ces termes :

Une députation de citoyens de Montmartre est venue ce matin à la rédaction du *Bonnet Rouge* demander, aux noms d'un grand nombre de républicains du 18e arrondissement, au citoyen Secondigné, notre rédacteur en chef, de vouloir bien porter sa candidature aux élections de lundi, dans le dit arrondissement.

Le citoyen Secondigné, dont les opinions ne peuvent être mises en doute, a cru de son devoir, dans ces moments d'épreuve et de dévouement, d'accepter la proposition qui lui était faite.

Nous sommes donc autorisé à dire que le citoyen Secondigné pose sa candidature dans le 18e arrondissement.

N° 8.

En tête de sa première colonne se trouvent ces quelques lignes :

A partir de ce jour, le *Bonnet Rouge* sera mis en vente à sept heures du matin, et sera vendu *un sou*.

Ce numéro contient aussi la profession de foi du citoyen Secondigné, au sujet des élections et dont le programme révolutionnaire se résume dans cette phrase :

Je veux la révolution-sociale et je veux lutter pour les *Maigres* contre les *Gras*, car il faut que les sueurs du peuple profitent désormais au peuple.

N° 11.

Encore un nouveau changement.
La première colonne de ce numéro débute par ces mots.

Dès le début, le *Bonnet Rouge*, paraissant le soir, portait la date du lendemain, aujourd'hui que notre journal est mis en vente dès le matin, nous brisons avec la routine et faisons figurer la date réelle de son apparition.

N° 12.

Sous ce titre : *Pas de conciliation*, il termine son article en ces termes :

Paris achète sa liberté avec le sang de ses meilleurs enfants, qu'il la garde et la fortifie !
Car en ouvrant ses portes aux hommes de Versailles, il les ouvre également aux despotes, aux répressions de tous genres, aux exécutions, aux transportations, que disons-nous ! à la guillotine !
Voilà où aboutirait une conciliation avec le fusilleur de la rue Transnonain !

SECONDIGNÉ.

A partir du n° 13, ce journal, qui avait la singulière originalité de coiffer ceux qui le vendaient avec un bonnet rouge, cesse sa publication sans en donner le motif,

---

Bon sens (le), journal des honnêtes gens, politique, sans périodicité fixe, format in-4, deux feuilles pour les trois premiers numéros ; les deux derniers, c'est-à-dire le 4ᵉ et le 5ᵉ sont dans le format in-folio, feuille simple, imprimée des deux côtés; prix, 5 centimes. Cinq numéros seulement.

Imprimerie Jules Bonaventure, 55, quai des Grands-Augustins (Pont-Neuf); bureaux de vente, même adresse.

Rédacteur-gérant : Maxime.

N° 1.

Je tâcherai du moins qu'il soit honnête ; c'est ainsi que débute le citoyen Maxime dans le premier numéro de son journal ; en s'adressant à ses lecteurs, il leur fait une courte profession de foi dont nous extrayons seulement quelques passages.

Il ne suffit pas d'être d'honnêtes gens et de le dire ; il faut aussi faire des choses honnêtes.

Pour avoir du crédit, il ne suffit pas de le demander, il fau donner des gages.

Et si je vous dis aujourd'hui, lecteurs, mon journal sera honnête, vous serez bien à même d'en juger à l'essai, et de dire ensuite si je suis honnête moi-même.

En tout cas, je désire n'être lu que par les honnêtes gens.

Je ne me propose pas d'être un politique, Dieu m'en garde ! cela sous-entend maintenant une certaine finesse, une certaine adresse qui ne sont pas toujours le droit chemin. Et si la politique est une science qui s'apprend comme la médecine, ainsi que me le disait l'autre jour mon respectable ami le docteur Delasiauve, je comprends maintenant comment la politique fait tuer tant de gens.

N'étant pas politique, je tâcherai tout simplement d'avoir du bon sens; cela doit venir tout seul, et je demanderai mes uniques inspirations à mon amour pour mon malheureux pays.

Du cœur et du sens commun si j'en puis avoir, c'est le moyen d'être écouté par les gens de bien.

Maxime.

Même numéro :

MÊME A TORT.

On lit ce qui suit dans le compte rendu de la séance de la Commune du 22 avril :

Le citoyen Arthur Arnould : il ne faut pas qu'on nous accuse, même à tort, d'être des voleurs.....

Pourquoi cette réserve : même à tort ? le citoyen Arthur Arnould pense donc qu'on pourrait accuser, avec raison, la Commune d'avoir volé.

Même à tort : n'est pas heureux.

Ce journal opposé à la Commune est supprimé par cette dernière à son 5e numéro, au moment où il allait prendre, disait-il, s'il plaît à Dieu, aux événements et à la République, un autre aspect, et devenir journal quotidien grand format. C'est plutôt une sorte de pamphlet individuel, qu'un journal politique proprement dit.

Bulletin communal (le), organe des clubs et notamment de celui Nicolas-des-Champs; feuille simple, moyen format, 5 centimes (6 mai, 1871.) Un seul numéro.

Administration, 86, boulevard Sébastopol; rédaction, 14, rue des Jeûneurs.

Gérant, Paysant.

Ce journal rapportait principalement les propositions faites dans les clubs, surtout celles du club Nicolas-des-Champs, qui avait pour président le citoyen Bernard, et dont il était le principal organe.

Nous citerons seulement quelques-une des propositions faites dans ce club, un des plus violents.

Proposition du citoyen Sans.

Tout négociant qui suspendra son commerce par manque de confiance en la Commune perdra ses droits civiques et ne pourra plus jamais exercer sa profession.

Du même.

Décrétez et exécutez cela :

Tout citoyen qui refusera de servir la République les armes la main sera fusillé.

Voté à l'unanimité.

Proposition du citoyen Laurent.

Demande que les Prussiens soient payés avec les propriétés et l'or de ceux qui ont fui devant le siége et n'ont pas voulu se battre pour la liberté.

Voté à l'unanimité.

Ce journal a négligé, lui aussi, d'indiquer la cause de la cessation de sa publication.

Bulletin des lois. — Ce journal devait paraître toutes les semaines ainsi que l'indique l'arrêt suivant publié à l'*Officiel* de Paris :

Considérant qu'il est de toute utilité que les actes de la Commune, décrets, arrêtés, circulaires, soient réunis dans un recueil spécial,
La Commune de Paris a pris l'arrêté suivant :
Art. 1er. Tous les actes officiels de la Commune de Paris seront insérés dans un journal ayant pour titre : *Bulletin des lois*, qui paraîtra hebdomadairement.
Art. 2. Le délégué à la justice est chargé de l'exécution du présent arrêté.

L'arrêt fut pris le 20 mai; mais, le 22, l'armée de Versailles, entrée depuis deux jours dans Paris, forçait les employés du ministère de l'intérieur, dont cette feuille devait émaner, à se retirer au plus vite et en empêchait par conséquent la publication.

Bulletin du jour (le), journal politique quotidien. Même format et disposition que le *Temps*, dont il fut le successeur lors la suppression de cette dernière feuille; prix du n°, 15 centimes.
Du 16 mai 1871 au 23 du même mois, huit numéros.
Bureau du journal, 10, faubourg Montmartre.
Gérant : Ulysse Laden.

N° 1.

A NOS LECTEURS

Un journal supprimé a toujours droit et parfois le devoir de reparaître sous un autre titre ; mais la rédaction du *Temps* pense qu'au point où en sont les choses, tout conseil serait inutile et toute protestation sans vertu.

. . . .

Au lieu donc de dissimuler sous un autre nom la même politique, la rédaction du *Temps* déclare nettement qu'elle se bornera désormais à tenir ses lecteurs habituels au courant des événements et des impressions du jour, à Paris et hors de Paris.

N° 8 et dernier, 23 mai.

Ce numéro est tiré sur une feuille in-fol., simple et imprimée des deux côtés.

Ce journal, créé pour sauvegarder les intérêts du journal le *Temps*, se borne (il l'avait déclaré), à tenir ses lecteurs au courant des événements du jour à Paris et hors Paris, sans commentaires.

Caïn et Abel ; journal paraissant chaque jour à une heure ; format moyen, feuille simple, imprimée des deux côtés ; prix, 5 centimes ; deux numéros seulement.

Bureaux et administration, rue d'Alembert, 11, imprimerie de Caïn et Abel, A. Le Béalle, 90, boulevard Montparnasse.

Rédacteur en chef : A. Le Béalle,

Au bas de chaque numéro, à la fin de la dernière

colonne, se trouve : « Pour toutes les nouvelles, signé : Viollette. »

Journal de conciliation et d'apaisement avec cette épigraphe : « Les hommes se sont mis en société pour s'aider les uns les autres, pour protéger Abel contre Caïn. »

N° 1, samedi 15 avril 1871.

APPEL A LA FRATERNITÉ

Frères, au lieu de nous entr'égorger pour des utopies, oublions nos torts réciproques; ramenons par nos actes, bien plus que par nos paroles, tous les partis au seul parti national, celui du gouvernement républicain.

C'est en nous soutenant mutuellement, c'est la main dans la main que nous marcherons d'un pas tranquille et sûr vers le progrès social.

Devoirs.

Sous un gouvernement vraiment républicain, chacun doit contribuer au bien de tous, dans la mesure de ses forces et de son intelligence.

Tout membre du corps social doit lui être utile ; le riche, l'intelligent, tous comme le déshérité de ces biens, doivent leur apport proportionnel au fonds social.

C'est être doublement riche, doublement savant, doublement heureux, que de faire profiter les autres de ses richesses, de son savoir, de son bonheur.

Chacun doit sacrifier ses propres intérêts à l'intérêt général.

Quiconque manque à ses devoirs peut être flétri du nom de mauvais citoyen, doit même être privé du titre et des droits de citoyen, si le cas est grave.

Droits.

Tout citoyen a droit à l'aide et à la protection de tous.

La société doit :

La vie matérielle à l'enfant, à défaut de ses parents ;

L'instruction à tous et à tout âge ;

Les moyens d'utiliser ses forces, son savoir, ses talents, au citoyen valide.

Les Invalides au citoyen incapable de labeurs.

Le *paupérisme* doit disparaître.

Caricature (la), politique ; journal illustré, satirique, format grand in-8, feuille double, 4 pages ; prix, 10 centimes.

Paraissant le mercredi et le samedi

Du 8 février au 11 mars 71, cinq numéros.

Suspendu le 11 mars 71, par décret du général Vinoy.

Reparaît le 23 mars avec la Commune, mais ne publie qu'un seul numéro, le n° 6, Pilotell ayant abandonné son journal pour une écharpe de commissaire de police.

Bureaux, 64, rue Neuve-des-Petits-Champs, imprimerie Balitout, Questroy et C°, rue Baillif, 7.

Gérant : G. Pilotell.

Article de tête.

Sainte ironie ! disait Proudhon.

Tu avais raison, vieux Franc-Comtois.

Nous avons ri et du rire bête de ceux qui ont faim et qui mendient.

Nous avons ri pour trente sous.

Nous avons ri.—Nous avons fait rire.

Singes de 92, écureuils de révolution, soldats imbéciles qui portaient dans des gibernes de papier noir des cartouches dont la poudre était du sable ou de la boue — qui, les pieds dans les flaques d'eau et la neige sale autour des bastions inutiles, tiraient de peur sur les étoiles, et qui n'avaient des baïonnettes que pour tuer les chiens; — qui n'avaient un drapeau, les lâches, que pour le rougir du sang des 6 sous de cheval que coupaient par petits morceaux, sur un étal de bois, les haches de sapeurs.

Sainte ironie !

Mieux valait mourir !

On dit que Sapia, couché à terre par un coup de fusil, se releva sur un genou ; et, à travers la place pavée de morts, menaça d'un sourire les assassins bretons.

Il fallut, pour tuer ce rire de héros, qu'une seconde balle vint casser sa mâchoire.

Sainte ironie !

Le dessin de ce numéro, consacré au général Trochu, représente un entablement du Louvre au haut duquel se trouvent écrits ces trois mots : Louvre, Liberté, Egalité ; puis plus bas en gros caractères le nom de Trochu ; un homme coiffé du bonnet rouge, cravate et ceinture rouges, les bras à moitié nus, la face tournée vers la foule et grimpée sur cet entablement, d'une main désigne l'h qui manque au nom de Trochu, écrit ainsi : TROC . U.

L'h est dans l'autre main. Au-dessus du dessin, on lit :

Je veux au moins la mettre au front de son palais. (*Lucrèce Borgia*, acte 1er, scène III.)

° 2.

Le dessin représente une superbe guillotine rouge ; au-dessous on y lit ces mots :

Offert par la *Caricature* à l'Assemblée nationale pour l'exécution des J... F... de membres de la trahison nationale.

N° 3.

Dessin représentant les députés de Paris qui se rendent à l'Assemblée nationale.

En tête marche, Malon à moitié vêtu, les bras nus tenant élevé dans la main droite un drapeau rouge sur lequel est écrit : « République sociale, » ensuite viennent Tolain, Millière, Félix Pyat, Floquet, Rochefort, V. Hugo, Edgard Quinet, Garibaldi, Gambetta, Ranc, Delescluze et Littré, arrivés devant le palais où se tient l'Assemblée, le factionnaire croise la baïonnette.

Au-dessous on lit : — Qui vive?... Socialistes...

N° 4.

Ce dessin représente un homme en costume d'ouvrier, monté sur un amas de pierres, la main droite élevée, la gauche tenant un drapeau rouge sur lequel on lit : 24 février; la tête baissée, le regard baissé vers ses pieds au bas desquel se trouve, à *gauche*, plusieurs personnages au-dessous desquels on lit : Aumale, Nemours, Thiers, Joinville, Montpensier, Philippe, et à droite un bocal dans lequel se trouve un fœtus ; la tête de Napoléon III, puis Chambord ; au-dessous on lit : fœtus impérial ; Badinguet, Chambord. Thiers, touche de sa main gauche le bas de la jambe de l'ouvrier.

Au-dessous du dessin est écrit :

A bas les pattes.

N° 5.

Ce numéro représente une femme demi-couchée et demi-nue, au-dessus de laquelle on lit : France ; de son bras gauche elle se voile la face; le droit est étendu tiré par Favre le pleureur, tandisque Thiers en complet costume de boucher, les bras retroussés et le tablier; armé d'une scie, tranche le bras que tire son collègue, et sur lequel on lit : Alsace et Lorraine; au-dessous du bras se trouve un casque prussien renversé dans lequel découle le sang du bras coupé; un peu à gauche 5 sacs de même grandeur sur lesquels sont tracés 1,000,000,000 en chiffres; puis tout à fait à droite apparaît sous la forme du soleil levant, la République sociale.

Au-dessous du dessin on lit :

L'ÉXÉCUTIF.

Enfin le sixième et dernier numéro représente la Commune sous la forme d'une femme coiffée du bonnet phrygien; sur son épaule droite est appuyée une échelle du haut de laquelle Thiers lui donne un baiser de paix; quelques échelons plus bas, Pouyer-Quertier tient à bout de bras un sac sur lequel se trouve marqué, en chiffres, 1,000,000,000 que Thiers reçoit de sa main droite placée derrière son dos.

Au-dessous du dessin on lit :

Petit, ton baiser de Judas ne l'a pas salie, la belle!...

Puis il termine par ces mots :

La Caricature, déchirée d'un coup de sabre par Vinoy, reparaît aujourd'hui; et c'est avec le couteau du peuple qu'elle va tailler son crayon.

VICTOIRE!

Victoire! La République triomphe; le drapeau rouge claque au-dessus de l'Hôtel de ville.

. . . .

Sabrez-moi la canaille ! avait crié au 15 mai, Clément Thomas. La canaille s'en est souvenue au bout de vingt ans.

Les balles font trou dans les fronts où la raison ne peut pas entrer.

Pas de pitié pour les traîtres !

Si les Prussiens bougent, coupons les mains qu'on leur tend, jetons des têtes dans leurs casques, plumons pour les payer le coq qui chante sur les clochers. Souvenez-vous que c'est avec de l'eau bénite que Favre, le faussaire et le parjure se gargarisait.

Châtiment (le), journal politique quotidien, moyen format, feuille double ; prix, 10 centimes ; trente-neuf numéros.

Directeur : Anatole de Montferrier.
Rédacteur en chef : Alfred Sirven.
Administrateur-gérant : E. Delaporte.
Rédaction et administration, 17, faubourg Montmartre ; imprimerie nouvelle, rue des Jeûneurs, 14, G. Masquin et Cⁱᵉ.

Lors de la réunion de l'Assemblée nationale à Bordeaux, M. le comte de Montferrier, aidé de M. Alfred Sirven, ex-sous-préfet à Dreux, fondèrent ce journal, que l'on attribua tout d'abord, à cause du titre, à Victor Hugo.

Les 17 premiers numéros du *Châtiment* ont été publiés à Bordeaux.

Ce n'est qu'après le 18 mars que ce journal commença à paraître à Paris, où le numéro 18 fut publié le 23 mars 1871.

Le *Châtiment* était un journal de liberté et de représailles, de régénération morale et de réédification sociale.

N° 18.

QUE JUSTICE SE FASSE !

Paris voulait marcher et Trochu a paralysé ses mouvements.

La province ne voulait pas se défendre, et Gambetta, par des mesures énergiques, n'a pas su l'y contraindre.

Trochu et Gambetta ont ruiné la France.

Trochu et Gambetta ont compromis la République, qui seule pouvait sauver la France.

Trochu et Gambetta doivent être mis au ban de l'humanité.

Il faut que justice se fasse.

Les généraux de la grande République payaient de leurs têtes les défaites ; comment punira-t-on, sous notre République, les incapables et les traîtres ?

Nous attendons le *châtiment*.

Il faut que justice se fasse.

OU NOUS EN SOMMES.

Les événements qui se passent aujourd'hui doivent être examinés froidement.

Où en sommes-nous ?

Où veut-on en venir ?

Voilà deux questions à étudier.

. . . .

M. Thiers acceptant d'être le chef de la République, et tirant son mandat de personnes justement suspectées de vouloir la renverser, n'a donc pas senti qu'il n'inspirait aucune confiance.

. . . .

M. Thiers est responsable, devant Dieu et devant les hommes, des événements qui surgissent.

Quand, dans l'histoire, on jugera M. Thiers, abstraction faite de toute idée de parti, on dira :

Ce vieillard a voulu couronner sa vie politique par un trône ; il n'a pas su résister à l'entraînement de son fol orgueil.

Sage, il pouvait sauver la France.

Ambitieux, il l'a perdue.
Voilà où nous en sommes.

N° 20.

LE FOSSOYEUR.

Quand un trône s'écroule ou qu'un géant succombe,
Par le flot populaire ou la foule emportée,
Quand il s'agit de mettre un peuple dans la tombe,
Après de nobles maux noblement supportés ;

Quand les charniers sont pleins et les chaumières vides,
Quand tout s'est desséché sous le vent du malheur,
Quand la mort est repue, et que ses mains avides
Sont lasses ; c'est alors que vient le fossoyeur !

C'est Thiers ! c'est lui !... Salut, messager des ténèbres !
Pour mener notre deuil tu sors de chez les morts.
Salut ! ce n'est pas trop pour ces œuvres funèbres
De ton âme, si grande en un si petit corps !

A partir du numéro 21, le *Châtiment* a subi une transformation, il est imprimé sur une feuille simple, grand format.

Pour ne pas mentir à son titre, le *Châtiment* met au pilori, certains personnages ; aujourd'hui numéro 22, c'est M. André d'Ars-sur-Moselle.

AU PILORI.

M. André, d'Ars-sur-Moselle, envoyé à l'Assemblée nationale par le comité républicain de Metz, pour défendre l'intégralité du territoire, après avoir, comme ses collègues, donné sa démission à la suite du vote de la paix, est rentré à la Chambre et a sollicité, pour sa condescendance, d'être préfet d'un des départements morcelés, de Briey (Moselle) ou de Nancy (Meurthe); il a enfin obtenu la préfecture d'Épinal (Vosges).

Le seul démenti que nous acceptions de M. André, d'Ars-sur-Moselle, qui a vendu si honteusement sa nationalité de Lorrain, c'est sa renonciation au poste qu'il a sollicité de l'Assemblée qui a fait le malheur de son pays.

Le directeur,
A. de M.

N° 23.

LE COMITÉ CENTRAL.

. . . .

Renié par des gens qu'il pouvait croire ses maitres ou ses disciples, le comité n'a pas eu un instant de faiblesse ; il a pratiqué la loi de dévoûment avec une résolution héroïque, et, aujourd'hui sa tâche du moment étant remplie, il remet sa puissance à ceux que le suffrage universel appelle à lui succéder.

On disait que la France manquait d'hommes, on en cherchait, on en demandait partout et on désespérait.

Eh bien ! nous vous montrons le comité central, et nous vous disons :

Des hommes !... en voilà !...

Ce numéro contient aussi, sous le titre de : *la Némésis républicaine,* ces quelques vers adressés au Comité central :

Ces hommes, qui sont-ils? — Je l'ignore. — Leurs noms.
Vont-ils aux piloris, vont-ils aux Parthénons?
Groupe pensant, faisceau de forces et d'idées,
Briseront-ils enfin nos idoles ridées?

N° 25.

Ce numéro publie, à propos de l'abolition de la peine de mort, *la Romance du Bourreau,* par Joseph Boulmier, dont nous extrayons les vers suivants :

Je ne suis pas le seul de ma race bipède,
Le seul de mon métier, le seul de mon mandat ;

Et l'on verra peut-être un nouveau Lacépède
Me classer quelque jour à côté du soldat.
C'est un confrère à moi, confrère assez stupide ;
Un bourreau qui combat, dont on peut se venger.
J'en conviens franchement: je suis moins intrépide ;
Mais pas si fou! je suis assassin sans danger.

N° 34.

FRATERNITÉ.

L'expiation nous paraît complète.
Aux lanières de son fouet, le *Châtiment* met aujourd'hui un crêpe, et il s'écrie :
Conciliation, concorde, fraternité, embrassement!
Que les mères, les épouses, les sœurs, les fiancées, comme autrefois les Sabines, aillent, s'il le faut, sur les champs du carnage s'interposer aux coups.
Quelle épée ne s'émoussera pas, quelle balle ne se fondra pas, si pour masquer le but se trouve un cœur de femme.

Fraternité, fraternité!

A partir de son 31.ᵉ numéro, le *Châtiment* a mis, en forme de devise, en tête de chacun de ses numéros, ces quelques vers tirés des *Châtiments* de Victor Hugo :

L'idée à qui tout cède et qui toujours éclaire,
Prouve sa sainteté, même dans sa colère ;
Elle laisse toujours les principes debout.
Être vainqueur, c'est peu, mais rester grand, c'est tout.
. . . .
Car tu vas t'élancer, ô grand peuple courbé,
Et, comme le jaguar, dans un piége tombé,
Tu donnes pour mesure, en tes ardentes luttes,
A la hauteur des bonds, la profondeur des chûtes.

V. H.

N° 39 et dernier.

L'ARMÉE DES FÉDÉRÉS

L'armée fédérée a beau jeu si les chefs veulent s'occuper sérieusement de la direction des attaques, et surtout défiler leurs troupes un peu plus attentivement qu'ils ne l'ont fait jusqu'à ce jour.

. . . . . . , ...

La question des vivres entrant en première ligne dans l'avenir d'une armée, il n'est pas inutile de signaler à l'autorité, les gaspillages qui se font un peu partout.

A la manutention principalement, le fromage, le pain et le vin sont perdus d'une façon honteuse.

. . . .

Les officiers ne sont pas toujours maîtres de leurs hommes.

On boit trop.

Quand on veut défendre un principe comme celui qui arme actuellement la population, il faut savoir modérer sa soif; ou alors on risque de tout perdre, et de s'être fait estropier ou tuer pour rien.

Ce journal qui annonçait, dans son avant-dernier numéro, que son directeur M. de Montferrier, dont les correspondances militaires de Forbach et de Spicheren avaient été reproduites par tous les journaux, au début de la campagne de 1870, allait reprendre, à dater de demain, le rôle d'historiographe de l'armée des fédérés, cessa sa publication sans en donner le motif, avant que M. de Montferrier eut pu réaliser ce projet.

Chefs révolutionnaires (les), par le citoyen Vindex. Ce journal parut en livraisons, format in-8, de 8 pages chacune ; prix de la livraison, 5 centimes ; 1 seul numéro.

En vente chez Heymann et Polack, 6, rue du Croissant.

Imprimerie, Association générale typographique, 19, faubourg Saint-Denis.

Ce numéro, sans date, parut le 19 mai ; il contient seulement la biographie de Gustave Flourens.

Commune (la), journal de la Révolution politique et sociale, par les principaux rédacteurs du *Combat* et du *Vengeur* ; grand format, feuille simple, imprimée des deux côtés ; première page entourée d'un filet de deuil.

Du 20 mars (29 ventôse an 79) au 19 mai (30 floréal an 79), 60 numéros.

Administrateur-gérant : A. Capdevielle.

Chef de rédaction : Delimal.

Principaux rédacteurs et collaborateurs : MM. Georges Duchêne, Henri Brissac, Emile Clerc, J. Capdevielle, Camille Clodong, Odilon de Limal, Henri Maret, A. Rogeard, Hadrian, Segoillet, Ch. Lullier, G. Daubès et Millière.

Administration, 66, rue Tiquetonne.

Imprimerie : Dubuisson et C°, 5, rue Coq-Héron.

N° 1, 20 mars 1871 (29 ventôse an 79).

En tête on lit :

DÉCLARATION.

La rédaction de la *Commune* est entièrement composée des rédacteurs du *Combat* et du *Vengeur*.

Cette déclaration nous dispense de formuler un programme.

Tout le monde sait, en effet, que personne n'a demandé les élections à la Commune avec plus d'instance que nous, et nous demeurons convaincus que si nous les avions eues, la France n'en serait pas où elle en est.

La Commune, c'est l'ordre, c'est l'économie dans les dépenses, c'est la réduction des impôts, c'est la porte ouverte à toutes les réformes sociales qui s'imposent d'elles-même et que les institutions monarchiques sont impuissantes à réaliser ; c'est, en un mot l'ère des révolutions violentes fermée et la guerre civile rendue impossible.

La rédaction.

N° 10.

PROCLAMATION DE LA COMMUNE.

Après avoir décrit tout le cérémonial qui a accompagné cet acte important, ainsi que l'exaltation et l'enthousiasme avec lesquels on y procéda, Odilon Delimal salue ainsi cette proclamation :

C'est en de semblables jours, — trop rares, hélas ! — qu'on peut mesurer, ô peuple ! et ta grandeur et ta force. Reste sur ton piédestal, souverain magnanime, antique sacrifié d'une inique organisation sociale. Voici ton jour venu, tes destinées vont changer, tu vas avoir ta place au soleil de la vie, et désormais il n'y aura plus rien au-dessus du citoyen qui demandera à son travail de chaque jour le pain de sa femme et de ses enfants.

Vive la Commune! vive la République!

ODILON DELIMAL.

N° 11, 10 germinal an 79.

En tête de ce numéro, ce journal annonce la rentrée dans le journalisme, de Georges Duchêne, en ces termes :

Nous avons le plaisir d'annoncer à nos lecteurs la rentrée, dans le journalisme, de notre ami Georges Duchêne, qui nous promet, à partir d'aujourd'hui, sa collaboration régulière à la *Commune*.

C'est au collaborateur et ami de Proudhon que seront plus particulièrement confiées l'étude et la discussion des questions sociales dont la révolution communale nous permet enfin d'entrevoir la solution. Convaincue que l'heure décisive a sonné, la *Commune* tient à honneur de devenir spécialement l'organe de la révolution socialiste dont le peuple de Paris vient de dicter le magnifique programme.

N° 44.

LE COMITÉ DE SALUT PUBLIC.

Pourquoi commettre des maladresses à plaisir? A quoi bon cette déclamation dans les décrets? Pourquoi refaire du vieux neuf? Pourquoi, à toute force, vouloir recommencer 1793? s'en montrer les parodistes, comme si la Révolution devait rester fossilifiée dans les formes de cette époque?

La Commune voudrait prendre à tâche de se rendre impopulaire qu'elle n'agirait pas autrement.

N° 48.

VIEUX HABITS; VIEUX GALONS

Cette Commune parisienne ne nous a encore rien appris des

monopoles urbains sur lesquels elle a la main ; les voitures, les omnibus, les factages de la halle, la vidange, la distribution des eaux, le gaz?

Mais le vieux Miot a réinventé le comité de salut public. Voilà qui est parler à propos.

. . . .

Il est entré à la Commune à un âge où les fonctionnaires de l'Empire étaient mis à la retraite. Que pouvait-il faire de mieux que d'exhumer le comité de salut public.

Des jeunes gens l'y ont aidé comme ces collégiens qui jouent le jeudi, au Brutus, au Caton, au Démosthènes.

Récréation d'écoliers d'une part, ganaches et culottes de peau d'autre part, vieux habits, vieux galons partout ; Versailles a 1815 ; Paris a 93.

Intelligents de la Commune, souvenez-vous qu'il n'y a rien de plus fatal aux révolutions que les mardis-gras révolutionnaires.

Georges DUCHÊNE.

N° 59.

HYSTÉRIE.

Est-ce qu'on déraille à l'Hôtel de ville? Est-ce qu'on va jouer au parlementarisme? Quoi ! la minorité intelligente se retire, non sur le mont Aventin de la révolte, mais sous la tente de l'inertie. Elle abandonne la place à l'élément matériel, grotesque, aux braillards des clubs, aux pîtres de 93, aux papes et aux chanoines du fusionisme, aux religionnaires de Robespierre et du père Toureil, à des revenants, à des révérends, le carnaval de la Révolution !

N° 60 et dernier, 19 mai 1871, 30 floréal an 79.

RESPONSABILITÉ.

Trahison au Moulin-Saquet, trahison au fort d'Issy, trahison à la cartoucherie de l'avenue Rapp, trahison partout. Mais qui donc trahit? — Les agents de Versailles? — Ils font leur métier, et nous serions heureux de leur répondre par la réciproque.

Il n'y a ici d'autres trahisons que l'ineptie, l'imbécillité des polissons et des drôles qui ont mis la main sur les services publics dont ils ne connaissaient pas le premier mot. Entre leurs mains, sûreté générale est devenue guet-apens, et salut public doit s'appeler abandon ou négligence des plus élémentaires garanties....., etc.

C'est la publication de ce violent article qui amena la suppression de la *Commune*.

La fin de l'article de ce numéro est excessivement violente ; après leur avoir reproché l'abjecte parodie dont ils scandalisent et déshonorent la Révolution, Georges Duchêne, qui ne badinait pas plus que l'autre, dit que si demain le châtiment n'a pas commencé de les atteindre, il les déclare hors le droit, hors la loi et à la merci du premier brave qui aura l'énergie de faire justice d'aussi sanglantes incapacités.

C'est le 20 mai que la suppression eut lieu.

Ce journal est un des plus intéressants à consulter pour l'histoire de la Révolution de 1871.

Commmmnme (la). Séries de portraits-charges des membres de la Commune, par P. Klenck, arrêtée au n° 10.

Très-mauvais dessins, mal barbouillés de couleurs sous le prétexte de coloriage.

Nous n'avons pu nous procurer les numéros.

Commune dévoilée, (la) format moyen, feuille simple imprimée des deux côtés, prix : 5 centimes.
Numéro sans date ; un seul numéro.
Se vendait chez Châtelain, 13, rue du Croissant·
Imprimerie Vallée, 16, rue du Croissant.
Par un ami des travailleurs ; M. Charles Petit, adjoint au maire d'Asnières, (Seine).
Avait pour devise : « *Labor improbus, omnia vincit.* »

Cette publication qui n'eut point de suite, se donnait pour but d'expliquer la *Commune* et de définir les attributions du régime gouvernemental de la Commune de la ville de Paris qui, comme il le disait : devait servir de type et de modèle pour l'administration municipale de toutes les communes de la République française une et indivisible, ainsi qu'à l'application de son système à tous les corps constitués de l'Etat.

Confessions (les) d'un séminariste breton,
Format in-8°, huit pages ; prix : 5 centimes.
Numéro 1, 14 mai 1871.

Cette publication qui est la suite des *Révélations d'un curé démissionnaire*, n'eût que deux numéros ; format du *Père Duchêne*.
Elle est signée de Alain Kérouan.
C'est une sorte de roman ; son but en écrivant ses Confessions « a été, dit-il, de faire connaître à tous comment le clergé s'y prend pour se recruter ; quelles méthodes il emploie pour fabriquer, c'est le mot d'un jeune garçon, qui pourrait devenir un honnête travailleur, un parasite qui en débitant mensonges sur men-

songes, c'est-à-dire ce qu'on lui a appris dans les séminaires, vit bien, se livre à tous les désordres, à toutes les débauches, sans avoir rien à craindre pour peu qu'il soit prudent, qui favorise tous les despotismes et par cela même oppose un obstacle immense à l'affranchissement des peuples. » (sic).

Bureau de vente, rue du Croissant, 6.

Imprimerie Emile Voitelain et Cie, 61, rue J.-J. Rousseau.

Constitution (la), politique et sociale; journal orléaniste très-avancé, grand format feuille double, (pour le premier numéro seulement), tous les autres, feuille simple; prix : 10 centimes.

Administration, rédaction et annonces, 11, faubourg Montmartre.

Imprimeur : Schiller, 10, faubourg Montmartre.

Rédacteur en chef : Alph. Beau de Rochas.

Rédacteurs collaborateurs : Ch. Morel; Jules de Gastyne; Jules Robert.

Du 18 au 23 mai 1871 ; cinq numéros.

Ce journal qui n'est que la continuation du *Régime constitutionnel* supprimé par la Commune, fut un des derniers imprimés sous cette dernière.

Sa devise était : « *Laboremus.* »

Le numéro 1 de ce journal, paru le jeudi 18 mai, fut d'une telle violence contre la Commune qu'on eut dit que les Versaillais étaient entrés dans Paris. Maroteau demanda la fusillade immédiate de ses rédacteurs.

On peut en juger, du reste par ces quelques passages d'un article intitulé : *La chute*, et signé Jules de Gastyne.

LA CHUTE

Elle est tombée ! Pas la Commune, la colonne. On pourrait s'y tromper. Elles n'étaient pas plus solides l'une que l'autre sur leur base.

La Commune s'affaisse sous le poids de ses décrets stupides, de ses lois injustes, des atteintes portées chaque jour à tous les droits et à toutes les libertés.

Elle s'en ira en lambeaux, déchirée par la colère populaire, chassée par le fouet du mépris public.

Une tache de noir et de sang ; des larmes et des chaînes ; voilà ce qui restera de ce pouvoir odieux qui n'a su respecter aucun droit, qui n'a voulu sauvegarder aucune liberté, qui n'a pu faire aucun bien, qui ne s'est senti animé d'aucune bonne pensée et pour le compte duquel on n'inscrira dans l'histoire que d'iniques et d'absurdes proclamations.

Numéro 5 et dernier, 23 mai 1871.

Ce numéro est sur une feuille simple, imprimée d'un seul côté.

Il se borne à donner quelques détails sur l'entrée des Versaillais et sur les événements qui la suivent ; sauf pourtant un article de Jules de Gastyne intitulé :

Pas de réaction, dans lequel il invite le parti triomphant au calme et à la modération :

A aucun prix, nous ne voulons voir triompher la réaction.

Pas de sang inutile ! Pas de représailles ! Que le couteau demeure dans sa gaîne et que les fusils restent sans balles.

Ne déshonorez pas un triomphe par des assassinats !

Le plus grand honneur que puisse ambitionner le parti triomphant, c'est d'avoir montré de la modération et du calme.

De la fermeté, mais pas de cruauté.

JULES DE GASTYNE.

Corsaire (le), Journal quotidien, format grand-in-8°, feuille double; prix du numéro : 5 centimes.

Du 8 au 16 mai 71; neuf numéros.

Bureaux de vente, 21, rue du Croissant.

Rédaction, 123, rue Montmartre; imprimerie Serrière, même adresse;

Gérant : G. Richardet.

Le Petit National ayant été supprimé le 6 mai, par arrêté de la Commune, reparut sous ce nouveau titre, le 8 mai; puis supprimé de nouveau, le 16, il reparut ensuite sous le titre : *Le Pirate*, (Voir au P.)

N° 1, lundi 8 mai 1871.

En tête il porte cette devise : « *Vitam impendere vero.* »
Voici son programme :

Maintes fois supprimé par l'Empire, le *Corsaire* reparaît plus vaillant que jamais.

Le *Corsaire* sera toujours ce qu'il a été :

Franchement et sincèrement républicain.

Que M. Rousset me permette de lui dire :

La Rédaction.

N° 3.

Ce numéro reproduit une petite polémique au sujet du titre que prend le journal.

Ce journal n'eût pas plutôt paru que M. Spoll, un des fondateurs du *Corsaire*, de Lhermina, s'adresse en ces termes à M. Rousset, directeur du *National* :

1° Que pas un des rédacteurs du *Corsaire* que j'ai fondé avec Lhermina, ne fait partie de son journal;

2° Que les suppressions qui ont atteint ce journal, n'ont frappé que mes amis et moi, qui ai fait trois mois de prison et payé plusieurs milliers de francs d'amende.

3° Qu'enfin je trouve étonnant que ledit M. Rousset vienne battre monnaie avec les persécutions que nous avons subies, tandis qu'en brave franc-fileur, il coule des jours heureux avec nos bons amis les Prussiens dans sa petite maison d'Alfort.

Ce à quoi M. Richardet répondit aussitôt :

Que M. E. A. Spoll me permette de lui répondre :
1° Qu'il se trompe profondément en affirmant qu'il n'y a pas un seul des rédacteurs du *Corsaire* fondé par Jules Lhermina dans celui-ci. Il y en a un, dont je tiens le nom à sa disposition.
2° Que le *Corsaire* que j'ai fondé en 1869, en collaboration de Félix Pyat, Jules Vallès, Vermorel, Victor Noir, Flourens, etc.; — après avoir obtenu de Hermina une autorisation qu'il m'avait fort courtoisement accordée du reste, a été supprimé au sixième numéro, par le ministre Forcade la Roquette, en même temps que le *Père Duchêne* de Maroteau, le *Casse-Tête* de J.-B. Clément, et bien d'autres feuilles, victimes de l'hécatombe ministérielle ;
3° Qu'enfin M. J. Rousset n'est ni le Rédacteur en chef, ni le gérant du *Corsaire*, dont je suis seul responsable.

Que M. Rousset, parfaitement en dehors du débat n'a rien à voir dans cette affaire où veut l'impliquer M. Spoll.

Si, par suite de l'arrestation et des recherches dont plusieurs des rédacteurs du *National* ont été victimes, il a jugé devoir se dérober aux visites fort peu agréables des agents de M. Rigault, c'est son affaire ; je n'ai point mission de le défendre, et s'il se sent attaqué par les morsures de M. Spoll, il saura lui répondre.

N° 9, 16 mai 1871.

Ce numéro qui fut le dernier de ce journal supprimé avec plusieurs de ses confrères, par le délégué à la Sureté générale n'était cependant pas bien méchant contre la Commune, c'était plutôt une pointe d'ironie qu'il lançait dans son article intitulé : *Nouvelles à sensations*, à propos des brassards tricolores trouvés dans certains magasins et qu'on prétendait être la clef d'un vaste complot contre la Commune, qu'une sortie sérieuse contre cette dernière.

Du reste, voici comment il s'exprime à ce sujet :

Je dois avouer que je n'ai pas une grande confiance en la découverte des complots.

On a tant usé de ce système sous l'empire que j'en ai une défiance toute naturelle et fort compréhensible.

Mais jusqu'à preuve du contraire, je veux croire que les brassards tricolores qui devaient servir de ralliement n'étaient autre chose qu'un vieux fonds de magasin d'une modiste en liquidation qui fournissait à l'occasion des cocardes aux nombreuses cantinières des fédérés.

G. RICHARDET.

Nous ne voyons pas qu'il y ait là matière à suppression, il est probable que la Commune avait des griefs plus sérieux pour supprimer ce journal.

Courrier de Paris (le). Craignant une suppression prochaine, l'*Echo de Paris*, ex-*Journal de Paris* avait un nouveau titre tout prêt : le *Courrier de Paris* ; mais l'arrêté du comité de Salut public interdisant toute nouvelle création, empêcha cette résurrection du journal de M. E. Hervé.

Cependant nous avons vu l'entête du *Courrier de Paris*, rue du Croissant, affiché chez un marchand. C'était la même physionomie que l'ancien *Journal de Paris* ; seulement la devise avait été changée ; à la place de :

Fluctuat nec mergitur.

On lisait :

Vivre unis et libres.

Cri du peuple (le), journal politique quotidien ; républicain radical rouge, moyen format, feuille simple imprimée des deux côtés ; prix : 5 centimes.

Du 22 février au 23 mai 1871 ; quatre-vingt-trois numéros.

Bureaux de vente, 9, rue d'Aboukir et 13, rue du Croissant.

Imprimerie H. Rolle, gérant et imprimeur, 9, rue d'Aboukir.

Rédacteur en chef : Jules Vallès.

Collaborateurs : Pierre Denis, Casimir Bouis, Henri Verlet, Vermesch, A. Breuillé, Henri Bellenger, J.-B. Clément, A. Goullé.

Ce journal fondé par Jules Vallès et dont le premier numéro parut le 22 février 1871, vit sa publication suspendue, au numéro 18, le 11 mars 1871, par un décret du général Vinoy : ce ne fut qu'après la proclamation de la Commune qu'il commença à reparaître et reprit sa publication quotidienne sous le numéro 19. 21 mars 71.

En entrant en campagne, le *Cri du peuple*, dans son premier article intitulé : *Paris vendu*, après avoir décrit la honte, le deuil et l'agonie dans lesquels se trouvent plongés Paris et la France, appelle le châtiment sur ceux qui n'ont rien su faire pour relever l'honneur de notre pauvre patrie et ont, au contraire, livré Paris poignets liés et ventre creux ; et annonce la sociale, la république sociale :

Entendez-vous, s'écrie-t-il ; la sociale arrive ! elle arrive à pas de géant, apportant, non la mort, mais le salut. Elle enjambe par-dessus les ruines, et elle crie ; « malheur aux traîtres ! malheur aux vainqueurs !

Vous espérez l'assassiner. Essayez ?

Debout entre l'arme et l'outil, prêt au travail et à la lutte, le peuple attend.

JULES VALLÈS.

Ce n'était point la modération même, ses violences se déchaînaient plus particulièrement sur l'Assemblée nationale et le Gouvernement ce qui, comme on le sait, lui valut l'honneur d'être suspendu ; on se rappelle aussi que son fougueux rédacteur en chef, obligé de calmer l'ardeur de ses collaborateurs, mit un jour en pénitence le terrible Vermesch pour un article sur M. Guéroult.

Nous avons eu tort hier, et si j'avais lu la page de Vermesch, on y eut donné des coups de canif, dit Vallès en un article qui pourrait le faire aujourd'hui taxer de modérantisme, s'il n'eut racheté cette passagère erreur par quelques lignes sur la chimie, — lignes que nous citerons plus tard.

On sait que Jules Vallès, impliqué dans l'affaire du 31 octobre, avait été condamné à 6 mois de prison par le conseil de guerre chargé de juger cette affaire, mais la victoire de la Commune étant venue abréger sa peine, le *Cri du peuple* annonce ainsi son retour, dans son numéro 19, 21 mars 1871, le premier qui reparaît depuis sa suspension :

Le citoyen Jules Vallès, affranchi de sa condamnation par la victoire pacifique du peuple, reprendra demain dans le journal sa collaboration quotidienne.

N° 20.

PARIS, VILLE LIBRE

Sous ce titre, Jules Vallès termine son article ainsi :

Paris ayant un drapeau à lui, ne peut plus être ni diffamé, ni menacé, et il reste le chercheur habile, le trouveur heureux qui invente les beaux dessins et les grands instruments, qu'on implorera toujours pour qu'il mette son cachet sur ce métal ou sur cette étoffe, sur ce jouet ou sur cette arme, sur cette coupe ou ce bassin, sur la pâte d'une porcelaine ou la soie d'une robe.

Il restera le maître et le roi.

Paris, ville libre.

Plus de sang versé ! les fusils au repos ; on nomme les maires et les magistrats. Puis au travail ! au travail ! La cloche sonne l'ouvrage et non plus le combat.

JULES VALLÈS.

N° 24.

Jules Vallès s'exprime ainsi à propos de la suppression des journaux, par la Commune :

J'ai écrit il y a bien longtemps et je répète aujourd'hui que je suis pour la liberté de la presse absolue et illimitée.

Je regrette donc profondément qu'on ait empêché le *Gaulois* et le *Figaro* de reparaître, eussent-ils dû encore rire de nos canons et nous appeler des pillards? La liberté sans rivages.

JULES VALLÈS.

N° 30.

FINISSONS-EN

Nous avons besoin de renaître et le peuple ne peut renaître que par le travail affranchi, la liberté de la patrie et la liberté de l'atelier ! Nous avons à relever l'industrie, à réveiller le commerce, à rétablir le crédit, à ressusciter la France, c'est-à-dire à renvoyer d'abord à leurs électeurs les élus de Versailles.

En conséquence, la Commune de Paris somme les « ruraux » d'aller plus loin mourir au fond de leurs étables.

La France républicaine exige cette épuration. Paris l'accomplira, si l'Assemblée de Versailles ne l'accomplit elle-même.

Car la garde nationale, en cas de besoin, saura retrouver son

Maillard et ramener les vendeurs de patrie dans la charette du peuple.

Il faut décidément que Paris ait sa roche tarpéïenne à côté de son Capitole.

Casimir Bouis.

N° 32.

HOSTILITÉS LACHES

Les hostilités sont commencées.

Versailles a déclaré la guerre à Paris; la ville royale s'est insurgée contre la cité républicaine, le gouvernementalisme a provoqué la Commune.

. . . .

Le gouvernement de Versailles, en provoquant la population parisienne par la suppression de six journaux, et la garde nationale par l'aventure du 18 mars, a cru étouffer l'idée républicaine dans la capitale de la France. Il n'a fait que l'affranchir et donner la victoire à la Commune de Paris.

. . . .

La Commune, après avoir prouvé sa force, saura prouver son droit en recréant ce que le gouvernementalisme défait; le peuple saura prouver sa capacité en réorganisant ce que la réaction désorganise.

Paris, ville libre, pourra commencer une ville nouvelle avec un organisme nouveau; la féodalité financière, les états-majors administratifs, la bureaucratie arbitraire et routinière, le privilége et l'agiotage se dissolveront eux-mêmes avec le cadavre pourri de la vieille société corrompue pour faire place aux institutions neuves qui assureront au travailleur le produit de ses efforts, au commerce, l'économie et la sécurité; à tous, l'enseignement, la liberté et la propriété.

Ainsi s'accomplira la révolution et se réalisera la parole de ses prophètes.

Pierre Denis.

Même numéro.

ÊTRE OU N'ÊTRE PAS

La France est, depuis le 18 mars, en pleine fournaise révolutionnaire.

De cette fournaise, un monde nouveau commence à jaillir.

. . . .

Pauvre France !... Au milieu de cette fièvre de la victoire et de l'enthousiasme, beaucoup peut-être l'ont un peu oublié. Mais nous savons bien que la République seule est capable de cicatriser la plaie béante à ses flancs, et voilà pourquoi, connaissant le peuple, nous sommes sûrs du triomphe.

Mais, de l'audace ! encore de l'audace, tous en avant !...

Etre ou n'être pas !... Tout est là aujourd'hui.

Eh bien ! nous serons...

Nous voulons vivre à la fin... Nous avons été les déshérités éternels, nous autres. Nous sommes ce peuple d'exploités, qui pendant mille ans, a saigné sur tous les chemins, râlé sur tous les calvaires, et nous avons à prendre notre revanche, la revanche de la justice.

Bénie soit-elle, cette heure de revanche qui sonne au moment où nous avons à ressusciter la patrie.

Jurons d'aller à l'avenir à travers n'importe quels abîmes, car le moment du triomphe suprême est irrévocablement arrivé.

Etre ou n'être pas.

CASIMIR BOUIS.

N° 36.

IL FAUT CHOISIR

Le drapeau blanc contre le drapeau rouge ; le vieux monde contre le nouveau ! La dernière étreinte ! qui triomphera, des neveux de Hoche, ou des petits-fils de Cathelineau !

Il y a à choisir ; levée en masse, marche sur Versailles ; l'inondation — ou bien, on traite — avec le monde ! — Paris libre.

Il faut se hâter de choisir.
Versailles prisonnier ou Paris ville libre,
Il n'y a pas à sortir de là.

N° 48.

Que les lecteurs du *Cri du peuple* ne s'étonnent point de ne pas voir de signature au bas d'articles que nous n'avons ni le temps ni le courage de rédiger, dans cette odeur de poudre et cette tempête de canons.

Il ne faut pas peser les gouttes d'encre, quand il coule des flots de sang, et ce n'est pas avec une plume, mais une baïonnette, que doit être écrite cette histoire admirable de Paris, debout et victorieux.

N° 77.

LA PRISE DE PARIS

Le *Cri du Peuple* disait hier que tout était prêt en prévision de cette éventualité.

Le *Cri du Peuple* l'affirme de nouveau : l'armée de Versailles peut tenter l'assaut et démolir les remparts.

Mais qu'elle sache bien que Paris est décidé à tout, et que les précautions sont prises.

Paris vaincra, ou, s'il succombe, il engloutira les vainqueurs dans une catastrophe épouvantable.

Dernier avis aux bombardeurs.

Crimes des Congrégations religieuses (les). Mystères de l'église Saint-Laurent. Squelettes de femmes découverts. Cahier in-8°, huit pages; prix cinq centimes.

Imprimerie Ch. Schiller, 10, faubourg Montmartre.

Cette publication qui n'a eu que deux numéros, est anonyme.

Le premier numéro paru contient l'historique des perquisitions et des découvertes faites dans l'église Saint-Laurent, et le deuxième celui des crimes du couvent de Picpus.

Dessins (les). Les fleurs, fruits et légumes. Série (première) de trente et une charges, fort soignées, par Alfred Le Petit; légendes de M. Briollet, dit la couverture, quoi qu'il ne soit point l'auteur de toutes celles du recueil.

Parmi les personnages les plus en butte aux coups de crayons peu flatteurs et presque toujours grossiers, nous citerons :

Le comte de Paris et, en général, la famille d'Orléans; MM. Thiers, Jules Favre, Ernest Picard, Jules Simon, Louis Veuillot, Jules Ferry, Dufaure, Dupanloup, Grévy.

Les généraux Trochu, Vinoy, Ducrot, de Gallifet.

Cependant il faut citer un acte de courage qui honore son auteur. Quelques jours après l'assassinat de Clément Thomas, M. Faustin fit paraître un dessin représentant une pierre tombale, tachée de sang, sur laquelle pleure la République; au-dessus plane la tête de la malheureuse victime du 18 mars. Pour légende : *Sunt lacryma rerum.*

Tandis que d'un côté les charges ridiculisaient certaines personnes, d'un autre elles flattaient certains individus.

Parmi les fêtés au crayon, nous avons remarqué Garibaldi, Victor Hugo, Jules Vallès, le Père Duchêne, Rochefort, Félix Pyat et Vermorel.

Discussion (la), journal politique quotidien, ancien format du *Temps*, feuille double, in-f°, quatre pages, prix 15 centimes. Bureaux et rédaction, 10, Faubourg Montmartre.

Imprimerie Schiller, 10, Faubourg Montmartre.
Du 12 au 16 mai. Cinq numéros.
Rédacteur en chef : M. A. Gaulier, ex-rédacteur au *Temps*.
Collaborateurs : Henry de la Madelène, F.-A. Lafont, Firmin Maillard.

N° 1, 12 mai 1871.

Pour programme :

A l'heure où paraissent ces lignes, il y a des hommes de parti, il y a même des hommes d'État qui, pouvant faire autrement, attendent de la force, demandent à la force le triomphe de leurs doctrines, c'est-à-dire de quelques vérités mêlées de beaucoup d'erreurs.

Ces hommes de parti, ces hommes d'État ont cependant vu s'élever et tomber l'empire, c'est-à-dire la force elle-même, devenue à la fois le principe et le moyen d'un gouvernement, la force donnant tout ce qu'elle peut donner.

Qu'après une expérience, si décisive et si récente, tout le monde ne soit pas convaincu de l'impuissance radicale de la force dans les choses politiques, il y a lieu de s'en étonner.

C'est parce que nous en sommes convaincus, quant à nous, c'est parce que nous ne verrons jamais dans la force qu'un déplorable pis-aller, que ce journal s'appelle la *Discussion*.

N° 3.

Par suite de la collaboration de M. Gaulier, au journal le *Temps*, quelques personnes crurent que la *Discussion* était la continuation de ce premier journal, mais dans une note loyalement insérée en tête de ce numéro, M. Gaulier fit cesser toute confusion à cet égard.

Il ne pouvait venir à ma pensée, dit-il dans cette note, de prendre la place du *Temps*: elle est trop grande et je suis trop petit. Mais à côté de lui, sinon toujours avec lui, puisque nous avions cessé de nous entendre, j'essaierai de servir la même grande cause : la liberté.

C'est en m'inspirant des exemples de sincérité et de loyauté que j'ai trouvés au *Temps*, que j'espère y réussir. Notre amitié n'en souffrira pas.

A. GAULIER.

Ce journal fut supprimé par la Commune à son cinquième numéro, mais il reparut quelque temps après sous le titre de : *la Politique*.

Voir à la lettre P.

Drapeau Rouge (le), revue hebdomadaire, politique, critique et humoristique ; format petit, presque carré, huit pages, cahier autographié. Couverture rouge, surchargée d'épigraphes avec une curieuse disposition et un amalgame bizarre d'équerres, de distiques et de formules démocratiques.

Bureaux, 3, rue Chérubini ; imprimerie Rougeau.

Signé ; le Franc-Gaulois, le Franc-Comtois et René Girard.

Seul et unique numéro, 12 mai 1871.

Les principales publications contenues dans ce cahier ont pour titre : *Le Drapeau rouge, Le petit catéchisme à l'usage de Jean Bonhomme*, lequel débute ainsi :

D. — Qu'est-ce qu'un souverain?

R. — C'est un homme qui sous le nom de prince, roi ou empereur, est une bête fauve altérée de sang et de carnage que rien ne peut assouvir !

D. — A quoi servent les souverains?

R. — A faire incendier les villes, piller les maisons, massacrer les peuples !

D. — N'y a-t-il donc aucun bon souverain?

R. — Il n'y en a que très-peu qui ne sont pas d'abominables monstres.

Le plus inoffensif peut être un assassin !

Les mauvais sont horriblement dangereux, et les bons sont parfaitement inutiles, etc., etc.

Et enfin : *Les Susceptibilités républicaines*, chansonnette.

Immédiatement au-dessous du titre on lisait :

Si pour le peuple enfant, on invente les fables, pour le peuple viril, il faut la vérité!...

Echo de Paris (l'), journal national, politique et littéraire; moyen format, feuille double, quatre pages; prix du numéro, 5 centimes.

Bureaux, 5, rue Coq-Héron.

Imprimerie, Dubuisson et Cᵉ.

Rédacteur en chef, Edouard Hervé; collaborateurs, H. Depasse et Richard de Lavallée.

Du 17 au 19 mai 1871 ; 3 numéros.

En tête : *Fluctuat nec Mergitur*.

Ce journal n'était que la continuation du *Journal de Paris*, supprimé par la Commune le 15 mai, mais transformé de manière à ne tromper personne ; il a conservé, sous ce second titre, l'attitude politique du premier.

N° 1, 17 mai 1871.

Ce journal publie, pour son premier-Paris de rentrée, en tête de sa première colonne, sous le titre : *France*, un article tout entier d'ironie :

Paris, 16 mai 1871.

Quelqu'un en qui nous avons toute confiance et que nous connaissons presque aussi bien que nous-même, nous assure que le *Journal de Paris* a été supprimé hier soir par le gouvernement du 18 mars. Un commissaire de police se serait présenté hier, 15 mai, vers cinq heures, dans les bureaux du journal pour lui notifier son arrêt de mort. On assure même — nous avons peine à le croire — que l'arrêt en question ne dit pas du tout pour quelle cause le *Journal de Paris* a été supprimé.

Ceci nous étonne. Lorsque le *Bien public* et l'*Opinion nationale* ont été condamnés à disparaître de la surface de la République française comprise entre la porte Maillot, bien endommagée et bien malade hélas! et la barrière du Trône, la Commune a dit. « Supprimés pour excitation à la guerre civile. » Plus tard, lorsque la *Paix*, le *Moniteur universel*, etc., ont été à leur tour condamnés, la Commune a dit: « Pour avoir continué la politique des journaux déjà supprimés. » Cette fois-ci la Commune n'aurait justifié en aucune manière sa condamnation. Vraiment nous avons peine à croire à ce sans-gêne.

Le *Mot d'ordre* annonce de son côté, ce matin, que le *Siècle*, la *Discussion*, l'*Avenir national* et le *Corsaire* ont eu le même sort que le *Journal de Paris*. Tous tués, tous étendus sur le carreau par le nouveau délégué à la préfecture de police! Ici notre étonnement redouble, et nous ne croyons plus du tout à la nouvelle. Le *Journal officiel de la Commune* n'a pas inséré les arrêts de suppression ; bien plus, il a pour la première fois arboré en tête de sa première page, la grande et illustre formule : Liberté, Égalité, Fraternité. Il est impossible que les rédacteurs en chef d'un journal si fraternel, si égalitaire et si libre, aient condamné à mort une demi-douzaine de leurs confrères. Il est impossible que la Commune étrangle ainsi, dans l'ombre, six journaux sans en rien dire au public. Non, le *Mot d'ordre* a calomnié, sans le savoir, les hommes de l'Hôtel de Ville. L'*Écho de Paris* va prouver par sa longue existence et son libre langage que la Commune sait entendre la vérité.

H. DEPASSE.

Echo du soir (l'), journal de la dernière heure, politique, littéraire et quotidien. Grand format, feuille double ; prix 15 centimes.

Du 26 avril au 1ᵉʳ mai 1871. 6 numéros.

Bureaux, 123, rue Montmartre ; administration, 20, rue du Croissant.

Gérant, Laurent.

Directeurs, MM. Arnold Mortier et Georges Ebstein. Secrétaire de la rédaction, Edouard Moriac. Collaborateurs, H. de Callias, Jezierski, du Croisy, L. Perrin, Delaage, Dʳ Chéron, etc., etc.

N° 1, 26 avril 1871

L'*Écho du Soir* est avant tout, un journal d'informations. Il n'est l'organe ni d'un parti, ni d'une coterie. N'ayant aucune attache avec le gouvernement de Versailles, pas plus qu'avec la Commune, son but est d'exposer chaque jour à ses lecteurs la situation politique, de les tenir au courant de tous les événements militaires ou autres, n'ayant qu'un désir, la pacification de la France, et qu'une volonté, celle de dire toute la vérité, n'ayant de passion que celle du bien public, il espère que le pouvoir discrétionnaire dont jouit la Commune l'épargnera, et que les Parisiens lui accorderont leurs sympathies.

L'heure actuelle n'est pas aux longs programmes ; le nôtre est tout entier dans ces quelques lignes :

Nous voulons le rétablissement de la paix publique et le triomphe des institutions républicaines.

Nous demandons la consécration par le gouvernement de

Versailles de tout ce qui constitue les franchises municipales; nous demandons à la Commune de reconnaître le pouvoir légal et régulier, expression de la souveraineté du peuple, qui réside dans le suffrage universel.

Notre politique sera une politique d'apaisement, de conciliation et d'oubli. Nous avons une profonde horreur pour cette lamentable guerre civile qui achève la ruine de notre malheureux pays, écrasé et démembré par la guerre étrangère.

Nous appellerons de tous nos vœux, de toutes nos forces, la conciliation qui est l'espoir de tous les gens sensés, le rayon de lumière qui peut éclairer cette nuit sanglante où nous sommes plongés.

Pas de vainqueurs! pas de vainqueurs! Voilà le cri qui doit s'échapper de toutes les poitrines.

Estafette (l'), journal quotidien, politique et littéraire, grand format, feuille simple; un sou.

Du 23 avril (4 floréal, an 79) au 23 mai 1871 (4 prairial, an 79); 30 numéros.

Administration, rue de la Bourse, 3.

Rédaction, rue Notre-Dame-des-Victoires, 32.

Gérant, H. Lefèvre; principal collaborateur, le Père André, c'est-à-dire A. Secondigné et Dautray, Saint-Léger.

Ce journal qui, en tête de son premier numéro, annonçait qu'il publiait tous les jours deux éditions, l'une à six heures du matin et l'autre à sept heures du soir, n'en eut, par le fait, réellement qu'une, mais alors il prit un terme moyen et parut tous les jours vers une heure.

N° 1ᵉʳ, dimanche 23 avril 1871 (4 floréal an 79).

PEUPLE, TU ES LIBRE

Pour t'en convaincre, ô peuple, regarde un peu.

Tu disais naguère : J'ai froid ; et pour réchauffer tes membres amaigris, on les étreignait de triples liens de fer.

Tu disais : J'ai soif, et l'on répondait : Bois tes larmes et tes sueurs.

Tu succombais dans le labeur ; les maîtres s'en réjouissaient. Tu te plaignais d'être dans l'ignorance, et tes dominateurs, tes despotes te criaient : « Tais-toi ! Pour gouverner le peuple, il faut l'abrutir ! »

Vingt ans de ce langage, de ces douleurs, de cet esclavage, de cet abrutissement, t'ont poussé à bout. Tu t'es révolté, et tu as bondi comme un lion piqué, harcelé de toutes parts. Tu languissais, et tu mourais dans les ténèbres ; tu as appelé la lumière à toi ! Tu étais enchaîné, tu as brisé tes fers !

Peuple, sache-le : Lumière et Liberté ! voilà tes deux conquêtes, gardons-les.

Peuple, depuis le 18 mars, tu es sorti de ton engourdissement. Géant robuste, tu as bouleversé la société, et tu l'as mise à l'envers pour la reconstituer sur des bases plus égalitaires. Tu as fait jaillir la grande Révolution sociale, — au frontispice de laquelle on lit ces mots sublimes : Liberté ! Egalité ! Fraternité ! — Ce n'est pas tout, il faut la poursuivre. Tu as en main ce qui renverse : la volonté, la force et le droit. Fais en sorte d'avoir au cœur ce qui fonde : la Justice ! »

« LE PÈRE ANDRÉ. »

N° 2.

Ce numéro contient le huitain suivant, adressé à M. Thiers.

Mon vieux Pouvoir exécutif,
Versailles vous offre un refuge ;
De peur d'être brûlé tout vif,
Ici constituez-vous juge,

Juger vaut mieux qu'être pendu.
Je le crois bien, mon bon apôtre :
Mais différé n'est pas perdu,
Et l'un n'empêchera pas l'autre.

Etoile (l'), journal des dernières nouvelles, politique et quotidien, grand format, feuille double; prix 15 centimes.

Bureaux et administration, 123, rue Montmartre.
Imprimerie, Serrière, même adresse.
Gérant. A. Dubois.
Du 5 au 12 mai 1871 ; huit numéros.

Ce journal n'est que la résurrection de l'*Echo du Soir*, dont il a conservé la rédaction ; la durée de son apparition fut courte, huit jours, et le neuvième, le 12 mai, il fut supprimé par la Commune.

N° 6.

LA POLITIQUE DU GOUVERNEMENT DE VERSAILLES.

Le gouvernement de Versailles vient de notifier aux Parisiens ses dernières volontés. Ce document, désormais historique de nos discordes civiles, sera pour nos arrières neveux, incompréhensible. Ils ne pourront se figurer qu'à un certain moment, il ait existé en France un gouvernement réduit à sommer les Parisiens de lui ouvrir ses portes et de lui rendre son autorité.

Cette sommation part de plus haut lieu que celle des tranchées d'Issy ; elle a le même sens et la même intention. Nous craignons bien qu'elle n'ait le même sort. M. Thiers y parle en major de tranchées, plutôt qu'en homme politique ;

La France, dit-il, librement consultée par le suffrage universel a élu un gouvernement qui est le seul légal, — si le suffrage universel n'est pas un vain mot.

Cette réflexion hypothétique est-elle d'un homme d'Etat? Non, le suffrage universel n'est pas un vain mot ; mais le gouvernement élu par lui peut devenir une vaine chose entre des mains médiocres ou séniles.

Faubourg (le), journal politique, quotidien. 2ᵉ année, 2ᵉ série, petit format, feuille simple, imprimée des deux côtés ; prix 5 centimes.

Rédaction et administration, 19, faubourg Saint-Denis.

Imprimerie, Berthelemy et Cᵉ, Association typographique.

Rédacteur en chef-gérant, G. Maroteau.

Ce journal, déjà publié le 26 février 1870, avait été supprimé à son deuxième numéro, et reparut le 26 mars 1871, pour céder le lendemain sa place à *la Montagne* ; même rédacteur en chef. Le numéro 1, du 26 mars 1871 est fort peu intéressant, mais le plus curieux de tous était le numéro spécial, publié le 26 février 1870 et adressé au président de la 7ᵉ chambre, et où Maroteau ne mâchait point ce qu'il avait à lui dire :

Bonnet bas! mon président.
Je vous condamne à me juger tous les vendredis.
Le *Faubourg* tué, je fonde la *Révolte*, et quand vous aurez déchiré encore mon papier, épointé ma plume, je ferai feu sur du papier d'affiches avec le rouge d'une allumette.
Et malgré vous, la foule, la grande foule en blouse achètera notre feuille d'un sou ; et avec notre papier, son cuivre, nous ferons pour le jour de l'émeute, des bourres et des balles.

N° 1, 26 mars 1871.

Nous extrayons dans ce numéro, de l'article intitulé : *Républicains ou Cosaques*, le passage suivant :

Aujourd'hui nous triomphons, après vingt ans de honte, de combats et de misère, quand tous les corbeaux sont gorgés de notre chair.
Nous sommes la force, en même temps que le droit.
Pas de faiblesse et pas de pitié !!!

Fédéraliste (le), journal politique et quotidien, grand format, feuille simple, imprimée des deux côtés ; prix 10 centimes.
Du 21 au 22 mai 1871 ; 2 numéros.

Sa publication fut arrêtée à son troisième numéro, par suite de l'entrée de l'armée de Versailles dans Paris.
Bureaux de vente, 7, rue du Croissant.
Administration et rédaction, 11, rue du Faubourg-Montmartre.
Rédacteur en chef, Odysse-Barot.
Directeur-gérant, Victor Philippaux.
Collaborateurs, V. d'Aigurande et Concerceux.
Le *Fédéraliste* devait faire son apparition le vendredi 19 mai, mais l'arrêté du Comité de Salut public défendant la fondation de nouveaux journaux l'empêcha de paraître ce jour-là. Le lendemain samedi, on le vit sur les boulevards et dans les kiosques.
Ce journal était d'une couleur communale très-accentuée.

N° 1, dimanche 21 mai 1871.

COMMUNE ET FÉDÉRATION

> « La Commune est comme la famille avant l'Etat : la loi politique la trouve et ne la crée point. »
> ROYER-COLLARD.

> « C'est dans la Commune que réside la force des peuples libres. »
> ALEXIS DE TOCQUEVILLE.

La révolution du 18 mars, la plus étrange peut-être par ses péripéties, la plus importante par ses conséquences futures ou immédiates, de toutes celles que nous offre l'histoire de l'humanité, — la révolution du 18 mars, présente un double caractère et remplit une double tâche qu'il est bon de mettre en lumière.

Paris qui l'a faite, et qui depuis cinquante jours verse héroïquement son sang pour la défendre ; Paris qui, sans faiblir, voit depuis cinquante jours l'ennemi bombarder ses quartiers, démolir ses maisons, tuer ses femmes, ses enfants, ses vieillards, assassiner ses prisonniers, semer de toutes parts dans ses rues, le deuil, la ruine, l'incendie et la désolation ; Paris qui ne se laisse abattre, ni par les défaillances des uns, ni par les trahisons des autres, et que ne peuvent décourager, ni l'incapacité de certains chefs, ni la prudence équivoque de ceux-ci, ni les rivalités intempestives de ceux-là, Paris lui-même n'a pas pleine conscience de la mission historique qu'il accomplit.

Son rôle à l'heure présente, est infiniment moins local qu'il ne se l'imagine. Son horizon s'étend bien au-delà de nos remparts, bien au-delà de nos frontières. Paris est un pionnier, un initiateur. Il fait de la civilisation sans le savoir. Paris est à son insu l'instrument d'une de ces transformations radicales qui, à de longs intervalles, de cinq siècles en cinq siècles ou de mille ans en mille ans, renouvellent la face de l'Europe. Aussi le 18 mars 1871, sera-t-il dans l'avenir, je n'hésite pas à l'affirmer, une date plus mémorable encore que le 14 juillet 1789 et le 10 août 1792.

L'idée fédérative, en effet, qui s'est fait jour brusquement le 18 mars 1871, et dont le premier, dans la presse française, au milieu de l'incrédulité générale, j'ai annoncé, dès 1863 le prochain et fatal avénement, l'idée fédérative n'était pas morte justement dans les provinces lorsque la révolution éclata. Ainsi que le dit Proudhon qui, quelques temps après moi, fit un livre sur le principe fédératif : « La fédération fut la première pensée de 1789. L'absolutisme monarchique et les droits féodaux abolis, la délimitation provinciale respectée, tout le monde sentait que la France allait se retrouver en confédération. Les bataillons envoyés à Paris, de toutes les provinces furent appelés *fédérés*. Les cahiers fournis par les Etats, qui s'empressèrent de ressaisir leur souveraineté, contenaient les éléments du nouveau pacte... »

Si au point de vue sociale l'explosion du 18 mars a été un retour à 1793, elle a donc renoué, sous le rapport politique la tradition de 1789.

Les deux idées capitales qui se dégagent de la révolution actuelle, sont l'idée communale et l'idée fédérative.

Commune et fédération, tels sont les deux cris de ralliement des Parisiens, les deux mots qui se retrouvent à chaque instant, sur toutes les lèvres, sous toutes les plumes.

Si l'idée fédérative avait en France, peu de partisans au moment où, à Paris, elle sortit triomphante de la logique des choses, l'idée communale avait été défendue avec éclat par des hommes que Versailles n'accusera pas d'être des anarchistes, des factieux et des pillards. Les auteurs des deux épigraphes placées en tête de cet article : Alexis de Tocqueville et Royer-Collard sont les complices posthumes de la Commune de Paris.

Complice aussi, M. de Bonald qui a écrit :

« La Commune est le premier élément de la famille politique. C'est un corps plus réel, plus solide, plus visible que le département et le royaume. »

Benjamin Constant a écrit de son côté :

« Le patriotisme qui naît des localités est le seul véritable. »

Sismondi a dit de même :

« La Commune, c'est la vraie patrie. »

Il a donc fallu aux hommes de Versailles un aveuglement porté jusqu'à la stupidité pour méconnaître la raison d'être et l'importance du mouvement communal.

Quoiqu'il arrive et quelle que puisse être l'issue immédiate de la lutte odieuse, impie, qu'ils poursuivent contre Paris, c'en est fait du vieux centralisme, du séculaire unitarisme, qui depuis moins de soixante ans ne nous a procuré d'autres bienfaits que trois invasions, qui nous a conduits trois fois aux abîmes, qui a accumulé sur nos têtes tant de désastres, tant de sang et tant de ruines !

Un triomphe même des troupes versaillaises, triomphe impossible n'empêcherait pas le gouvernement bombardeur et l'Assemblée fratricide de s'effondrer sous l'indignation de la France entière.

Quoi qu'il arrive, l'avenir appartient à cette double et grande idée : la Commune, la Fédération !

ODYSSE-BAROT.

Fédération communale (la) (Etude). Grand placard en forme de journal, feuille simple, imprimée des deux côtés, sur cinq colonnes ; prix 10 centimes.

Auteur, Ménier.

Imprimerie, typographie, Alcan-Lévy, 61, rue Lafayette.

En tête de la première colonne, on lit l'espèce de programme suivant :

Les difficultés où nous sommes viennent surtout de ce que les fonctionnaires, hommes ou assemblées, issus du suffrage universel, voudraient persuader aux autres citoyens, même par la force, qu'ils ont été substitués aux droits du peuple, et qu'au lieu d'être des serviteurs, ils sont des maîtres : — d'où la guerre civile.

Le projet de constitution, dont nous donnons ci-après le

10.

texte, est basé en entier sur ce théorème, à savoir : que le peuple est souverain, sa souveraineté imprescriptible, inaliénable, et qu'il nomme des fonctionnaires toujours révocables, toujours contrôlables, au lieu de déléguer des substituants de sa souveraineté, autrement des tyrans.

On verra que, tout en tenant compte du milieu social où nous nous trouvons, en respectant certaines habitudes reçues, le suffrage universel peut s'exercer directement sur la base de l'autonomie absolue de la Commune, de l'unité française et du développement, dans la plus large limite, de l'autonomie et de la liberté du citoyen.

MÉNIER.

Puis suit l'énumération des articles ou projets de constitution de la fédération communale, ainsi que de la constitution financière de la République.

Fédération (la) républicaine de la garde nationale, organe du Comité central, journal politique, feuille simple, imprimée des deux côtés.

Ce fut, dès le premier abord, un simple placard reproduisant les statuts du Comité central, et donnant le compte rendu des séances d'une assemblée tenue au Tivoli Waux-Hall ; cette publication n'avait nullement, dès le début, les allures d'une feuille périodique, mais au quatrième, qui fut aussi le dernier numéro, la *Fédération* était devenue l'organe du Comité central.

Les deux premiers numéros parurent en février et le troisième ne parut que le 12 mars, en moyen format, au prix de 5 centimes, et enfin le quatrième et dernier parut le 12 avril 1871 sous forme de journal en grand format, feuille simple, imprimée des deux côtés et au prix de 10 centimes.

Bureaux de vente, 21, rue du Croissant.

Renseignements, 2, rue de l'Entrepôt.

Rédaction et administration, 90, rue Saint-Dominique.

Imprimerie,. le troisième numéro, Turfin et Ad. Juvet, 9, cour des Miracles, et le quatrième, Berthelemy et Ce, Association générale typographique, 19, faubourg Saint-Denis.

N° 4.

COMITÉ CENTRAL

Depuis quelques jours, on répand le bruit qu'un désaccord régnerait entre la Commune et le comité central. D'autre part, on attribue volontiers à ce dernier un pouvoir qui, s'il existait, constituerait une compétition qui n'est pas.

Nous le répétons encore, le Comité central s'est entièrement démis entre les mains de la Commune, librement élue par Paris, et la Commune seule est à la tête des affaires.

Nous avons prouvé que nous ne reculerions pas devant les responsabilités les plus lourdes; mais il est de notre loyauté de ne pas laisser croire que nous retenions d'une main ce que nous avions rendu de l'autre.

En dehors de notre mission, nous avons évidemment une idée de politique générale, et c'est en l'exposant que nous réduirons à néant les sottes calomnies auxquelles nous avons dédaigné de répondre. Notre journal la portera devant le jugement public; si elle ne répond pas au vœu général, nous saurons faire abstraction de tout amour-propre; mais si elle est estimée juste, nous la soutiendrons jusqu'au bout.

(*Le Comité central.*)

Nous trouvons aussi, dans ce numéro, ces quelques vers, adressés aux députés :

Quand je vois voter l'Assemblée
D'emblée

Pour ne pas venir à Paris,
        J'en ris.
La pauvre vieille malheureuse,
        Peureuse,
Qui manque devant le vainqueur
        De cœur,
Devant nous, vaincus, fait encore
        Pécore !
Comme un bébé qui d'un sapeur
        A peur.
A Quimper ou bien à Versailles,
        Qu'elle aille,
Ou qu'elle tremble pour sa peau,
        A Pau.
On voulait laisser dans la honte
        Géronte
Cuver, avec ses vieux toupets,
        Sa paix.
Mais voici que, prenant courage,
        Il rage
Et rouvre le bombardement
        Gaîment.
Et ces gens-là, gonflant d'emphase
        Leur phrase,
Quand sur nous les Prussiens tiraient,
        Pleuraient !
O vieux, bons à chercher des truffes,
        Tartufes !
Clique infâme de charlatans,
        Attends !
La République à la main large
        S'en charge.
Vous aurez son revers de main
        Demain.

Fédéré des Batignolles (le). A la Commune de Paris, à la garde nationale, à l'opinion publique. Feuille simple, imprimée d'un seul côté, petit format; prix 10 centimes.

Imprimé chez Ch. Schiller, 10, Faubourg Montmartre.

Un seul numéro, sans date précise ; seulement, au bas de la première colonne se trouve cette date : Paris, le 25 avril 1871.

Ce n'est pas un journal, c'est un factum des membres du conseil de légion du XVIIe arrondissement, contre le citoyen Jaclard, chef de légion.

Fils du Père Duchêne (le) illustré, paraissant deux fois par semaine. Cahier in-8°, huit pages ; prix 10 centimes. 10 numéros. Un dessin comique renouvelé chaque fois, avec le titre tout en rouge formaient la couverture.

Gayet, éditeur, 133, rue Montmartre.
Imprimerie, fonderie et clicherie Serrière et Cⁱᵉ, 123, rue Montmartre.

Cette publication, de MM. Monréal et Blondeau, était signée à chaque numéro : *Le fils Duchêne, marchand de tuyaux de poêles.*

N° 1, 1ᵉʳ floréal an 79.

Le dessin de ce numéro représente Napoléon Iᵉʳ sur le haut de la colonne Vendôme, la main droite derrière le dos, la gauche tenant une boule terrestre au-dessus de laquelle se trouve une bougie allumée; une échelle rouge appuyée sur l'abdomen de la statue, supporte un homme revêtu d'une casaque rouge, coiffé du bonnet phrygien, une pioche sur l'épaule droite et regardant la statue.

Au bas, cette inscription : « Eh ben! bougre de canaille, on va donc te foutre en bas comme ta crapule de neveu ? »

N° 2, 6 floréal an 79.

LE PETIT THIERS

Le dessin représente la Commune sous la figure d'une femme, revêtue d'une casaque rouge, la tête coiffée d'un bonnet phrygien et tenant sur ses deux mains le petit Thiers.

Au bas, cette inscription : « Et dire qu'on voudrait me forcer à reconnaître ce crapaud-là!... »

N° 3, 10 floréal an 79.

LE GÉNÉRAL DOMBROWSKI

Il est représenté, sur cette gravure, en costume de général de la Commune, en avant d'une barrière, derrière laquelle sont retranchés les gardes nationaux; sur la barricade se trouve un fédéré tenant à la main un drapeau sur lequel est écrit : « Vive la Commune! 65° bat. » Dombrowski montrant de la main gauche la barricade et le drapeau et de la droite une large épée, coure sus aux Versaillais, qui, tous, fuient devant lui.

Au bas : « Un bon bougre!... nom de Dieu! »

N° 4.

LE DICTATEUR THIERS

Ce dessin représente Thiers en costume de général, à

cheval sur un colimaçon; sa main droite tient les rênes et un grand sabre nu, tandis que de la gauche il montre un poteau indicateur sur la pancarte duquel on lit : Paris.

Au bas : « En avant!... foutre de foutre!... et gare aux Parisiens!... »

N° 5.

LES GUIGNOLS POLITIQUES

D'un côté, Thiers en costume de polichinelle, tenant derrière son dos une malle sur laquelle on voit écrit : « Cayenne, » et, de l'autre côté, la Commune, avec sa casaque rouge et son bonnet phrygien, armée d'une énorme trique, qu'elle abat sur les épaules du petit Thiers.

Au-dessous, cette inscription : « Tu veux que je dépose ma trique,... as-tu fini ! D'abord, montre donc ce que tu caches derrière toi... petit foutriquet. »

N° 6, 20 floréal an 79.

LES GUIGNOLS POLITIQUES

Cette fois, c'est Vinoy qui est représenté la trique à la main, ayant devant lui la Commune, renversée, mutilée et implorant d'une main le farouche général, qui s'apprête de nouveau à abattre son énorme gourdin sur la tête de sa victime renversée.

Au bas du tableau : « Le rêve de ce gros jean-foutre de Vinoy. »

N° 7, 24 floréal an 79.

LE CITOYEN COURBET

Il est représenté les bras demi-nus, l'écharpe rouge à la ceinture, et poussant de toutes ses forces et renversant une pissotière; derrière, un Monsieur, interrompu dans l'exercice d'une fonction... naturelle, s'enfuit tout effrayé.

Au bas, cette inscription : « Foutant en bas toutes les colonnes... de Paris. »

N° 8.

LE PLAN DE BADINGUET

Ici, c'est Napoléon III, représenté sous la figure d'une hideuse chauve-souris ; les ailes étendues et clouées, tenant dans ses deux mains, deux bustes, d'un côté, l'un représentant M. Thiers, et l'autre, la République.

Au bas se trouve ce petit sixain :

> De gouverner toujours avide,
> Voilà mon plan : il est splendide !
> Je les fais battre tous les deux,
> J'attends qu'ils se mangent entr'eux.
> Et quand la mort a fait le vide,
> Je rentre à Paris..... si je peux !
>
> NAPOLÉON.

Suivi de ces trois :

> Devant ce plan lâche et stupide,
> Chacun de nous, avec esprit,
> A ce monstre chauve..... sourit !

C'est aussi dans ce numéro que se trouve l'essai de poésie satirique suivant :

> Lorsqu'ici nous foutons une pile aux canailles
> Qui composent l'armée active de Versailles,
> Et que la nouvelle se sait;
> Croyant avoir toujours le succès des batailles,
> Le plus furieux, c'est ce sale Gallifet.....
> Quelle sale gueule y fait !

Le trait y est.

N° 9, 1ᵉʳ prairial an 77.

LES CARTES D'IDENTITÉ

Ce dessin représente un gros Monsieur à cheveux blancs, à lunettes, dont le chapeau couvre le front presque en entier; de la main droite il tient un numéro du *Fils Duchêne*, la gauche est appuyée sur la poignée d'un énorme parapluie; sur le côté gauche de la poitrine se trouve une carte sur laquelle on lit : J. Prud'homme; — signalement : nez-gociant, œil-de-perdrix, bouche-trou, bataillon des vétérans; devant lui se tient, les bras croisés sur la poitrine, une de ces petites dames des boulevards, dans une attitude assez gaillarde et les yeux fixés sur la carte du Monsieur.

Puis au-dessous du dessin on lit: « Eh bien ! mon vieux Joseph, toi qui a tant gueulé contre ces petites dames du boulevard... te voilà donc comme elles ! On t'a donc aussi foutu une carte ?

« — Ce n'est pas la même chose, mademoiselle, la mienne est une carte de civisme, et la vôtre est une carte de... cynisme !... »

N° 10 et dernier paru, 14 prairial an 79.

LE DÉPART DE NOTRE BONNE COMMUNE

Ainsi que l'indique le titre, le dessin représente une femme, dans un costume plus que décolleté, tenant, de sa main gauche, un bonnet rouge, et, de la droite, le couvercle d'une malle à demi-ouverte, de laquelle s'échappe quelques papiers sur lesquels on lit : décrets, etc.; elle a le visage tourné vers une personne à demi-masquée, qui se trouve derrière elle, le crayon passé en bandoulière derrière le dos. Au coin du tableau, à droite, se trouve une pancarte verte, sur laquelle on lit :

Versailles,

Appel aux Parisiens ! — Si vous nous ouvrez les portes, si vous trahissez nos ennemis, si vous renversez la Commune, nous nous chargeons du reste... et dans huit jours nous sommes à Paris!

THIERS.

Puis au bas :

« Eh bien! ma bonne Commune, qu'est-ce que tu fous donc là ?
— Dame! mon petit Duchêne, je fais mes malles... puisque M. Thiers m'a foutu mes huit jours!... seulement tu vois, je ne me presse pas trop. »

Le Fils Duchêne, qui avait promis pour la fin du mois un numéro supplémentaire, qui ne contiendrait absolument, disait-il, que son arriéré avec sa vieille crapule de père, c'est-à-dire 2,557 ou 2,558 expressions énergiques... en un seul article.

En fut empêché par suite de l'entrée subite des Versaillais, qui mit fin aussi à cette publication.

Cette publication était une charge fort réussie du *Père Duchêne*.

Flèche (La), journal politique, satirique, illustré, paraissant tous les samedis ; feuille double, grand in-8°, quatre pages ; prix 10 centimes.

Du 1ᵉʳ au 7 avril et du 8 au 14 avril 1871 ; deux numéros.

Bureaux d'abonnement et de vente, J. Grognet, 16, rue des Ecoles ; Madre, 20, rue du Croissant.

Directeur-gérant, J. Grognet.

Rédacteur en chef, Pierre Deschamps; dessins de M. E. Rosambeau.

Collaborateurs, André Lemoyne; Eug. de Rastignac.

N° 1, du 1er au 7 avril 1871.

AQUARIUM NATIONAL

Le dessin de ce numéro, représente M. Thiers en costume de baigneur, à côté d'un aquarium où se trouvent plusieurs coquillages et six superbes phoques, dont un tient, dans une de ses pattes une sonnette, et un autre a, passé en sautoir, une écharpe rouge :

On lit au-dessous :

Tenez messieurs, voici les superbes phoques envoyés par la province au jardin d'Acclimatation de Versailles. Au commandement ils vont parler.

Les phoques. — Vive l'ooordre!!!...

— Ils sont très-doux ; seulement ne prononcez pas devant eux le mot République, ils vous dévoreraient.

— Les phoques. — Vive l'ooooordre!!!...

Pour programme :

LA FLÈCHE

Lorsque Rastignac, revenant découragé de l'enterrement de Goriot, vit des hauteurs du Père-Lachaise, Paris, couché à ses pieds comme une courtisane lassée, il s'écria, en lui montrant le poing: « A nous deux, maintenant! »

Comme lui, nous voulons te combattre, ville superbe! Si tu comptes dans tes murs quelques âmes viriles, que de petitesses, de lâchetés ignorées ou s'étalant au grand jour, n'abrites-tu pas sous le toit de tes maisons et de tes palais? Armée de valets et de filles, bataillon noir des corbeaux de la finance, troupe grotesque des porte-sabres de parade, boursiers véreux, vertus douteuses, artistes de réclame, politiques niais ou traîtres, capitulards sinistres, ventrus de tous les partis, si fidèles à tous les gouvernements, fantoches grimaçants et ridicules, c'est à vous que nous en voulons. Pour mettre vos cœurs à nu, nous choisirons dans notre carquois nos traits les plus aiguisés, nos flèches les mieux trempées. Nous livrerons une bataille acharnée à tous les abus et, sans souci des représailles, nous ferons la bonne guerre qu'aimaient nos ancêtres, en face et en plein soleil.

Et maintenant flèche légère, arme subtile et prompte, traverse l'air, ton élément, et frappe !

Perce les cuirasses les mieux forgées, les poitrines les plus couvertes, ta pointe loyale et sûre, sifflant dans l'espace, saura atteindre le but.

N° 2, du 8 au 14 avril 1871.

Le dessin du premier numéro était fort peu intéressant, mais celui-ci mérite une mention honorable.

Il représente un tribunal où trois magistrats siègent solennellement ; à gauche, au banc des avocats, un hideux Jules Favre défend un accusé, assis entre deux gendarmes ; cet accusé n'est autre que le même hideux Jules Favre, auprès duquel, à droite, au banc du ministère public, s'agite avec fureur un troisième Jules Favre, non moins hideux que les deux premiers.

Au-dessous, on lit ces quatre vers :

> Il a sauvé de la potence
> Plus d'un coquin, l'on sait cela.
> Que dira-t-il pour la défense
> De celui-là ?...

Fronde Illustrée (la), journal satirique hebdomadaire, format de *l'Eclipse*, feuille double, quatre pages ; prix 10 centimes.

Bureaux de vente, 13, rue du Croissant.

Rédaction, administration et réclamations, 9, Cour des Miracles.

Imprimerie, Turfin et Ad. Juvet, 9, Cour des Miracles.

Directeur-gérant, E. Bocquillon ; dessin de Montbard.

Collaborateurs, Jacques Communeux, Camille Barrère, un Frondeur.

Un seul et unique numéro; jeudi 27 avril 1871.

LES ASSASSINS

Le dessin représente une République vengeresse, femme demi-nue, les cheveux épars, la tête couverte du bonnet phrygien rouge, la main gauche appuyée sur un bouclier, le bras droit élevé verticalement et tenant un glaive. Cette République vengeresse surprend Jules Favre et Thiers, les mains pleines de sang, auprès du cadavre d'un patriote assassiné; le premier, le pied posé sur la gorge de la victime, s'appuie d'une main sur l'épaule de Thiers et l'autre est appuyée sur la garde de son épée rouge de sang et la pointe posée sur le cadavre ; Thiers, un pied également posé sur le cadavre, les deux mains pleines de sang, tient dans la droite un casse-tête.

Au-dessous, on lit : « Après le crime, le châtiment. »

NOTRE TITRE ET NOTRE DESSIN

Le titre de notre journal et le dessin de ce premier numéro indiquent suffisamment le but que nous nous proposons.

Nous voulons absolument combattre tous les abus, dévoiler toutes les turpitudes et défendre notre chère république contre toute attaque monarchique.

Nous emploierons de préférence la forme légère du pamphlet sans exclure, toutefois, le ton plus austère de la satire politique.

La Rédaction.

Grelot (le), journal illustré, hebdomadaire, moyen format, feuille double ; prix 10 centimes.
Bureaux, 20, rue du Croissant.
Imprimerie, Ed. Blot.
Directeur, Arnold Mortier ; dessins de Bertall.

N° 1, 9 avril.

Chacun des numéros de cette publication donne un dessin : le dessin de ce numéro, représente le citoyen Assi, membre de la Commune, en costume d'officier fédéré, tenant sous son bras les canons de la Commune, et assis entre deux selles, l'une à droite représentée, par une pieuvre garnie d'une selle sur laquelle on lit : « Selle de Charenton, pieuvre de caboulots ; » et l'autre à gauche, par une écrevisse, également garnie d'une selle sur laquelle on voit écrit : « Selle de Versailles, écrevisse des salons.

Au-dessous :

Le citoyen Assi entre deux selles
(A Paris entre Versailles et Charenton).

On peut juger de la couleur et des opinions du journal par les reproductions suivantes :

Projets de Décrets.

Considérant qu'à toute révolution nouvelle il faut, non-seulement un drapeau nouveau, mais une devise nouvelle.
La Commune de Paris décrète:
La devise Liberté, Égalité, Fraternité est remplacée par celle-ci :

Outrance, trente sous et rien à faire.

La garde nationale est chargée de l'application du présent décret.

Considérant que la liberté la plus grande doit être laissée aux citoyens libres de la république sociale,
La Commune de Paris décrète :

Art. 1. Tout est permis.
Art. 2. Il est défendu de se promener sur la place Vendôme et dans les rues avoisinantes, sous peine de mort.
Art. 3. Il est défendu d'aller à la campagne, de prendre les trains de Versailles, etc., etc., sous peine de mort.

Considérant que la petite vérole est une maladie gênante; qu'elle expose non-seulement le citoyen à mourir, mais à rester défiguré : que l'égalité est impossible dans une société qui compte des hommes grêlés dans son sein,
La Commune de Paris décrète:

Article unique. La petite vérole est abolie dans la république française.
Etc., etc.

Et ainsi de suite dans chacun de ses numéros; c'est une série de satires, de pamphlets et de traits, principalement à l'adresse de Paris et de la Commune.
Nous ne voulons point passer outre sans parler du dessin du cinquième numéro, dimanche 7 mai.

Ce dessin représente Paris sous la figure d'un enfant terrible, criant et gesticulant au milieu d'un tas de jouets de toutes sortes, épars et brisés et demandant à grands cris la lune qu'il aperçoit dans un seau plein d'eau placé devant lui ; en face, une femme, une bonne grosse rurale, les bras croisés, tenant un paquet de verges à la main le regarde tout en colère.

Au-dessous on lit :

Mais ! sacré vingt-cinq mille noms d'un moutard ! Qu'est-ce que tu veux à la fin ?
— Je veux la lune !

Indépendance française (l'), journal politique quotidien, grand format, feuille simple, imprimée des deux côtés ; prix 10 centimes.

Du 13 au 19 mai 1871, 7 numéros.

Bureaux de vente, 7, rue du Croissant.
Rédaction, 13, rue du Helder.
Imprimerie Kugelmann.
Directeur-gérant, Ed. Sternheim.

N° 1, samedi 13 mai 1871.

NOTRE JOURNAL.

Ceci est un journal de bonne foi, lecteur.

La bonne foi — on l'a dit souvent et l'on ne saurait trop le redire — est la meilleure des politiques. Ce sera la nôtre.

Après tous les effondrements auxquels nous avons la douleur d'assister, au milieu des divisions cruelles qui désolent et ruinent la France, la bonne foi est le seul terrain sur lequel tous les partis puissent arriver à s'entendre et à se concilier.

Un journal qui naît à la publicité affirme d'ordinaire ses principes et son but.

Que voulez-vous? lui demande à bon droit le lecteur.

Ce que nous voulons — et ardemment et de toutes les forces de notre âme — c'est la fin immédiate de cette guerre horrible, monstrueuse, qui ensanglante et déshonore la France, qui fait couler depuis six semaines le sang français à flots, pour la plus grande joie de l'étranger vainqueur, dont nos tristes passions achèvent l'odieuse besogne.

. . . .

Il y a trop longtemps qu'on nous plaint. Nous avons l'habitude d'être admirés, sinon craints. Il nous tarde de rentrer dans notre rôle.

Voilà ce que nous voulons, où nous tendons. Nous n'avons pas d'autre parti pris, d'autre politique. Libres de tous liens, étrangers à toute ambition, sans attaches dans le passé ou dans le présent, bien résolus à rester indépendants dans l'avenir, exclusivement préoccupés des malheurs actuels de la France et de ses légitimes espérances de grandeur, de prospérité et de liberté — nous réclamons et garderons le droit de dire la vérité à tous, sans colère, sans malice, sans arrière pensée — de bonne foi.

La Rédaction.

L'*Indépendance française* ne représente aucun parti politique, son but unique est l'intérêt public et la régénération de la prospérité française par le travail et la paix.

Jacques Bonhomme. Concurrence au *Père Duchêne*, cahier de papier, in-8°, huit pages.

Huit numéros sans date.

Imprimerie, Ch. Schiller, 11, Faubourg Montmartre.

Chaque numéro portait en tête une petite vignette, au-dessous de laquelle on peut lire ces quelques mots : « La Commune ou la mort. » Mais, à partir du n° 4, ces mots furent soigneusement effacés et supprimés.

C'était, de même que le *Père Duchêne*, aussi de grandes colères, des révélations, des remontrances et de grandes indignations.

N° 1.

Ce numéro avait pour titre :

La grande colère de Jacques Bonhomme contre les journalistes qui se moquent du peuple et le dépravent au lieu de l'éclairer, ou le Père Duchêne dévoilé; 2° numéro. Grande remontrance aux citoyens membres de la Commune à propos des mesures dites révolutionnaires. Avec son opinion sur la loi des otages et le système des représailles. — Grande colère contre les bourgeois de Paris et du reste de la France, qui, par leur égoïste abstention, ont prolongé la crise; avec sa motion pour qu'ils interviennent en masse afin d'imposer une conciliation aux belligérants sur des bases vraiment républicaines. — Grande colère contre les motions terroristes et sa deuxième apostrophe aux citoyens membres de la Commune. — Grande remontrance aux citoyens membres de la Commune. — Grandes révélations sur les crimes des prêtres et des religieuses, et les atrocités qu'ils commettent avec la complicité des tyrans. — Et enfin la grande indignation de Jacques Bonhomme à propos des assassinats commis par les mouchards de Versailles sur les gardes nationaux. Horribles détails.

Avec quelques réflexions sur la situation présente.

En ce moment, il ne s'agit pas de vaincre par les armes une armée régulière en rase campagne.

Il lui faut lui résister un temps donné.

Avec la protection des forts et des bastions.

Il faut lui résister à tout prix.

Sous peine de perdre le fruit de quatre-vingts ans de luttes et d'efforts.

De retomber sous la botte des mouchards, sous le canon des prétoriens et le goupillon des prêtres.

Mais pour résister, il faut au courage des gardes nationaux une direction intelligente et énergique.

Un général en chef avec pleins pouvoirs.
Ils seront le bras qui frappe, lui, la tête qui conçoit.
Le succès est à ce prix.
Mais de l'énergie, assez de délibérations.
De l'action, citoyens membres de la Commune, vous supportez le poids d'un lourd fardeau, mais c'est vous qui l'avez voulu ; et je vous enferme dans ce dilemme : lorsque vous avez sollicité votre mandat,

Vous étiez capables, ou vous ne l'étiez pas ;
Si vous l'étiez, pourquoi avez-vous été si négligents ;
Si vous ne l'étiez pas, pourquoi étiez-vous si ambitieux ?
En temps de révolution, l'ambition mal justifiée est un crime.
Le salut de la patrie est dans vos mains.
Veillez, citoyens consuls !

Journal officiel de la République française. Ce journal, qui a subi plusieurs transformations et modifications dont nous allons parler, occupe une place trop intéressante dans l'histoire de la Commune, pour que nous ne lui consacrions pas la plus large place dans cet ouvrage.

Les principaux collaborateurs au *Journal officiel* de Paris, sous la Commune, sont : MM. A. Regnard, Ed. Vaillant, L. X. de Ricart, Maxime Wuillaumez, Henri Bellenger, G. Courbet, E. Maréchal, Charles Limousin, Charles Nel, etc.

Le premier numéro de ce journal, publié par la Commune, fut le n° 79, du 20 mars 1871. Le Comité central lui conserva son titre, son format et son aspect typographique, mais seulement, à partir de cette époque, il ne parut plus que sur une feuille simple au lieu d'une feuille double.

N° 79.

Ce journal contient à sa première colonne, partie officielle, le programme du Comité central de la fédération républicaine de la garde nationale ; nous le reproduisons en entier, ainsi que les divers décrets qui ont été rendus, de même que les proclamations au peuple.

ACTES

DU GOUVERNEMENT RÉVOLUTIONNAIRE

DE PARIS

FÉDÉRATION DE LA GARDE NATIONALE

ORGANE DU COMITÉ CENTRAL

Si le comité central de la garde nationale était un gouvernement, il pourrait, pour la dignité de ses électeurs, dédaigner de se justifier. Mais comme sa première affirmation a été de déclarer qu'il ne prétendait pas « prendre la place de ceux que le souffle populaire avait renversés », tenant à simple honnêteté de rester exactement dans la limite expresse du mandat qui lui a été confié, il demeure un composé de personnalités qui ont le droit de se défendre.

Enfant de la République qui écrit sur sa devise le grand mot de : Fraternité, il pardonne à ses détracteurs ; mais il veut persuader les honnêtes gens qui ont accepté la calomnie par ignorance.

Il n'a pas été occulte : ses membres ont mis leurs noms à toutes ses affiches. Si ces noms étaient obscurs, ils n'ont pas fui la responsabilité, — elle était grande.

Il n'a pas été inconnu, car il était issu de la libre expression des suffrages de deux cent quinze bataillons de la garde nationale.

Il n'a pas été fauteur de désordres, car la garde nationale, qui lui a fait l'honneur d'accepter sa direction, n'a commis ni excès ni représailles, et s'est montrée imposante et forte par la sagesse et la modération de sa conduite.

Et pourtant, les provocations n'ont pas manqué ; et pourtant, le Gouvernement n'a cessé, par les moyens les plus honteux, de tenter l'essai du plus épouvantable des crimes ; la guerre civile.

Il a calomnié Paris et ameuté contre lui la province.

Il a amené contre nous nos frères de l'armée, qu'il a fait mourir de froid sur nos places, tandis que leurs foyers les attendaient.

Il a voulu vous imposer un général en chef.

Il a, par des tentatives nocturnes, tenté de nous désarmer de nos canons, après avoir été empêché par nous de les livrer aux Prussiens.

Il a enfin, avec le concours de ses complices *effarés* de Bordeaux, dit à Paris : « Tu viens de te montrer héroïque ; or, nous avons peur de toi, donc nous t'arrachons ta couronne de capitale. »

Qu'a fait le Comité central pour répondre à ces attaques ? Il a fondé la Fédération ; il a prêché la modération — disons le mot — la générosité ; au moment où l'attaque armée commençait, il disait à tous : « Jamais d'agression, et ne ripostez qu'à la dernière extrémité ! »

Il a appelé à lui toutes les intelligences, toutes les capacités ; il a demandé le concours du corps des officiers ; il a ouvert sa porte chaque fois que l'on y frappait au nom de la République.

De quel côté étaient donc le droit et la justice ? De quel côté était la mauvaise foi ?

Cette histoire est trop courte et trop près de nous, pour que chacun ne l'ait pas encore à la mémoire. Si nous l'écrivons à la veille du jour où nous allons nous retirer, c'est, nous le répétons, pour les honnêtes gens qui ont accepté légèrement des calomnies dignes seulement de ceux qui les avaient lancées.

Un des plus grands sujets de colère de ces derniers contre nous est l'*obscurité de nos noms*. Hélas ! bien des noms étaient connus, trop connus, et cette notoriété nous a été bien fatale!...

Voulez-vous connaître un des derniers moyens qu'ils ont employés contre nous? Ils refusent du pain aux troupes qui ont mieux aimé se laisser désarmer que de tirer sur le peuple. Et ils nous appellent assassins, eux qui punissent le refus d'assassinat par la faim!

D'abord, nous le disons avec indignation : la boue sanglante dont on essaye de flétrir notre honneur est une ignoble infamie. Jamais un arrêt d'exécution n'a été signé par nous ; jamais la garde nationale n'a pris part à l'exécution d'un crime.

Quel intérêt y aurait-elle ? Quel intérêt y aurions-nous ?

C'est aussi absurde qu'infâme.

Au surplus, il est presque honteux de nous défendre. Notre conduite montre, en définitive, ce que nous sommes. Avons-nous brigué des traitements ou des honneurs? Si nous sommes inconnus, ayant pu obtenir, comme nous l'avons fait, la confiance de 215 bataillons, n'est-ce pas parce que nous avons dédaigné de nous faire une propagande? La notoriété s'obtient à bon marché : quelques phrases creuses ou un peu de lâcheté suffit ; un passé tout récent l'a prouvé.

Nous, chargés d'un mandat qui faisait peser sur nos têtes une terrible responsabilité, nous l'avons accompli sans hésitation, sans peur, et dès que nous voici arrivés au but, nous disons au peuple, qui nous a assez estimés pour écouter nos avis, qui ont souvent froissé son impatience. « Voici le mandat que tu nous as confié : là où notre intérêt personnel commencerait, notre devoir finit; fais ta volonté. Mon maître, tu t'es fait libre. Obscurs il y a quelques jours, nous allons rentrer obscurs dans les rangs, et montrer aux gouvernants que l'on peut descendre, la tête haute, les marches de ton Hôtel de Ville, avec la certitude de trouver au bas l'étreinte de ta loyale et robuste main. »

Les membres du Comité central.

AU PEUPLE

Citoyens,

Le peuple de Paris a secoué le joug qu'on essayait de lui imposer.

Calme, impassible dans sa force, il a attendu, sans crainte comme sans provocation, les fous éhontés qui voulaient toucher à la République.

Cette fois, nos frères de l'armée n'ont pas voulu porter la main sur l'arche sainte de nos libertés. Merci à tous, et que Paris et la France jettent ensemble les bases d'une République acclamée avec toutes ses conséquences, le seul Gouvernement qui fermera pour toujours l'ère des invasions et des guerres civiles.

L'état de siége est levé.

Le peuple de Paris est convoqué dans ses sections pour faire ses élections communales.

La sûreté de tous les citoyens est assurée par le concours de la garde nationale.

Hôtel de ville, Paris, ce 19 mars 1871.

Le Comité central de la garde nationale.

Le Comité central de la garde nationale,

    Considérant :

Qu'il y a urgence de constituer immédiatement l'administration communale de la ville de Paris,

ARRÊTE :

1° Les élections du conseil communal de la ville de Paris auront lieu mercredi prochain, 22 mars.

2° Le vote se fera au scrutin de liste et par arrondissement.

Chaque arrondissement nommera un conseiller par chaque vingt mille habitants ou fraction excédante de plus de dix mille.

3° Le scrutin sera ouvert de 8 heures du matin à 6 heures du soir. Le dépouillement aura lieu immédiatement.

4° Les municipalités des vingt arrondissements sont chargées, chacune en ce qui la concerne, de l'exécution du présent arrêté.

Un avis ultérieur indiquera le nombre de conseillers à élire par arrondissement.

Hôtel de ville, Paris, ce 19 mars 1871.

Le Comité central de la garde nationale.

———

Citoyens de Paris,

Dans trois jours, vous serez appelés, en toute liberté, à nommer la municipalité parisienne. Alors, ceux qui, par nécessité urgente, occupent le pouvoir, déposeront leurs titres provisoires entre les mains des élus du peuple.

Il y a en outre une décision importante que nous devons prendre immédiatement : c'est celle relative au traité de paix.

Nous déclarons, dès à présent, être fermement décidés à faire respecter ces préliminaires, afin d'arriver à sauvegarder à la fois le salut de la France républicaine et de la paix générale.

Le délégué du Gouvernement au ministère de l'intérieur,
V. GRÉLIER.

———

AUX GARDES NATIONAUX DE PARIS

Citoyens,

Vous nous aviez chargés d'organiser la défense de Paris et de vos droits.

Nous avons conscience d'avoir rempli notre mission : aidés par votre généreux courage et votre admirable sang-froid, nous avons chassé ce gouvernement qui nous trahissait.

A ce moment, notre mandat est expiré, et nous vous le rapportons, car nous ne prétendons pas prendre la place de ceux que le souffle populaire vient de renverser.

Préparez donc et faites de suite vos élections communales, et donnez-nous pour récompense la seule que nous ayons jamais espérée : celle de vous voir établir la véritable République.

En attendant, nous conservons, au nom du peuple, l'Hôtel de Ville.

Hôtel de ville, Paris, ce 19 mars 1871.

Le Comité central de la garde nationale.

Assi, Billioray, Ferrat, Babick, Edouard Moreau, C. Dupont, Varlin, Boursier, Mortier, Gouhier, Lavalette, Fr. Jourde, Rousseau, Ch. Lullier, Blanchet, J. Grollard, Barroud, H. Géresme, Fabre, Fougeret.

AUX DÉPARTEMENTS

Le peuple de Paris, après avoir donné depuis le 3 septembre, une preuve incontestable et éclatante de son patriotisme et de son dévouement à la République ; après avoir supporté avec une résignation et un courage au-dessus de tout éloge les souffrances et les luttes d'un siége long et pénible, vient de se montrer de nouveau à la hauteur des circonstances présentes et des efforts indispensables que la patrie était en droit d'attendre de lui.

Par son attitude calme, imposante et forte, par son esprit d'ordre républicain, il a su rallier l'immense majorité de la garde nationale, s'attirer les sympathies et le concours actif de l'armée, maintenir la tranquillité publique, éviter l'effusion du sang, réorganiser les services publics, respecter les conventions internationales et les préliminaires de paix.

Il espère que toute la presse reconnaîtra et constatera son esprit d'ordre républicain, son courage et son dévouement, et que les calomnies ridicules et odieuses, répandues depuis quelques jours en province, cesseront.

Les départements, éclairés et désabusés, rendront justice au peuple de la capitale, et ils comprendront que l'union de toute la nation est indispensable au salut commun.

Les grandes villes ont prouvé, lors des élections de 1869 et du plébiscite, qu'elles étaient animées du même esprit républicain que Paris ; les nouvelles autorités républicaines espèrent donc qu'elles lui apporteront leur concours sérieux et énergique dans les circonstances présentes, et qu'elles les aideront à mener à bien l'œuvre de régnération et de salut qu'elles ont entreprise au milieu des plus grands périls.

Les campagnes seront jalouses d'imiter les villes ; la France tout entière, après les désastres qu'elle vient d'éprouver, n'aura qu'un but : assurer le salut commun.

C'est là une grande tâche, digne du peuple tout entier, et il n'y faillira pas.

La province, en s'unissant à la capitale, prouvera à l'Europe et au monde que la France tout entière veut éviter toute division intestine, toute effusion de sang.

Les pouvoirs actuels sont essentiellement provsioires, et ils seront remplacés par un conseil communal qui sera élu mercredi prochain, 22 courant.

Que la province se hâte donc d'imiter l'exemple de la capitale en s'organisant d'une façon républicaine, et qu'elle se mette au plus tôt en rapport avec elle au moyen de délégués.

Le même esprit de concorde, d'union, d'amour républicain nous inspirera tous. N'ayons qu'un espoir, qu'un but : le salut de la patrie et le triomphe définitif de la République démocratique, une et indivisible.

Les délégués du JOURNAL OFFICIEL.

A LA PRESSE

Les autorités républicaines de la capitale veulent faire respecter la liberté de la presse, ainsi que toutes les autres ; elles espèrent que tous les journaux comprendront que le premier de leurs devoirs est le respect dû à la République, à la vérité, à la justice et au droit, qui sont placés sous la sauvegarde de tous.

L'état de siége est levé dans le département de la Seine.

Les conseils de guerre de l'armée permanente sont abolis.

Amnistie pleine et entière est accordée pour tous les crimes et délits politiques.

Le nouveau Gouvernement de la République vient de prendre possession de tous les ministères et de toutes les administrations.

Cette occupation, opérée par la garde nationale, impose de grands devoirs aux citoyens qui ont accepté cette tâche difficile.

L'armée, comprenant enfin la position qui lui était faite et les devoirs qui lui incombaient, a fusionné avec les habitants de la cité : troupes de ligne, mobiles et marins se sont unis pour l'œuvre commune.

Sachons donc profiter de cette union pour resserrer nos rangs, et, une fois pour toutes, asseoir la République sur des bases sérieuses et impérissables !

Que la garde nationale, unie à la ligne et à la mobile, continue son service avec courage et dévouement !

Que les bataillons de marche, dont les cadres sont encore presque au complet, occupent les forts et toutes les positions avancées, afin d'assurer la défense de la capitale.

Les municipalités des arrondissements, animées du même zèle et du même patriotisme que la garde nationale et l'armée, se sont unies à elles pour assurer le salut de la République et préparer les élections du conseil communal qui vont avoir lieu.

Point de divisions ! Unité parfaite et liberté pleine et entière !

Citoyens,

La journée du 18 mars, que l'on cherche, par raison et intérêt, à travestir d'une manière odieuse, sera appelée dans l'histoire : la journée de la justice du peuple !

Le gouvernement déchu, — toujours maladroit, — a voulu provoquer un conflit sans s'être rendu compte ni de son impopularité, ni de la confraternité des différentes armes. — L'armée entière, commandée pour être fratricide, a répondu à cet ordre par le cri de : Vive la République ! Vive la garde nationale !

Seuls, deux hommes qui s'étaient rendus impopulaires par

des actes que nous qualifions dès aujourd'hui d'iniques, ont été frappés d'indignation populaire.

Le comité de la Fédération de la garde nationale, pour rendre hommage à la vérité, déclare qu'il est étranger à ces deux exécutions.

Aujourd'hui, les ministères sont constitués ; la préfecture de police fonctionne, les administrations reprennent leur activité, et nous invitons tous les citoyens à maintenir le calme et l'ordre le plus parfait.

Citoyens,

Vous avez vu à l'œuvre la garde nationale ; l'union, établie au milieu de tant de difficultés par le comité de la Fédération de la garde nationale, a montré ce que nous aurions pu faire et ce que nous ferons dans l'avenir.

N° 80, 21 mars.

Paris, depuis le 18 mars, n'a d'autre gouvernement que celui du peuple : c'est le meilleur.

Jamais révolution ne s'est accomplie dans des conditions pareilles à celles où nous sommes.

Paris est devenu ville libre.

Sa puissante centralisation n'existe plus.

La monarchie est morte de cette constatation d'impuissance.

Dans cette ville libre, chacun a le droit de parler, sans prétendre influer en quoi que ce soit sur les destinées de la France.

Or, Paris demande :

1° L'élection de la mairie de Paris ;

2° L'élection des maires, adjoints et conseillers municipaux des vingt arrondissements de la ville de Paris ;

3° L'élection de tous les chefs de la garde nationale, depuis le premier jusqu'au dernier ;

4° Paris n'a nullement l'intention de se séparer de la France ; loin de là, il a souffert pour elle l'empire, le gouvernement de la défense nationale, toutes ses trahisons et toutes ses lâchetés. Ce n'est pas, à coup sûr, pour l'abandonner aujourd'hui, mais seulement pour lui dire, en qualité de sœur aînée : Soutiens-toi toi-même comme je me suis soutenu ; oppose-toi à l'oppression comme je m'y suis opposé !

Le commandant délégué à l'ex-préfecture de police,
E. DUVAL.

FÉDÉRATION RÉPUBLICAINE DE LA GARDE NATIONALE

Hôtel de ville, 20 mars 1871, 6 h. du soir.

De nombreux repris de justice, rentrés à Paris, ont été envoyés pour commettre quelques attentats à la propriété, afin que nos ennemis puissent nous accuser encore.

Nous engageons la garde nationale à la plus grande vigilance dans ses patrouilles.

Chaque caporal devra veiller à ce qu'aucun étranger ne se glisse, caché sous l'uniforme, dans les rangs de son escouade.

C'est l'honneur du peuple qui est en jeu ; c'est au peuple à le garder.

ANT. ARNAUD, G. ARNOLD, ASSI, ANDIGNOUX, BOUIT, JULES BERGERET, BABICK, BOURSIER, BARON, BILLIORAY, BLANCHET, CASTIONI, CHOUTEAU, C. DUPONT, FERRAT, HENRI FORTUNÉ, FABRE, FOUGERET, C. GAUDIER, GOUHIER, GERESME, GROLLARD, JOSSELIN, FR. JOURDE, MAXIME LISBONNE, LAVALETTE, CH. LULLIER, MALJOURNAL, MOREAU, MORTIER, PRUDHOMME, ROUSSEAU, RANVIER, VARLIN, VIARD.

COMITÉ CENTRAL DE LA GARDE NATIONALE

Citoyens,

En quittant Paris, le pouvoir qui vient de crouler sous le mépris populaire a paralysé, désorganisé tous les services publics.

Une circulaire a enjoint à tous ses employés de se rendre à Versailles.

La télégraphie, ce service utile entre tous dans ces moments de crise suprême, de rénovation, n'a pas été oubliée dans ce complot monarchique. *Tous les services, toutes les communications avec la province sont interrompus.* On veut nous tromper. Les employés sont à Versailles — avec le roi.

En attendant, et pour consacrer tout entières à l'œuvre du moment les forces qui nous restent, nous suspendons, à partir d'aujourd'hui, le service de la télégraphie privée dans Paris.

Le directeur général,
J. LUCIEN COMBATZ.

Le comité de la Fédération républicaine et le comité central de la garde nationale ont opéré leur fusion et adopté les statuts suivants :

FÉDÉRATION RÉPUBLICAINE DE LA GARDE NATIONALE

STATUTS

Déclarations préalables.

La République est le seul gouvernement possible ; elle ne peut être mise en discussion.

La garde nationale a le droit absolu de nommer tous ses chefs et de les révoquer dès qu'ils ont perdu la confiance de ceux qui les ont élus ; toutefois, après une enquête préalablement destinée à sauvegarder les droits de la justice.

Art. 1er. La Fédération républicaine de la garde nationale est organisée ainsi qu'il suit :

1° L'assemblée générale des délégués ;
2° Le cercle de bataillon ;
3° Le conseil de guerre ;
4° Le comité central.

Art. 2. L'assemblée générale est formée :

1° D'un délégué élu à cet effet dans chaque compagnie, sans distinction de grade ;

2° D'un officier par bataillon, élu par le corps des officiers ;

3° Du chef de chaque bataillon.

Ces délégués, quels qu'ils soient, sont toujours révocables par ceux qui les ont nommés.

Art. 3. Le cercle de bataillon est formé :

1° De trois délégués par compagnie, élus sans distinction de grade.

2° De l'officier délégué à l'assemblée générale ;

3° Du chef de bataillon.

Art. 4. Le conseil de légion est formé :

1° De deux délégués par cercle de bataillon élus sans distinction de grade ;

2° Des chefs de bataillon de l'arrondissement.

Art. 5. Le comité central est formé :

1° De deux délégués par arrondissement, élus sans distinction de grade par le conseil de légion ;

2° D'un chef de bataillon par légion, élu par ses collègues.

Art. 6. Les délégués aux cercles de bataillon, conseil de légion et comité central sont les défenseurs naturels de tous les intérêts de la garde nationale. Ils devront veiller au maintien de l'armement de tous les corps spéciaux et autres de ladite garde, et prévenir toute tentative qui aurait pour but le renversement de la République.

Ils ont également pour mission d'élaborer un projet de réorganisation complète des forces nationales.

Art. 7. Les réunions de l'assemblée générale auront lieu les premiers dimanches du mois, sauf l'urgence.

Les diverses fractions constituées de la Fédération fixeront par un règlement intérieur les modes, lieux et heures de leurs délibérations.

Art. 8. Pour subvenir aux frais généraux d'administration, de publicité et autres du comité central, il sera établi dans chaque compagnie une cotisation qui devra produire au minimum un versement mensuel de cinq francs, lequel sera effectué du 1er au 5 du mois, entre les mains du trésorier, par les soins des délégués.

Art. 9. Il sera délivré à chaque délégué, membre de l'assemblée générale, une carte personnelle qui lui servira d'entrée à ses réunions.

Art. 10. Tous les gardes nationaux sont solidaires, et les délégués de la Fédération sont placés sous la sauvegarde immédiate et directe de la garde nationale tout entière.

Tous les journaux réactionnaires publient des récits plus ou moins dramatiques sur ce qu'ils appellent « l'assassinat » des généraux Lecomte et Clément Thomas.

Sans doute, ces actes sont regrettables.

Mais il importe, pour être impartial, de constater deux faits :

1° Que le général Lecomte avait commandé à quatre reprises, sur la place Pigalle, de charger une foule inoffensive de femmes et d'enfants ;

2° Que le général Thomas a été arrêté au moment où il levait, en vêtements civils, un plan des barricades de Montmartre.

Ces deux hommes ont donc subi la loi de la guerre, qui n'admet ni l'assassinat des femmes ni l'espionnage.

On nous raconte que l'exécution du général Lecomte a été opérée par des soldats de la ligne, et celle du général Clément Thomas par des gardes nationaux.

Il est faux que ces exécutions aient eu lieu sous les yeux et par les ordres du comité central de la garde nationale. Le comité central siégeait avant-hier rue Onfroy, près de la Bastille, jusqu'à l'heure où il a pris possession de l'Hôtel de Ville ; et il a appris, en même temps, l'arrestation et la mort des deux victimes de la justice populaire.

Ajoutons qu'il a ordonné une enquête immédiate sur ces faits.

N° 81, 21 mars.

Voici la proclamation des députés et maires de Paris :

Citoyens,

Pénétrés de la nécessité absolue de sauver Paris et la République en écartant toute cause de collision, et convaincus que le meilleur moyen d'atteindre ce but suprême est de donner satisfaction aux vœux légitimes du peuple, nous avons résolu de demander aujourd'hui même à l'Assemblée nationale l'adoption de deux mesures qui, nous en avons l'espoir, contribueront, si elles sont adoptées, à ramener le calme dans les esprits.

Ces deux mesures sont : l'élection de tous les chefs de la garde nationale et l'établissement d'un conseil municipal élu par tous les citoyens.

Ce que nous voulons, ce que le bien public réclame en toute circonstance et ce que la situation présente rend plus indispensable que jamais, c'est l'ordre dans la liberté et par la liberté.

○ Vive la France! Vive la République!

(Suivent les signatures.)

N° 82, 23 mars.

COMITÉ CENTRAL

Citoyens,

Le Comité central a reçu du quartier général prussien la dépêche suivante :

COMMANDEMENT EN CHEF DU 3ᵉ CORPS D'ARMÉE

Au commandant actuel de Paris

Quartier général de Compiègne, le 21 mars 1871.

Le soussigné, commandant en chef, prend la liberté de vous informer que les troupes allemandes qui occupent les forts du nord et de l'est de Paris, ainsi que les environs de la rive droite de la Seine ont reçu l'ordre de garder une attitude amicale et passive tant que les événements dont l'intérieur de Paris est le théâtre ne prendront point, à l'égard des armées allemandes, un caractère hostile et de nature à les mettre en danger, mais se maintiendront dans les formes arrêtées par les préliminaires de la paix.

Mais, dans le cas où ces événements auraient un caractère d'hostilité, la ville de Paris serait traitée en ennemie.

Pour le commandant en chef du 3e corps,
des armées impériales,

Le chef du quartier général,

Signé : VON SCHLOTHEIM,
Major général.

Le délégué du Comité central aux relations extérieures a répondu :

Paris, le 22 mars 1871.

Au commandant en chef du 3e corps des armées impériales prussiennes

Le soussigné, délégué du Comité central aux affaires extérieures, en réponse à votre dépêche en date de Compiègne, 21 mars courant, vous informe que la révolution accomplie à Paris par le Comité central, ayant un caractère essentiellement municipal, n'est en aucune façon agressive contre les armées allemandes.

Nous n'avons pas qualité pour discuter les préliminaires de la paix votés par l'Assemblée de Bordeaux.

Le Comité central et son délégué aux affaires extérieures.

N° 83, 24 mars.

Paris, le 23 mars 1871.

De nombreux agents bonapartistes et orléanistes ont été surpris faisant des distributions d'argent pour détourner les habitants de leurs devoirs civiques.

Citoyens,

Demain aura lieu l'élection de l'Assemblée communale, demain la population de Paris viendra confirmer de son vote l'expression de sa volonté, si ouvertement manifestée le 18 mars par l'expulsion d'un pouvoir provocateur qui semblait n'avoir d'autre but que d'achever l'œuvre de ses prédécesseurs, et de consommer ainsi par la destruction de la République la ruine du pays.

Par cette révolution sans précédents dans l'histoire, et dont la grandeur apparait chaque jour davantage, Paris a fait un éclatant effort de justice. Il a affirmé l'union indissoluble dans son esprit des idées d'ordre et de liberté, seuls fondements de la République.

A ceux que nos désastres avaient rendus maîtres de nos destinées, et qui s'étaient donné pour tâche d'annuler sa vie politique et sociale, Paris a répondu par l'affirmation du droit imprescriptible de toute cité, comme de tout pays, de s'administrer soi-même, de diriger les faits de sa vie intérieure, municipale, laissant au gouvernement central l'administration générale, la direction politique du pays.

Il n'y a pas de pays libre là où l'individu et la cité ne sont pas libres, il n'y aurait pas de République en France si la capitale du pays n'avait pas le droit de s'administrer elle-même.

C'est ce droit qu'on n'oserait contester aux plus modestes bourgades que l'on ne veut pas reconnaître à Paris, parce que l'on craint son amour de la liberté, sa volonté inébranlable de maintenir la République que la révolution communale du 18 mars a affirmée et que vous confirmerez par votre vote de demain.

Huit jours se sont écoulés depuis que Paris s'est délivré, depuis que la grande cité est maîtresse d'elle-même, et huit jours de liberté sans contrainte ont montré à tout juge impartial de quel côté était l'amour de l'ordre, la conscience du droit.

Que demandons-nous?
Le maintien de la République comme gouvernement seul possible et indiscutable.

Le droit commun pour Paris, c'est-à-dire un conseil communal élu.

La suppression de la préfecture de police, que le préfet de Kératry avait lui-même réclamée.

La suppression de l'armée permanente et le droit pour vous, garde nationale, d'être seule à assurer l'ordre dans Paris.

Le droit de nommer tous nos chefs.

Enfin, la réorganisation de la garde nationale sur des bases qui donneraient des garanties au peuple.

Comment le gouvernement a-t-il répondu à cette revendication légitime ?

Il a rétabli l'état de siége tombé en désuétude, et donné le commandement à Vinoy, qui s'est installé la menace à la bouche.

Il a porté la main sur la liberté de la presse en supprimant six journaux.

Il a nommé au commandement de la garde nationale un général impopulaire, qui avait mission de l'assujettir à une discipline de fer et de la réorganiser sur les vieilles bases anti-démocratiques.

Il nous a mis la gendarmerie à la préfecture dans la personne du général Valentin, ex-colonel de gendarmes.

L'Assemblée même n'a pas craint de souffleter Paris qui venait de prouver son héroïsme.

Nous gardions, jusqu'à notre réorganisation, des canons payés par nous et que nous avions soustraits aux Prussiens. On a tenté de s'en emparer par des entreprises nocturnes et les armes à la main.

On ne voulait rien accorder : il fallait obtenir, et nous nous sommes levés pacifiquement, mais en masse.

On nous objecte aujourd'hui que l'Assemblée, saisie de peur, nous promet, pour un temps (non déterminé), l'élection communale et celle de nos chefs, et que, dès lors, notre résistance au pouvoir n'a plus à se prolonger.

La raison est mauvaise. Nous avons été trompés trop de fois pour ne l'être pas encore ; la main gauche, tout au moins, reprendrait ce qu'aurait donné la droite, et le peuple, encore une fois évincé, serait une fois de plus la victime du mensonge et de la trahison.

Voyez, en effet, ce que le gouvernement fait déjà !

Il vient de jeter à la Chambre, par la voix de Jules Favre, le plus épouvantable appel à la guerre civile, à la destruction de Paris par la province, et déverse sur nous les calomnies les plus odieuses.

Citoyens,

Notre cause est juste, notre cause est la vôtre ; joignez-vous donc à nous pour son triomphe. Ne prêtez pas l'oreille aux conseils de quelques hommes soldés qui cherchent à semer la division dans nos rangs ; et, enfin, si vos convictions sont autres, venez donc protester par des bulletins blancs, comme c'est le devoir de tout bon citoyen.

Déserter les urnes n'est pas prouver qu'on a raison ; c'est, au contraire, user de subterfuge pour s'assimiler, comme voix d'abstentions, les défaillances des indifférents, des paresseux ou des citoyens sans foi politique.

Les hommes honnêtes répudient d'habitude de semblables compromissions.

Avant l'accomplissement de l'acte après lequel nous devons disparaître, nous avons voulu tenter cet appel à la raison et à la vérité.

Notre devoir est accompli.

Hôtel de ville, 24 mars 1871.

(Suivent les signatures).

On voit placardée sur une des portes de l'Hotel de Ville l'affiche suivante :

RÉPUBLIQUE FRANÇAISE.

Liberté — Egalité — Fraternité — Justice

MORT AUX VOLEURS

Tout individu pris en flagrant délit de vol sera immédiatement fusillé.

MINISTÈRE DES FINANCES.

La perception des octrois sera effectuée comme par le passé. Les mesures les plus énergiques seront prises contre les employés de ce service qui n'accompliraient pas leurs versements, par voie administrative, à la délégation des finances du Comité central.

*Les délégués au ministère des finances,
membres du Comité central,*

VARLIN, FR. JOURDE.

COMITÉ CENTRAL.

Citoyens,

Votre légitime colère nous a placés, le 18 mars, au poste que nous ne devions occuper que le temps strictement nécessaire pour procéder aux élections communales.

Vos maires, vos députés, répudiant les engagements pris à l'heure où ils étaient des candidats, ont tout mis en œuvre pour entraver ces élections, que nous voulions faire à bref délai.

La réaction soulevée par eux, nous déclare la guerre.

Nous devons accepter la lutte et briser la résistance, afin que vous puissiez y procéder dans le calme de votre volonté et de votre force.

En conséquence, les élections sont remises au dimanche prochain, 26 mars.

Jusque-là, les mesures les plus énergiques seront prises pour faire respecter les droits que vous avez revendiqués.

Hôtel de ville, 22 mars 1871.

Le Comité central de la garde nationale,

N° 84, 25 mars.

Considérant que la situation réclame des mesures rapides ;
Que de tous côtés des commandements supérieurs, continuant

les errements du passé, ont, par leur inaction, amené l'état de choses actuel; que la réaction monarchique a empêché jusqu'ici, par l'émeute et le mensonge, les élections qui auraient constitué le seul pouvoir légal de Paris;

En conséquence le comité arrête :

Les pouvoirs militaires de Paris sont remis aux délégués

Brunel,
Eudes,
Duval,

Ils ont le titre de généraux et agiront de concert, en attendant l'arrivée du général Garibaldi, acclamé comme général en chef.

Du courage encore et toujours, et les traîtres seront déjoués.

Vive la République !

Paris, le 24 mars 1871.

Le Comité central de la garde nationale.

Citoyens,

Appelés par le Comité central au poste grand et périlleux de commander provisoirement la garde nationale républicaine, nous jurons de remplir énergiquement cette mission, afin d'assurer le rétablissement de l'entente sociale entre tous les citoyens.

Nous voulons l'ordre... mais non celui que patronnent les régimes déchus, en assassinant les factionnaires paisibles et en autorisant les abus.

Ceux qui provoquent à l'émeute n'hésitent pas, pour arriver à leur but de restaurations monarchiques, à se servir de moyens infâmes ; ils n'hésitent pas à affamer la garde nationale en séquestrant la Banque et la Manutention.

Le temps n'est plus au parlementarisme ; il faut agir, et punir sévèrement les ennemis de la République.

Tout ce qui n'est pas avec nous est contre nous.

Paris veut être libre. La contre-révolution ne l'effraye pas ; mais la grande cité ne permet pas qu'on trouble impunément l'ordre public.

Vive la République.

Les généraux commandants,

BRUNEL, E. DUVAL, E. EUDES.

Citoyens gardes nationaux,

Brutalement provoqués, vous vous êtes levés spontanément pour assurer par votre attitude la mission que vous nous aviez confiée.

La tâche est ardue pour tous : elle comporte beaucoup de fatigues, beaucoup de résolution, et chacun a fait preuve du sentiment de ses devoirs.

Quelques bataillons cependant, égarés par des chefs réactionnaires, ont cru devoir entraver notre mouvement par une opposition incompréhensible, puisqu'elle apporte un obstacle aux volontés de la garde nationale.

Des maires, des députés, oublieux de leurs mandats, ont encouragé cette résistance

Une partie de la presse, qui ne voit pas sans dépit l'avénement du monde des travailleurs, a répandu sur nous les calomnies les plus absurdes, rééditant les épithètes de communistes, de partageux, de pillards, de buveurs de sang, etc. ; et des citoyens craintifs ont ajouté foi à ces mensonges. Mais nous avons laissé passer cet orage ; nous apportions les libertés soustraites ; et, bien qu'on s'en servît contre nous, nous avons dédaigné l'abus.

On a agité le fantôme prussien, menacé du bombardement, de l'occupation, etc, etc., et les Prussiens qui nous ont jugés à notre valeur, ont répondu en reconnaissant notre droit.

La cause de la démocratie, la cause du peuple, la sainte cause de la justice et de la liberté doit triompher de tous les obstacles, et elle en triomphera.

Quant à nous, surs du succès de l'œuvre commune, nous vous remercions avec effusion de votre dévouement en face des fatigues d'un service extraordinaire ; nous comptons sur votre courage pour aller avec nous jusqu'au bout. Nos adversaires, mieux éclairés, quand ils auront compris la légitimité de nos revendications, viendront à nous, ils y viennent déjà chaque jour ; et dimanche, au scrutin, il n'y aura définitivement au chiffre des abstentions que ceux qui caressaient traîtreusement l'espérance d'un retour à la monarchie et à tous les priviléges et aux institutions plus ou moins féodales qui en sont le cortége obligé.

Citoyens, gardes nationaux,

Nous comptons sur votre courage, sur vos efforts persévérants, sur votre abnégation et votre bon vouloir en présence des charges du service, des croisements d'ordre qui peuvent se produire, et de vos fatigues de tous les jours.

Marchons fermement au but sauveur : l'établissement définitif de la République par le contrôle permanent de la Commune, appuyée par cette seule force : la garde nationale élective dans tous les grades.

Quand nous pourrons avoir les yeux partout où se traitent nos affaires, partout où se préparent nos destinées, alors, mais seulement alors, on ne pourra plus étrangler la République.

Hôtel de ville, 24 mars 1871.

(*Suivent les signatures.*)

Citoyens,

La cause de nos divisions repose sur un malentendu. En adversaires loyaux, voulant le dissiper, nous exprimerons encore nos légitimes griefs.

Le gouvernement, suspect à la démocratie par sa composition même, avait néanmoins été accepté par nous, en nous réservant de veiller à ce qu'il ne trahit pas la République, après avoir trahi Paris.

Nous avons fait, sans coup férir, une révolution : c'était un devoir sacré ; en voici les épreuves.

Né de la revendication de justice qui a produit la révolution du 18 mars, le Comité central a été installé à l'Hôtel de ville, non comme gouvernement, mais comme la sentinelle du peuple, comme le comité de vigilance et d'organisation, tenu de veiller à ce qu'on n'enlevât pas au peuple par surprise ou intrigue le fruit de sa victoire, chargé d'organiser la manifestation définitive de la volonté populaire, c'est-à-dire l'élection libre d'une assemblée qui représente, non pas seulement les idées, mais aussi les intérêts de la population parisienne.

Le jour même où l'Assemblée communale sera installée, le jour où les résultats du scrutin seront proclamés, le Comité central déposera ses pouvoirs, et il pourra se retirer, fier d'avoir rempli son devoir, heureux d'avoir terminé sa mission.

Quant à Paris, il sera vraiment l'arbitre de ses destinées ; il aura trouvé dans son Assemblée communale l'organe nécessaire pour représenter ses intérêts et les défendre en face des intérêts des autres parties du pays et devant le pouvoir national central.

Il pourra résoudre lui-même, après enquêtes et débats contradictoires sans immixtions injustes et violentes, où les notions de droit et de justice sont impudemment violées au profit des factions monarchiques, ces questions si complexes d'intérêts communaux et privés, devenues plus complexes et plus délicates encore après la longue épreuve qu'il vient de subir si courageusement pour sauver le pays.

Il pourra enfin décider lui-même quelles sont les mesures qui permettront au plus tôt sans froissements et sans secousses d'amener la reprise des affaires et du travail.

Une République ne vit ni de fantaisies administratives coûteuses ni de spéculations ruineuses, mais de liberté, d'économie, de travail et d'ordre. La République doit établir l'harmonie des intérêts, et non les sacrifier les uns aux autres. Les questions d'échéances, de loyers, ne peuvent être réglées que par les représentants de la ville, soutenus par leurs concitoyens, toujours appelés, toujours entendus. Pas plus que tout ce qui regarde les intérêts de la cité, elles ne peuvent être abandonnées aux caprices d'un pouvoir qui n'obéit le plus souvent qu'à l'esprit de parti.

Il en est de même de la question du travail, du travail seule base de la vie publique, seule assise des affaires honnêtes et loyales ; les citoyens qu'une guerre engagée et soutenue par des gouvernements sans contrôle a arrachés au travail ne peuvent être plongés, par une brusque suppression de solde, dans la misère et le chômage.

Il y a une période de transition dont on doit tenir compte, une solution qui doit être cherchée de bonne foi, un devoir de crédit au travail, qui arrachera le travailleur à une misère immédiate et lui permettra d'arriver rapidement à son émancipation définitive.

Ces questions et bien d'autres devront être résolues par votre conseil communal, et pour chacune d'elles il ne pourra se décider que suivant les droits de tous, car il ne se prononcera qu'après les avoir consultés, car, responsable et révocable, il sera sous la surveillance continuelle des citoyens.

Enfin, il aura à traiter des rapports de la cité avec le gouvernement central, de façon à assurer et garantir son indépendance et l'autonomie de la Commune.

Au vote donc, citoyens, que chacun de vous comprenne la grandeur du devoir qui lui incombe, de l'acte qu'il va accomplir, et qu'il sache qu'en jetant dans l'urne son bulletin de vote, il fonde à jamais la liberté, la grandeur de Paris, il conserve à la France la République, et fait pour la République ce que naguère il faisait si vaillamment devant l'ennemi : son devoir.

25 mars 1871.

Les délégués à l'intérieur,
ANT. ARNAUD, ED. VAILLANT.

Vous êtes appelés à élire votre Assemblée communale (le conseil municipal de la ville de Paris).

Pour la première fois depuis le 4 septembre, la République est affranchie du gouvernement de ses ennemis.

Conformément au droit républicain, vous vous convoquez vous-mêmes, par l'organe de votre Comité, pour donner aux hommes que vous-mêmes aurez élus un mandat que vous-mêmes aurez défini.

Votre souveraineté vous est rendue tout entière ; vous vous appartenez complétement ; profitez de cette heure précieuse, unique peut-être, pour ressaisir les libertés communales dont jouissent ailleurs les plus humbles villages, et dont vous êtes depuis si longtemps privés.

En donnant à votre ville une forte organisation communale, vous y jetterez les premières assises de votre droit, indestructible base de vos institutions républicaines.

Le droit de la cité est aussi imprescriptible que celui de la nation ; la cité doit avoir, comme la nation, son assemblée, qui s'appelle indistinctement assemblée municipale ou communale, ou commune.

C'est cette assemblée qui, récemment, aurait pu faire la force et le succès de la défense nationale, et, aujourd'hui, peut faire la force et le salut de la République.

Cette assemblée fonde l'ordre véritable, le seul durable, en l'appuyant sur le consentement souvent renouvelé d'une majorité souvent consultée, et supprime toute cause de conflit, de guerre civile et de révolution, en supprimant tout antagonisme entre l'opinion politique de Paris et le pouvoir exécutif central.

Elle sauvegarde à la fois le droit de la cité et le droit de la nation, celui de la capitale et celui de la province, fait leur juste part aux deux influences, et réconcilie les deux esprits.

Enfin, elle donne à la cité une milice nationale qui défend les citoyens contre le pouvoir, au lieu d'une armée permanente qui défend le pouvoir contre les citoyens, et une police municipale qui poursuit les malfaiteurs, au lieu d'une police politique qui poursuit les honnêtes gens.

Cette assemblée nomme dans son sein des comités spéciaux qui se partagent ses attributions diverses (instruction, travail, finances, assistance, garde nationale, police, etc.).

Les membres de l'assemblée municipale, sans cesse contrôlés, surveillés, discutés par l'opinion, sont révocables, comptables et responsables ; c'est une telle assemblée, la ville libre dans le pays libre, que vous allez fonder. Citoyens, vous tiendrez à honneur de contribuer par votre vote à cette fondation. Vous voudrez conquérir à Paris la gloire d'avoir posé la première pierre du nouvel édifice social, d'avoir élu, le premier, sa commune républicaine.

Citoyens,

Paris ne veut pas régner, mais il veut être libre ; il n'ambitionne pas d'autre dictature que celle de l'exemple ; il ne prétend ni imposer ni abdiquer sa volonté ; il ne se soucie pas plus de lancer des décrets que de subir des plébiscites ; il démontre le mouvement en marchant lui-même, et prépare la liberté des autres en fondant la sienne. Il ne pousse personne violemment dans les voies de la République ; il est content d'y entrer le premier.

Hôtel de ville, 22 mars 1871.

(*Suivent les signatures*).

N° 85, 26 mars.

Le Comité central de la garde nationale, auquel se sont ralliés les députés de Paris, les maires et adjoints, convaincus que le seul moyen d'éviter la guerre civile, l'effusion du sang à Paris, et, en même temps d'affermir la République, est de procéder à des élections immédiates, convoquent pour demain dimanche tous les citoyens dans les colléges électoraux.

Les habitants de Paris comprendront que, dans les circonstances actuelles, le patriotisme les oblige à venir tous au vote, afin que les élections aient ce caractère sérieux qui, seul, peut assurer la paix dans la cité.

Les bureaux seront ouverts à huit heures du matin et fermés à minuit.

Vive la République !

Les maires et adjoints de Paris,

1er arrondiss., AD. ADAM, MÉLINE, adjoints. — 2e, ÉMILE BRELAY, LOISEAU-PINSON, adjoints. — 3e, BONVALET, maire ; CH. MURAT, adjoint. — 4e, VAUTRAIN, maire ; DE CHATILLON, LOISEAU, adjoints. — 5e, JOURDAN, COLLIN, adjoints. — 6e, LEROY, adjoint. — 9e DESMARETS, maire ; E. FERRY, ANDRÉ, NAST, adjoints. — 10e, A.

Murat, adjoint. — 11e, Mottu, maire; Blanchon, Poirier, Tolain, adjoints. — 12e, Grivot, maire; Denizot, Dumas, Turillon, adjoints. — 13e, Combes, Léo Meillet, adjoints. — 15e, Jobé-Duval, Sextius-Michel, adjoints. — 16e, Chaudet, Sevestre, adjoints· — 17e, Fr. Favre, maire; Malon, Villeneuve, Cacheux, adjoints. — 18e, Clémenceau, maire; J.-A. Lafont, Dereure, Jaclard, adjoints. — 19e, Deveaux, Satory, adjoints.

Les représentants de la Seine présents à Paris,

Lockroy, Floquet, Tolain, Clémenceau, V. Schœlcher, Greppo.

Le Comité central de la garde nationale,

Avoine fils, Ant. Arnaud, G. Arnold, Assi, Andignoux, Bouit, Jules Bergeret, Babyck, Barou, Billioray, Blanchet, L. Boursier, Castioni, Chouteau, C. Dupont, Fabre, Ferrat, Henri Fortuné, Fleury, Fougeret, C. Gaudier, Gouhier, H. Géresme, Grelier, Grolard, Jourde, Josselin, Lavalette, Lisbonne, Maljournal, Édouard Moreau, Mortier, Prudhomme, Rousseau, Ranvier, Varlin.

La déclaration que l'on vient de lire avait été précédée des proclamations suivantes, que nous publions à titre de documents :

COMITÉ CENTRAL.

Citoyens,

Entraînés par notre ardent désir de conciliation, heureux de réaliser cette fusion, but incessant de tous nos efforts, nous avons loyalement ouvert à ceux qui nous combattaient une main fraternelle. Mais la continuité de certaines manœuvres, et notamment le transfert nocturne de mitrailleuses à la mairie du IIᵉ arrondissement nous obligent à maintenir notre résolution première.

Le vote aura lieu dimanche 26 mars.

Si nous nous sommes mépris sur la pensée de nos adversaires, nous les invitons à nous le témoigner en s'unissant à nous dans le vote commun de dimanche.

Hôtel de ville, 25 mars 1871.

Les membres du Comité central :

(Suivent les signatures.)

N° 86, 27 mars.

Citoyens,

Notre mission est terminée ; nous allons céder la place dans votre Hôtel de Ville à vos nouveaux élus, à vos mandataires réguliers.

Aidés par votre patriotisme et votre dévouement, nous avons pu mener à bonne fin l'œuvre difficile entreprise en votre nom. Merci de votre concours persévérant ; la solidarité n'est plus un vain mot : le salut de la République est assuré.

Si nos conseils peuvent avoir quelque poids dans vos résolutions, permettez à vos plus zélés serviteurs de vous faire connaître, avant le scrutin, ce qu'ils attendent du vote aujourd'hui.

Citoyens,

Ne perdez pas de vue que les hommes qui vous serviront le mieux sont ceux que vous choisirez parmi vous, vivant de votre propre vie, souffrant des mêmes maux.

Défiez-vous autant des ambitieux que des parvenus ; les uns comme les autres ne consultent que leur propre intérêt, et finissent toujours par se considérer comme indispensables.

Défiez-vous également des parleurs, incapables de passer à l'action ; ils sacrifieront tout à un discours, à un effet oratoire ou à un mot spirituel. — Évitez également ceux que la fortune a trop favorisés, car trop rarement celui qui possède la fortune est disposé à regarder le travailleur comme un frère.

Enfin, cherchez des hommes aux convictions sincères, des hommes du peuple, résolus, actifs, ayant un sens droit et une honnêteté reconnue. — Portez vos préférences sur ceux qui ne brigueront pas vos suffrages; le véritable mérite est modeste, et c'est aux électeurs à connaître leurs hommes, et non à ceux-ci de se présenter.

Nous sommes convaincus que, si vous tenez compte de ces observations, vous aurez enfin inauguré la véritable représentation populaire, vous aurez trouvé des mandataires qui ne se considéreront jamais comme vos maîtres.

Hôtel de ville, 25 mars 1871.

Comité central de la garde nationale.

N° 89, 30 mars 1871.

Au numéro de ce jour, le *Journal officiel* transforma son titre et prit celui de *Journal officiel de la Commune de Paris*, n° 1ᵉʳ, mais il conserva le même format, et, le lendemain 31 mars, il abandonnait ce nouveau titre pour reprendre celui de *Journal officiel de la République française*, sous le n° 90.

N° 89, 30 mars. N° 1.

Paris, le 29 mars 1871.

Le Comité central a remis ses pouvoirs à la Commune.

COMMUNE DE PARIS.

Citoyens,

Votre Commune est constituée.

Le vote du 26 mars a sanctionné la Révolution victorieuse.

Un pouvoir lâchement agresseur vous avait pris à la gorge : vous avez, dans votre légitime défense, repoussé de vos murs ce gouvernement qui voulait vous déshonorer en vous imposant un roi.

Aujourd'hui, les criminels, que vous n'avez même pas voulu poursuivre, abusent de votre magnanimité pour organiser aux portes mêmes de la cité un foyer de conspiration monarchique. Ils invoquent la guerre civile; ils mettent en œuvre toutes les corruptions; ils acceptent toutes les complicités; ils ont osé mendier jusqu'à l'appui de l'étranger.

Nous en appelons, de ces menées exécrables, au jugement de la France et du monde.

Citoyens,

Vous venez de vous donner des institutions qui défient toutes les tentatives.

Vous êtes maîtres de vos destinées. Forte de votre appui, la représentation que vous venez d'établir va réparer les désastres causés par le pouvoir déchu : l'industrie compromise, le travail suspendu, les transactions commerciales paralysées, vont recevoir une impulsion vigoureuse.

Dès aujourd'hui, la décision attendue sur les loyers;

Demain, celle des échéances;

Tous les services publics rétablis et simplifiés;

La garde nationale, désormais seule force armée de la cité, réorganisée sans délai.

Tels seront nos premiers actes.

Les élus du peuple ne lui demandent, pour assurer le triomphe de la République, que de les soutenir de sa confiance.

Quant à eux, ils feront leur devoir.

Hôtel de ville, 29 mars 1871.

La Commune de Paris.

La Commune de Paris décrète :

1° La conscription est abolie;

2° Aucune force militaire, autre que la garde nationale, ne pourra être créée ou introduite dans Paris;

3° Tous les citoyens valides font partie de la garde nationale.

Hôtel de ville, 29 mars 1871.

La Commune de Paris.

La Commune de Paris,

Considérant que le travail, l'industrie et le commerce ont supporté toutes les charges de la guerre, qu'il est juste que la propriété fasse au pays sa part de sacrifices.

DÉCRÈTE :

Art. 1er. Remise générale est faite aux locataires des termes d'octobre 1870, janvier et avril 1871.

Art. 2. Toutes les sommes payées par les locataires pendant les neuf mois seront imputables sur les termes à venir.

Art. 3. Il est fait également remise des sommes dues pour les locations en garni.

Art. 4. Tous les baux sont résiliables, à la volonté des locataires, pendant une durée de six mois, à partir du présent décret.

Art. 5. Tous congés donnés seront, sur la demande des locataires, prorogés de trois mois.

Hôtel de ville, 29 mars 1871.

La Commune de Paris.

NOTA. — Un décret spécial réglera la question des intérêts hypothécaires.

FÉDÉRATION DE LA GARDE NATIONALE.

Citoyens,

Aujourd'hui, il nous a été donné d'assister au spectacle populaire le plus grandiose qui ait jamais frappé nos yeux, qui ait jamais ému nos âmes : Paris saluait, acclamait sa révolution ; Paris ouvrait à une page blanche le livre de l'histoire et y inscrivait son nom puissant.

Deux cent mille hommes libres sont venus affirmer leur liberté et proclamer, au bruit du canon, l'institution nouvelle. Que les espions de Versailles, qui rôdent autour de nos murs, aillent dire à leurs maîtres quelles sont les vibrations qui sortent de la poitrine d'une population tout entière, comme elles emplissent la cité et franchissent les murailles ; que ces espions, glissés dans nos rangs, leur rapportent l'image de ce spectacle grandiose d'un peuple recouvrant sa souveraineté, et, sublime. ambitieux, le faisant en criant ces mots :

Mourir pour la patrie!

Citoyens,

Nous venons de remettre en vos mains l'œuvre que vous nous avez chargés d'établir, et, à ce dernier moment de notre éphémère pouvoir, avant de rentrer définitivement dans les attributions du Comité de la garde nationale, attributions d'où les événements nous avaient fait sortir, nous voulons vous dire un mot de remerciment.

Aidés dans notre tâche par votre admirable patriotisme et par votre sagesse, nous avons, sans violence, mais sans faiblesse, accompli les clauses de notre mandat. Entravés dans notre marche par la loyauté qui nous interdisait de faire acte de gouvernement, nous avons néanmoins pu, en nous appuyant sur vous, préparer en huit jours une révolution radicale. Nos actes vous sont connus, et c'est avec l'orgueil du devoir accompli que nous nous soumettons à votre jugement. Mais avant de passer nous-mêmes au tribunal de votre opinion, nous voulons dire que rien n'a été fait en bien que par vous ; nous voulons proclamer bien haut que, maître absolu et légitime, vous avez affirmé votre force surtout par votre générosité, et que, si vous avez réclamé et imposé les revendications, vous n'avez jamais usé de représailles.

La France, coupable de vingt années de faiblesse, a besoin de se régénérer des tyrannies et des mollesses passées par une liberté calme et un travail assidu. Votre liberté, les élus d'aujourd'hui la garantiront avec énergie, la consacreront à tout jamais. Le travail dépend de vous seuls ; les rédemptions sont personnelles. Groupez-vous donc avec confiance autour de votre Commune, facilitez ses travaux en vous prêtant aux réformes indispensables. Frères entre vous, laissez-vous guider par des frères ; marchez dans la voie de l'avenir avec fermeté, avec vaillance; prêchez d'exemple en prouvant la valeur de la liberté, et vous arriverez sûrement au but prochain :

LA RÉPUBLIQUE UNIVERSELLE.

Hôtel de ville de Paris, 28 mars 1871.

Les membres du Comité central.

N° 92, 2 avril.

DISCOURS DU CITOYEN CH. BESLAY

DOYEN DE LA COMMUNE

La séance d'installation de la Commune à l'Hôtel de Ville a été, ainsi que nous l'avons rapporté, présidée par le citoyen Charles Beslay. Voici le discours qu'a prononcé le doyen de la Commune en prenant possession du fauteuil présidentiel :

Citoyens,

Votre présence ici atteste à Paris et à la France que la Commune est faite, et l'affranchissement de la Commune de Paris, c'est, nous n'en doutons pas, l'affranchissement de toutes les communes de la République.

Depuis cinquante ans, les routiniers de la vieille politique nous bernaient avec les grands mots de décentralisation et de gouvernement du pays par le pays. Grandes phrases qui ne nous ont rien donné.

Plus vaillants que vos devanciers, vous avez fait comme le sage qui marchait pour prouver le mouvement, vous avez marché, et l'on peut compter que la République marchera avec vous.

C'est là, en effet, le couronnement de votre victoire pacifique. Vos adversaires ont dit que vous frappiez la République ; nous répondons, nous, que si nous l'avons frappée, c'est comme le pieu que l'on enfonce plus profondément en terre.

Oui, c'est par la liberté complète de la Commune que la République va s'enraciner chez nous. La République n'est plus aujourd'hui ce qu'elle était aux grands jours de notre Révolution. La République de 93 était un soldat qui, pour combattre au dehors et au dedans, avait besoin de centraliser sous sa main toutes les forces de la patrie ; la République de 1871 est un travailleur qui a surtout besoin de liberté pour féconder la paix.

Paix et travail ! voilà notre avenir ! Voilà la certitude de notre revanche et de notre régénération sociale, et ainsi comprise, la République peut encore faire de la France le soutien des faibles, la protectrice des travailleurs, l'espérance des opprimés dans le monde, et le fondement de la République universelle.

L'affranchissement de la Commune est donc, je le répète, l'affranchissement de la République elle-même, chacun des groupes sociaux va retrouver sa pleine indépendance et sa complète liberté d'action.

La Commune s'occupera de ce qui est local.

Le département s'occupera de ce qui est régional.

Le gouvernement s'occupera de ce qui est national.

Et disons le hautement : la Commune que nous fondons sera la Commune modèle. Qui dit travail dit ordre, économie, honnêteté, contrôle sévère, et ce n'est pas dans la Commune républicaine que Paris trouvera des fraudes de 400 millions

De son côté, ainsi réduit de moitié, le gouvernement ne pourra être que le mandataire docile du suffrage universel et le gardien de la République.

Voilà, à mon avis, citoyens, la route à suivre ; entrez-y hardiment et résolûment. Ne dépassons pas cette [limite fixée par notre programme, et le pays et le gouvernement seront heureux et fiers d'applaudir à cette révolution, si grande et si simple, et qui sera la plus féconde révolution de notre histoire.

Pour moi, citoyens, je regarde comme le plus beau jour de ma vie d'avoir pu assister à cette grande journée, qui est pour nous la journée du salut. Mon âge ne me permettra pas de prendre part à vos travaux, comme membre de la Commune de Paris ; mes forces trahiraient trop souvent mon courage, et vous avez besoin de vigoureux athlètes. Dans l'intérêt de la propagande, je serai donc obligé de donner ma démission : mais soyez sûrs qu'à côté de vous, comme auprès de vous, je saurai, dans la mesure de mes forces, vous continuer mon concours le plus dévoué, et servir comme vous la sainte cause du travail et de la République.

Vive la République ! vive la Commune ! »

N° 93, 3 avril.

A LA GARDE NATIONALE DE PARIS

Les conspirateurs royalistes ont *attaqué*.

Malgré la modération de notre attitude, ils ont *attaqué*.

Ne pouvant plus compter sur l'armée française, ils ont *attaqué* avec les zouaves pontificaux et la police impériale.

Non contents de couper les correspondances avec la province et de faire de vains efforts pour nous réduire par la famine, ces furieux ont voulu imiter jusqu'au bout les Prussiens et bombarder la capitale.

Ce matin, les chouans de Charette, les Vendéens de Cathelineau, les Bretons de Trochu, flanqués des gendarmes de Valentin, ont couvert de mitraille et d'obus le village inoffensif de Neuilly, et engagé la guerre civile avec nos gardes nationaux.

Il y a eu des morts et des blessés.

Elus par la population de Paris, notre devoir est de défendre la grande cité contre ces coupables agresseurs. Avec votre aide, nous la défendrons.

Paris, 2 avril 1871,

La Commission exécutive :

BERGERET, EUDES, DUVAL, LEFRANÇAIS, FÉLIX PYAT, G. TRIDON, E. VAILLANT.

La Commune de Paris,

Considérant que les hommes du Gouvernement de Versailles ont ordonné et commencé la guerre civile, attaqué Paris, tué et blessé des gardes nationaux, des soldats de la ligne, des femmes et des enfants ;

Considérant que ce crime a été commis avec préméditation et guet-apens contre tout droit et sans provocation.

DÉCRÈTE :

Art. 1er. MM. Thiers, Favre, Picard, Dufaure, Simon et Pothuau sont mis en accusation.

Art. 2. Leurs biens seront saisis et mis sous séquestre, jusqu'à ce qu'ils aient comparu devant la justice du peuple.

Les délégués de la justice et de la sûreté générale sont chargés de l'exécution du présent décret.

La Commune de Paris.

La Commune de Paris adopte les familles des citoyens qui ont succombé ou succomberont en repoussant l'agression criminelle des royalistes conjurés contre Paris et la République française.

La Commune de Paris,

Considérant que le premier des principes de la République française est la liberté ;

Considérant que la liberté de conscience est la première des libertés ;

Considérant que le budget des cultes est contraire au principe, puisqu'il impose les citoyens contre leur propre foi ;

Considérant, en fait, que le clergé a été le complice des crimes de la monarchie contre la liberté.

DÉCRÈTE :

Art. 1er. L'Eglise est séparée de l'Etat.

Art. 2. Le budget des cultes est supprimé.

Art. 3. Les biens dits de main-morte, appartenant aux congrégations religieuses, meubles et immeubles, sont déclarés propriétés nationales.

Art. 4. Une enquête sera faite immédiatement sur ces biens, pour en constater la nature et les mettre à la disposition de la nation.

La Commune de Paris.

N° 95, 5 avril.

COMMUNE DE PARIS

PROCLAMATION AU PEUPLE DE PARIS

Citoyens,

Les monarchistes qui siégent à Versailles ne vous font pas une guerre d'hommes civilisés; ils vous font une guerre de sauvages.

Les Vendéens de Charette, les agents de Piétri *fusillent les prisonniers, égorgent les blessés, tirent sur les ambulances!*

Vingt fois, les misérables qui déshonorent l'uniforme de la ligne ont levé la crosse en l'air, puis, traîtreusement, ont fait feu sur nos braves et confiants concitoyens.

Ces trahisons et ces atrocités ne donneront pas la victoire aux éternels ennemis de nos droits.

Nous en avons pour garants l'énergie, le courage et le dévouement à la République de la garde nationale.

Son héroïsme et sa constance sont admirables.

Ses artilleurs ont pointé leurs pièces avec une justesse et une précision merveilleuses.

Leur tir a plusieurs fois éteint le feu de l'ennemi, qui a dû laisser une mitrailleuse entre nos mains.

Citoyens,

La Commune de Paris ne doute pas de la victoire.

Des résolutions énergiques sont prises.

Les services momentanément désorganisés par la défection et la trahison, sont, dès maintenant, réorganisés.

Les heures sont utilement employées pour votre triomphe prochain.

La Commune compte sur vous, comme vous pouvez compter sur elle.

Bientôt il ne restera plus aux royalistes de Versailles que la honte de leurs crimes.

A vous, citoyens, il restera toujours l'éternel honneur d'avoir sauvé la France et la République.

Gardes nationaux,

La Commune de Paris vous félicite et déclare que vous avez bien mérité de la République.

Paris, 4 avril 1871.

La commission exécutive :

BERGERET, DELESCLUZE, DUVAL, EUDES, FÉLIX PYAT, G. TRIDON, E. VAILLANT.

MINISTÈRE DE LA GUERRE

Les compagnies de marche seront immédiatement réorganisées.

Les officiers, sous-officiers et gardes entreront en solde à partir du 7 avril.

Les gardes toucheront 1 fr. 50 et les vivres.

Les sous-officiers, 2 fr.

Les officiers, 2 fr. 50.

Quand les compagnies agiront en dehors du service, les officiers toucheront la solde de leur grade dans l'armée.

Les quatre compagnies de chaque bataillon éliront un chef de bataillon spécial.

Les élections auront lieu le 6 avril.

La revue sera passée au Champ-de-Mars par les membres de la Commune, le 7 avril, à deux heures de l'après-midi.

Bureau d'organisation et de renseignements au ministère de la guerre et à la place.

Font partie des bataillons de guerre tous les citoyens de 17 à 35 ans non mariés, les gardes mobiles licenciés, les volontaires de l'armée ou civils. Les effets de campement seront complétés dans le plus bref délai.

Paris, 4 avril 1871.

Par ordre de la Commune :

Le délégué au ministère de la guerre,

CLUSERET.

N° 96, 6 avril.

Citoyens,

Chaque jour, les bandits de Versailles égorgent ou fusillent nos prisonniers, et pas d'heure ne s'écoule sans nous apporter la nouvelle de ces assassinats.

Les coupables, vous les connaissez : ce sont les gendarmes et les sergents de ville de l'Empire, ce sont les royalistes de Charette et de Cathelineau qui marchent contre Paris au cri de *Vive le roi* et drapeau blanc en tête.

Le gouvernement de Versailles se met en dehors des lois de la guerre et de l'humanité ; force nous sera d'user de représailles.

Si, continuant à méconnaître les conditions habituelles de la guerre entre peuples civilisés, nos ennemis massacrent encore un seul de nos soldats, nous répondrons par l'exécution d'un nombre égal ou double de prisonniers.

Toujours généreux et juste même dans sa colère, le peuple abhorre le sang comme il abhorre la guerre civile ; mais il a le devoir de se protéger contre les attentats sauvages de ses ennemis, et, quoi qu'il lui en coûte, il rendra œil pour œil et dent pour dent.

Paris, 5 avril 1871.

La Commune de Paris.

La Commune de Paris,

Considérant que le gouvernement de Versailles foule ouvertement aux pieds les droits de l'humanité comme ceux de la guerre ; qu'il s'est rendu coupable d'horreurs dont ne se sont même pas souillés les envahisseurs du sol français ;

Considérant que les représentants de la Commune de Paris ont le devoir impérieux de défendre l'honneur et la vie des deux millions d'habitants qui ont remis entre leurs mains le soin de leurs destinées ; qu'il importe de prendre sur l'heure toutes les mesures nécessitées par la situation ;

Considérant que des hommes politiques et des magistrats de

la cité doivent concilier le salut commun avec le respect des libertés publiques,

DÉCRÈTE :

Art. 1er. Toute personne prévenue de complicité avec le gouvernement de Versailles sera immédiatement décrétée d'accusation et incarcérée.

Art. 2. Un jury d'accusation sera institué dans les vingt-quatre heures pour connaître des crimes qui lui seront déférés.

Art. 3. Le jury statuera dans les quarante-huit heures.

Art. 4. Tous accusés retenus par le verdict du jury d'accusation seront les otages du peuple de Paris.

Art. 5. Toute exécution d'un prisonnier de guerre ou d'un partisan du gouvernement régulier de la Commune de Paris sera, sur-le-champ, suivie de l'exécution d'un nombre triple des otages retenus en vertu de l'article 4, et qui seront désignés par le sort.

Art. 6. Tout prisonnier de guerre sera traduit devant le jury d'accusation qui décidera s'il sera immédiatement remis en liberté ou retenu comme otage.

N° 97, 7 avril.

LA COMMUNE DE PARIS AUX DÉPARTEMENTS

Vous avez soif de vérité, et, jusqu'à présent, le gouvernement de Versailles ne vous a nourris que de mensonges et de calomnies. Nous allons donc vous faire connaître la situation dans toute son exactitude.

C'est le gouvernement de Versailles qui a commencé la guerre civile en égorgeant nos avant-postes, trompés par l'apparence pacifique de ses sicaires; c'est aussi ce gouvernement de Versailles qui fait assassiner nos prisonniers, et qui menace Paris des horreurs de la famine et d'un siége, sans souci des intérêts et des souffrances d'une population déjà éprouvée par cinq mois d'investissement. Nous ne parlerons pas de l'interruption du service des postes, si préjudiciable au commerce, de l'accaparement des produits de l'octroi, etc., etc.

Ce qui nous préoccupe avant tout, c'est la propagande infâme organisée dans les départements par le gouvernement de Versailles pour noircir le mouvement sublime de la population parisienne. On vous trompe, frères, en vous disant que Paris veut gouverner la France et exercer une dictature qui serait la négation de la souveraineté nationale. On vous trompe lorsqu'on vous dit que le vol et l'assassinat s'étalent publiquement dans Paris. Jamais nos rues n'ont été plus tranquilles. Depuis trois semaines, pas un vol n'a été commis, pas une tentative d'assassinat ne s'est produite.

Paris n'aspire qu'à fonder la République et à conquérir ses franchises communales, heureux de fournir un exemple aux autres communes de France.

Si la Commune de Paris est sortie du cercle de ses attributions normales, c'est à son grand regret, c'est pour répondre à l'état de guerre provoqué par le gouvernement de Versailles. Paris n'aspire qu'à se renfermer dans son autonomie, plein de respect pour les droits égaux des autres communes de France.

Quant aux membres de la Commune, ils n'ont d'autre ambition que de voir arriver le jour où Paris, délivré des royalistes qui le menacent, pourra procéder à de nouvelles élections.

Encore une fois, frères, ne vous laissez pas prendre aux monstrueuses inventions des royalistes de Versailles. Songez que c'est pour vous autant que pour lui que Paris lutte et combat en ce moment. Que vos efforts se joignent aux nôtres, et nous vaincrons, car nous représentons le droit et la justice, c'est-à-dire le bonheur de tous par tous, la liberté pour tous et pour chacun sous les auspices d'une solidarité volontaire et féconde.

Paris, 6 avril 1871.

La Commission exécutive :

COURNET, DELESCLUZE, FÉLIX PYAT, TRIDON, VAILLANT, VERMOREL.

N° 98, 8 avril.

Le Comité central de la fédération républicaine de la garde nationale vient d'adresser la proclamation suivante aux habitants de Paris :

Citoyens,

Ce qui se passe en ce moment est l'éternelle histoire des criminels cherchant à se soustraire au châtiment en commettant un dernier crime qui leur permette de régner, impunis, par l'épouvante !

Ils sont une poignée de parjures, de traîtres, de faussaires et d'assassins, qui veulent noyer la justice dans le sang.

La guerre civile est leur dernière chance de salut ; ils la déchaînent : qu'ils soient mille fois maudits et qu'ils périssent !

Citoyens de Paris, nous voici revenus aux grands jours de sublime héroïsme et de vertu suprême ! Le bonheur du pays, l'avenir du monde entier sont dans vos mains. C'est la bénédiction ou la malédiction des générations futures qui vous attend.

Travailleurs, ne vous y trompez pas ; c'est la grande lutte, c'est le parasitisme et le travail, l'exploitation et la production qui sont aux prises.

Si vous êtes las de végéter dans l'ignorance et de croupir dans la misère ; si vous voulez que vos enfants soient des hommes, ayant le bénéfice de leur travail, et non des sortes d'animaux dressés pour l'atelier ou pour le combat, fécondant de leurs sueurs la fortune d'un exploiteur, ou répandant leur sang pour un despote ; si vous ne voulez plus que vos filles, que vous ne pouvez élever et surveiller à votre gré, soient des instruments de plaisir aux bras de l'aristocratie d'argent ; si vous ne voulez plus que la débauche et la misère poussent les hommes dans la police et les femmes à la prostitution ; si vous voulez enfin le règne de la justice, travailleurs, soyez intelligents, debout ! et que vos fortes mains jettent sous vos talons l'immonde réaction !

Citoyens de Paris, commerçants, industriels, boutiquiers,

penseurs, vous tous enfin qui travaillez et qui cherchez de bonne foi la solution des problèmes sociaux, le Comité central vous adjure de marcher unis dans le progrès. Inspirez-vous des destinées de la patrie et de son génie universel.

Le Comité central a conscience que l'héroïque population parisienne va s'immortaliser et régénérer le monde.

Vive la République ! vive la Commune !

Paris, 5 avril 1871.

Pour le Comité central,

G. ARNOLD, ANDIGNOUX, AUDOYNAUD, AVOINE fils, BAROUD, BOUIT, L. BOURSIER, CASTIONI, CHOUTEAU.

Considérant que les grades de généraux sont incompatibles avec l'organisation démocratique de la garde nationale et ne sauraient être que temporaires :

Art. 1er. Le grade de général est supprimé.

Art. 2. Le citoyen Ladislas Dombrowski, commandant de la 12e légion, est nommé commandant de la place de Paris, en remplacement du citoyen Bergeret, appelé à d'autres fonctions.

Paris, 6 avril 1871.

La Commission exécutive,

COURNET, DELESCLUZE, FÉLIX PYAT, TRIDON, ED. VAILLANT, VERMOREL.

MINISTÈRE DE LA GUERRE

A LA GARDE NATIONALE.

Citoyens,

Je remarque avec peine que, oubliant notre origine modeste, la manie ridicule du galon, des broderies, des aiguillettes commence à se faire jour parmi nous.

Travailleurs, vous avez pour la première fois accompli la révolution du travail par et pour le travail.

Ne renions pas notre origine, et surtout n'en rougissons pas. Travailleurs nous étions, travailleurs nous sommes, travailleurs nous resterons.

C'est au nom de la vertu contre le vice, du devoir contre l'abus, de l'austérité contre la corruption que nous avons triomphé, ne l'oublions pas.

Restons vertueux et hommes du devoir avant tout ; nous fonderons alors la République austère, la seule qui puisse et ait le droit d'exister.

Avant de sévir, je rappelle mes concitoyens à eux-mêmes : plus d'aiguillettes, plus de clinquant, plus de ces galons qui coûtent si peu à étager et si cher à notre responsabilité.

A l'avenir, tout officier qui ne justifiera pas du droit de porter les insignes de son grade, ou qui ajoutera à l'uniforme réglementaire de la garde nationale des aiguillettes ou autres distinctions vaniteuses, sera passible de peines disciplinaires.

Je profite de cette circonstance pour rappeler chacun au sentiment de l'obéissance hiérarchique dans le service ; en obéissant à vos élus, vous obéissez à vous-mêmes.

Paris, 7 avril 1871.

Le délégué à la guerre,
E. CLUSERET.

Considérant les patriotiques réclamations d'un grand nombre de gardes nationaux qui tiennent, quoique mariés, à l'honneur de défendre leur indépendance municipale, même au prix de leur vie, le décret du 5 avril est ainsi modifié :

De dix-sept à dix-neuf ans, le service dans les compagnies de guerre sera volontaire, et de dix-neuf à quarante obligatoire pour les gardes nationaux, mariés ou non.

J'engage les bons patriotes à faire eux-mêmes la police de leur arrondissement et à forcer les réfractaires à servir.

Le délégué à la guerre,
E. CLUSERET.

La Commune de Paris

DÉCRÈTE :

Tout citoyen blessé à l'ennemi pour la défense des droits de Paris recevra, si sa blessure entraîne une incapacité de travail partielle ou absolue, une pension annuelle et viagère dont le chiffre sera fixé par une commission spéciale, dans les limites de *trois cents à douze cents* francs.

MINISTÈRE DE LA GUERRE.

En exécution des ordres de la Commune, le citoyen J. Dombrowski prendra le commandement de la place de Paris, en remplacement du citoyen Bergeret.

N° 99, 9 avril 1871.

ORDRE.

Depuis quelques jours, il règne une grande confusion dans certains arrondissements ; on dirait que des gens payés par Versailles prennent à tâche : 1° de fatiguer la garde nationale ; 2° de la désorganiser.

On fait battre la générale pendant la nuit.

On bat le rappel à tort et à travers. En sorte que, personne ne sachant plus auquel entendre, on ne se dérange même plus, et cette puissante institution, cette armée, espoir et salut du peuple, est à la veille de sombrer sous son triomphe.

Un tel état de choses ne saurait subsister plus longtemps. En conséquence, j'invite tous les bons citoyens à se pénétrer des instructions suivantes :

La générale ne sera battue que par mon ordre ou celui de la Commission exécutive, et dans le seul cas de prise d'armes générale.

Le rappel ne sera battu, dans les arrondissements, que par ordre de la Place, signé du commandant de place, et pour la réunion d'un certain nombre de bataillons commandés pour un service spécial.

Ce n'est pas tout : malgré mes ordres formels, une canonnade incessante diminue nos provisions, fatigue la population, irrite les esprits et amène d'un côté la fatigue, de l'autre la colère et la passion.

En sorte que cette Révolution si grande, si belle et si pacifique, pourrait devenir violente, c'est-à-dire faible.

Nous sommes forts ; restons calmes !

Cet état de choses est dû en partie à des chefs militaires trop jeunes et surtout trop faibles pour résister à la pression populaire. L'homme du devoir ne connaît que sa conscience et méprise la popularité. Je réitère l'ordre d'avoir à se tenir sur la plus stricte défensive, et à ne pas jouer le jeu de nos adversaires, en gaspillant et nos munitions et nos forces, et surtout la vie de ces grands citoyens, enfants du peuple, qui ont fait la Révolution actuelle.

Quand le bruit aura cessé, que le calme de la rue aura passé dans les esprits, nous serons beaucoup plus aptes à perfectionner notre organisation, d'où dépend notre avenir.

En attendant, citoyens, laissons de côté toutes ces petites rivalités, toutes ces personnalités mesquines, qui tendent à désunir ce magnifique faisceau populaire formé par la communauté de la souffrance. Si nous voulons vaincre, il faut être unis. Et quel plus beau, plus simple et plus noble lien que celui de la fraternité des armes au service de la justice !

Formez vite vos compagnies de guerre, ou plutôt complétez-les, car elles existent déjà.

De dix-sept à dix-neuf ans, le service est facultatif ; de dix-neuf à quarante ans, il est obligatoire, marié ou non.

Faites entre vous la police patriotique, forcez les lâches à marcher sous votre œil vigilant.

Aussitôt que quatre compagnies, formant au minimum un effectif de 500 hommes, seront constituées, que son chef de bataillon demande à la Place un casernement. En caserne ou au camp, son organisation s'achèvera rapidement, et alors tout ce trouble, toute cette confusion s'évanouiront au souffle puissant de la victoire.

Danton demandait à nos pères de l'audace, encore de l'audace, toujours de l'audace; je vous demande de l'ordre, de la discipline, du calme et de la patience; l'audace alors sera facile. En ce moment, elle est coupable et ridicule.

Paris, 8 avril 1871.

Le délégué à la guerre,
CLUSERET.

N° 101, 11 avril 1871.

La Commune de Paris,

Ayant adopté les veuves et les enfants de tous les citoyens morts pour la défense des droits du peuple.

DÉCRÈTE :

Art. 1er. Une pension de 600 fr. sera accordée à la femme du garde national tué pour la défense des droits du peuple, après enquête qui établira ses droits et ses besoins.

Art. 2. Chacun des enfants, reconnus ou non, recevra, jusqu'à l'âge de dix-huit ans, une pension annuelle de trois cent soixante-cinq francs, payable par douzièmes.

Art. 3. Dans le cas où les enfants seraient déjà privés de leur mère, ils seront élevés aux frais de la Commune, qui leur fera donner leur éducation intégrale nécessaire pour être en mesure de se suffire dans la société.

Art. 4. Les ascendants, père, mère, frères et sœurs de tout citoyen mort pour la défense des droits de Paris, et qui prouveront que le défunt était pour eux un soutien nécessaire, pourront être admis à recevoir une pension proportionnelle à leurs besoins, dans les limites de 100 à 800 fr. par personne.

Art. 5. Toute enquête nécessitée par l'application des articles ci-dessus sera faite par une commission spéciale, composée de six membres délégués à cet effet dans chaque arrondissement, et présidée par un membre de la Commune appartenant à l'arrondissement.

Art. 6. Un comité, composé de trois membres de la Commune, centralisera les résultats produits par l'enquête et statuera en dernier ressort.

Paris, 10 avril 1871.

N° 102, 12 avril 1871.

La Commune de Paris,

Considérant que le gouvernement de Versailles se vante ouvertement d'avoir introduit dans les bataillons de la garde nationale des agents qui cherchent à y jeter le désordre ;

Considérant que les ennemis de la République et de la Commune cherchent, par tous les moyens possibles, à produire dans ces bataillons l'indiscipline, espérant désarmer ainsi ceux qu'ils ne peuvent vaincre par les armes ;

Considérant qu'il ne peut y avoir de force militaire sans ordre, et qu'il est nécessaire, en face de la gravité des circonstances, d'établir une rigoureuse discipline, qui donne à la garde nationale une cohésion qui la rende invincible,

DÉCRÈTE :

Art. 1er. Il sera immédiatement institué un conseil de guerre dans chaque légion.

Art. 2. Ces conseils de guerre seront composés de sept membres, savoir :

Un officier supérieur, président ;
Deux officiers ;
Deux sous-officiers et deux gardes.

Art. 3. Il y aura un conseil disciplinaire par bataillon.

Art. 4. Les conseils disciplinaires seront composés d'autant de membres qu'il y aura de compagnies dans le bataillon, à raison d'un membre par compagnie, sans distinction de grade.

Ils seront nommés à l'élection, et toujours révocables par la commission exécutive, sur la proposition du délégué à la guerre.

Art. 5. Les membres des conseils de guerre seront élus par les délégués des compagnies.

Art. 6. Seront justiciables des conseils de guerre et disciplinaires les gardes nationaux de la légion et du bataillon.

Art. 7. Le conseil de guerre prononcera toutes les peines *en usage*.

Art. 8. Aucune condamnation afflictive ou infamante, prononcée par les conseils de guerre, ne pourra être exécutée sans qu'elle ait été soumise à la ratification d'une cour de révision spécialement créée à cet effet.

Cette commission de révision se composera de sept membres tirés au sort parmi les membres élus des conseils de guerre de la garde nationale avant leur entrée en fonctions.

Art. 9. Le conseil disciplinaire pourra prononcer la prison depuis un jour jusqu'à trente.

Art. 10. Tout officier peut infliger de un à cinq jours d'emprisonnement à tout subordonné, mais il sera tenu de justifier immédiatement devant le conseil disciplinaire des motifs de la punition prononcée.

Art. 11. Il sera tenu dans chaque bataillon et légion un état des punitions infligées dans les vingt-quatre heures, lequel sera envoyé chaque matin au rapport de la Place.

Art. 12. Aucune condamnation capitale ne recevra son exécution avant que la grosse du jugement ou de l'arrêt n'ait été visée par la Commission exécutive.

Art. 13. Les dispositions du présent décret ne seront en vigueur que pendant la durée de la guerre.

Paris, 11 avril 1871.

L'affiche suivante a été placardée sur les murailles du VIe arrondissement :

RÉPUBLIQUE FRANÇAISE.

Liberté. — Egalité. — Fraternité.

COMITÉ CENTRAL.

Aux citoyens du sixième arrondissement.

Citoyens,

Devant le *crime*, les opinions politiques s'effacent, et la neutralité est inadmissible.

On est toujours responsable du mal que l'on voit faire quand on ne tente rien pour l'empêcher ou pour le châtier.

En face de l'immonde assemblée de Versailles et des membres qui constituent son gouvernement, quiconque se retranche derrière une opinion politique ou se déclare neutre est un lâche et un complice.

En conséquence,

Considérant qu'il est du devoir de tous les citoyens d'empêcher la justice et le droit de succomber ;

Considérant que, pour sauver le monde moral en péril, il importe d'écraser au plus vite les lâches auteurs de nos maux et leurs assassins à gages ;

Le chargé de pouvoir du Comité central, muni de ses instructions, et de concert avec la municipalité du VIe arrondissement, arrête :

1° Tous les bataillons du VIe arrondissement feront parvenir, dans le plus bref délai, au Comité central, le contrôle des compagnies ;

2° Tous les citoyens appelés par le décret du 7 avril 1871 et non encore inscrits devront se faire inscrire sur les registres ouverts à cet effet par les soins de la municipalité dans le délai de quarante-huit heures, à partir de l'affichage du présent arrêté ;

3° Tous les citoyens valides au-dessus de la limite d'âge fixée par le décret ci-dessus feront partie de la garde sédentaire, et devront se faire inscrire s'ils ne le sont déjà ;

4° Une commission est nommée à l'effet de relever, sur les registres de l'état civil, sur les listes électorales, sur les livres de police et le rôle des contributions, la liste des citoyens compris dans les diverses catégories d'âge, afin de déférer à une cour martiale les déserteurs et les réfractaires, et de provoquer, en outre, la suppression de leurs droits civiques ; car « il faut absolument que les lâches traînent, dans la cité, sous l'œil et le mépris de leurs concitoyens, la marque de leur ignominie.

Pour le Comité central :

Le chargé de pouvoirs,

LACORD.

En réponse à cette affiche, on lit, dans le n° 105 de l'*Officiel*, la note suivante :

Partie non officielle.

La Commune a vu avec autant de regret que de surprise une affiche imprimée sur papier blanc et signée du citoyen Lacord, au nom du Comité central, ladite affiche s'adressant à la garde nationale du VIe arrondissement.

Un décret spécial de la Commune ayant réservé l'affichage sur papier blanc à ses seules communications, la Commune espère que les infractions à ce décret ne se renouvelleront plus.

Dans le cas contraire, les auteurs et signataires desdites affiches seront poursuivis suivant la loi.

De plus, le citoyen Lacord ayant cru devoir menacer de renvoi devant la cour martiale des gardes nationaux réfractaires, la commission exécutive rappelle à la garde nationale et à tous les citoyens que la Commune ou ses délégués seuls ont qualité et compétence pour prononcer le renvoi devant les tribunaux militaires.

N° 105, 15 avril.

Partie officielle.

La Commune de Paris,

Considérant que s'il importe pour le salut de la République que tous les conspirateurs et les traîtres soient mis dans l'impossibilité de nuire, il n'importe pas moins d'empêcher tout acte arbitraire ou attentatoire à la liberté individuelle.

DÉCRÈTE :

Art. 1er. Toute arrestation devra être notifiée immédiatement au délégué de la Commune à la justice, qui interrogera ou fera interroger l'individu arrêté, et le fera écrouer dans les formes régulières, s'il juge que l'arrestation doive être maintenue.

Art. 2. Toute arrestation qui ne serait pas notifiée dans les vingt-quatre heures au délégué de la justice sera considérée comme une arrestation arbitraire, et ceux qui l'auront opérée seront poursuivis.

Art. 3. Aucune perquisition ou réquisition ne pourra être faite qu'elle n'ait été ordonnée par l'autorité compétente ou ses organes immédiats, porteurs de mandats réguliers délivrés au noms des pouvoirs constitués par la Commune.

Toute perquisition ou réquisition arbitraire entraînera la mise en arrestation de ses auteurs.

Paris, 14 avril 1871.

N° 106, 16 avril.

La Commune de Paris,

Considérant qu'il est important de connaître les agissements de la dictature du 4 septembre, et en particulier les actes qui ont amené la capitulation de Paris ;

Considérant, d'autre part, qu'à la suite de la Révolution du 18 mars, une quantité de papiers, dépêches, etc., sont tombés entre les mains du peuple ;

Une commission d'enquête est instituée, ayant pour but de chercher tous les éléments pour établir la part de responsabilité qui incombe à chacun de ceux qui ont participé aux actes du gouvernement du 4 septembre.

Le citoyen Casimir Bouis est nommé membre de cette commission d'enquête ; il est chargé d'organiser cette commission, et invité à procéder au plus tôt à la publication des pièces les plus importantes.

Paris, 14 avril 1871.

La commission exécutive :
G. TRIDON, A. VERMOREL, CH. DELESCLUZE, AVRIAL, E. VAILLANT, FÉLIX PYAT, F. COURNET.

N° 108, 18 avril.

LOI SUR LES ÉCHÉANCES

La Commune,

DÉCRÈTE :

Art. 1ᵉʳ. Le remboursement des dettes de toute nature souscrites jusqu'à ce jour et portant échéance, billets à ordre, mandats, lettres de change, factures réglées, dettes concordataires, etc., sera effectué dans un délai de trois années, à partir du 15 juillet prochain, et sans que ces dettes portent intérêt.

Art. 2. Le total des sommes dues sera divisé en douze coupures égales, payables par trimestre, à partir de la même date.

Art. 3. Les porteurs des créances ci-dessus énoncées pourront, en conservant les titres primitifs, poursuivre le remboursement desdites créances par voie de mandats, traites ou lettres de change mentionnant la nature de la dette et de la garantie, conformément à l'article 2.

Art. 4. Les poursuites, en cas de non-acceptation ou de non-payement, s'exerceront seulement sur la coupure qui y donnera lieu.

Art. 5. Tout débiteur qui, profitant des délais accordés par le présent décret, aura, pendant ces délais, détourné, aliéné ou anéanti son actif en fraude des droits de son créancier, sera considéré, s'il est commerçant, comme coupable de banqueroute frauduleuse, et, s'il n'est pas commerçant, comme coupable d'escroquerie. Il pourra être poursuivi comme tel, soit par son créancier, soit par le ministère public.

Paris, 16 avril 1871.

Les professeurs de l'Ecole de médecine ont abandonné leur poste; les cours sont suspendus.

Vu l'urgence de faire cesser un pareil état de choses, la commission de l'enseignement décide :

1° Les docteurs en médecine et les officiers de santé de chaque arrondissement, exerçant à Paris, sont invités à se réunir samedi prochain, 22 avril, heure de midi, à leurs mairies respectives, à l'effet de nommer deux délégués par arrondissement.

2° Les étudiants en médecine, inscrits à l'Ecole, les internes et externes des hôpitaux sont également invités à se réunir samedi prochain, 22 avril, heure de midi, au grand amphithéâtre de l'Ecole, afin de nommer dix délégués.

3° Les citoyens docteurs Dupré et Rambaud convoqueront leurs collègues, professeurs libres, à une réunion spéciale dans laquelle il sera procédé à l'élection de trois délégués.

4° Ces divers mandataires, ainsi désignés, munis de leurs pouvoirs, se réuniront le dimanche suivant, 23 avril, heure de midi, au grand amphithéâtre de l'Ecole de médecine, où ils arrêteront un projet de réorganisation médicale, sous la direction d'un président et de deux assesseurs nommés par l'assemblée. Dans le cas où ils le jugeraient nécessaire, ils composeront une commission de cinq membres, chargés de fixer les bases de ce projet, qui sera ensuite discuté en réunion générale des délégués chargés de la convoquer le plus tôt possible.

5° Le projet, ainsi que le procès-verbal résumant les discussions, seront communiqués à la commission de l'enseignement siégeant à l'Hôtel de Ville, et présentés par elle en séance générale de la Commune, appelée à statuer définitivement.

6° Les citoyens délégués aux mairies, sont invités à mettre une salle à la disposition des intéressés.

Paris, 17 avril 1871.

*Les membres de la Commune délégués
à la commission de l'enseignement.*

. . . .

La Commune, considérant qu'il est impossible de tolérer dans Paris assiégé des journaux qui prêchent ouvertement la guerre civile, donnent des renseignements militaires à l'ennemi, et propagent la calomnie contre les défenseurs de la République, a arrêté la suppression des journaux le *Soir*, la *Cloche*, l'*Opinion nationale* et le *Bien public*.

N° 110, 30 avril.

DÉCLARATION AU PEUPLE FRANÇAIS

Dans le conflit douloureux et terrible qui impose une fois encore à Paris les horreurs du siége et du bombardement, qui fait couler le sang français, qui fait périr nos frères, nos femmes, nos enfants écrasés sous les obus et la mitraille, il est nécessaire que l'opinion publique ne soit pas divisée, que la conscience nationale ne soit point troublée.

Il faut que Paris et le pays tout entier sachent qu'elle est la nature, la raison, le but de la Révolution qui s'accomplit. Il faut enfin que la responsabilité des deuils, des souffrances et des malheurs dont nous sommes les victimes retombe sur ceux qui, après avoir trahi la France et livré Paris à l'étranger, poursuivent avec une aveugle et cruelle obstination la ruine de la capitale, afin d'enterrer, dans le désastre de la République et de la liberté, le double témoignage de leur trahison et de leur crime.

La Commune a le devoir d'affirmer et de déterminer les aspirations et les vœux de la population de Paris; de préciser le caractère du mouvement du 18 mars, incompris, inconnu et calomnié par les hommes politiques qui siégent à Versailles.

Cette fois encore, Paris travaille et souffre pour la France entière, dont il prépare, par ses combats et ses sacrifices, la régénération intellectuelle, morale, administrative et économique, la gloire et la prospérité.

Que demande-t-il?

La reconnaissance et la consolidation de la République, seule forme de gouvernement compatible avec les droits du peuple et le développement régulier et libre de la société;

L'autonomie absolue de la Commune étendue à toutes les localités de la France, et assurant à chacune l'intégralité de ses droits, et à tout Français le plein exercice de ses facultés et de ses aptitudes, comme homme, citoyen et travailleur ;

L'autonomie de la Commune n'aura pour limites que le droit d'autonomie égal pour toutes les autres communes adhérentes au contrat, dont l'association doit assurer l'unité française.

Les droits inhérents à la Commune sont :

Le vote du budget communal, recettes et dépenses ; la fixation et la répartition de l'impôt ; la direction des services locaux ; l'organisation de sa magistrature, de la police intérieure et de l'enseignement ; l'administration des biens appartenant à la Commune ;

Le choix par l'élection ou le concours, avec la responsabilité, et le droit permanent de contrôle et de révocation des magistrats ou fonctionnaires communaux de tous ordres ;

La garantie absolue de la liberté individuelle, de la liberté de conscience et la liberté du travail ;

L'intervention permanente des citoyens dans les affaires communales par la libre manifestation de leurs idées, la libre défense de leurs intérêts : garanties données à ces manifestations par la Commune, seule chargée de surveiller et d'assurer le libre et juste exercice du droit de réunion et de publicité ;

L'organisation de la défense urbaine et de la garde nationale, qui élit ses chefs et veille seule au maintien de l'ordre dans la cité.

Paris ne veut rien de plus à titre de garanties locales, à condition, bien entendu, de retrouver dans la grande administration centrale, délégation des communes fédérées, la réalisation et la pratique des mêmes principes.

Mais, à la faveur de son autonomie et profitant de sa liberté d'action, Paris se réserve d'opérer comme il l'entendra, chez lui, les réformes administratives et économiques que réclame sa population ; de créer des institutions propres à développer et propager l'instruction, la production, l'échange et le crédit ; à universaliser le pouvoir et la propriété, suivant les nécessités du moment, le vœu des intéressés et les données fournies par l'expérience.

Nos ennemis se trompent ou trompent le pays quand ils accusent Paris de vouloir imposer sa volonté ou sa suprématie au reste de la nation, et de prétendre à une dictature qui serait un véritable attentat contre l'indépendance et la souveraineté des autres communes.

Ils se trompent ou trompent le pays quand ils accusent Paris de poursuivre la destruction de l'unité française, constituée par la Révolution, aux acclamations de nos pères, accourus à la fête de la Fédération de tous les points de la vieille France.

L'unité, telle qu'elle nous a été imposée jusqu'à ce jour par l'empire, la monarchie et le parlementarisme, n'est que la centralisation despotique, inintelligente, arbitraire ou onéreuse.

L'unité politique, telle que la veut Paris, c'est l'association volontaire de toutes les initiatives locales, le concours spontané et libre de toutes les énergies individuelles en vue d'un but commun, le bien-être, la liberté et la sécurité de tous.

La Révolution communale, commencée par l'initiative populaire du 18 mars, inaugure une ère nouvelle de politique expérimentale, positive, scientifique.

C'est la fin du vieux monde gouvernemental et clérical, du militarisme, du fonctionnarisme, de l'exploitation, de l'agiotage, des monopoles, des priviléges, auxquels le prolétariat doit son servage, la patrie ses malheurs et ses désastres.

Que cette chère et grande patrie, trompée par les mensonges et les calomnies, se rassure donc !

La lutte engagée entre Paris et Versailles est de celles qui ne peuvent se terminer par des compromis illusoires : l'issue n'en saurait être douteuse. La victoire, poursuivie avec une indomptable énergie par la garde nationale, restera à l'idée et au droit.

Nous en appelons à la France !

Avertie que Paris en armes possède autant de calme que de bravoure ; qu'il soutient l'ordre avec autant d'énergie que d'enthousiasme ; qu'il se sacrifie avec autant de raison que d'héroïsme ; qu'il ne s'est armé que par dévouement pour la liberté et la gloire de tous, que la France fasse cesser ce sanglant conflit !

C'est à la France à désarmer Versailles par la manifestation solennelle de son irrésistible volonté.

Appelée à bénéficier de nos conquêtes, qu'elle se déclare solidaire de nos efforts ; qu'elle soit notre alliée dans ce combat qui ne peut finir que par le triomphe de l'idée communale ou par la ruine de Paris!

Quant à nous, citoyens de Paris, nous avons la mission d'accomplir la révolution moderne, la plus large et la plus féconde de toutes celles qui ont illuminé l'histoire.

Nous avons le devoir de lutter et de vaincre !

Paris, 19 avril 1871.

La Commune de Paris.

N° 114, 24 avril.

La Commune de Paris,

DÉCRÈTE :

Art. 1er. Les huissiers, notaires, commissaires-priseurs et greffiers de tribunaux quelconques qui seront nommés à Paris à partir de ce jour recevront un traitement fixe. Ils pourront être dispensés de fournir un cautionnement.

Art. 2. Ils verseront tous les mois, entre les mains du délégué aux finances, les sommes par eux perçues pour les actes de leur compétence.

Art. 3. Le délégué à la justice est chargé de l'exécution du présent décret.

Paris, 23 avril 1871.

La Commune.

DÉLÉGATION DE LA JUSTICE

Les candidats aux fonctions d'huissier, notaire, commissaire-priseur et greffier de la justice de paix et du jury d'accusation, devront se présenter aujourd'hui, 24 courant, à la délégation de la justice, 14, place Vendôme, à sept heures précises du soir, pour fournir les renseignements qui leur seront demandés.

Le délégué à la justice,
EUGÈNE PROTOT.

N° 115, 25 avril.

Une suspension d'armes de quelques heures a été convenue pour permettre à la malheureuse population de Neuilly de venir chercher dans Paris un abri contre le bombardement sauvage qu'elle subit depuis vingt-deux jours.

Le feu cessera aujourd'hui mardi, 25 avril, *à neuf heures du matin.*

Il sera repris aujourd'hui, *à cinq heures de l'après-midi.*

Paris, 25 avril 1871.

La Commission exécutive :
JULES ANDRIEU, CLUSERET, FRANCKEL, JOURDE,
PASCHAL GROUSSET, PROTOT, RAOUL RIGAULT,
VAILLANT, VIARD.

AU PEUPLE DE PARIS

Citoyens,

Il y a sept mois à peine, nos frères de Neuilly, venaient demander aux remparts de Paris un abri contre les obus prussiens.

A peine revenus dans leurs foyers, c'est par les obus français qu'ils en sont chassés pour la seconde fois.

Que nos bras et nos cœurs soient ouverts à tant d'infortune.

Cinq membres de la Commune ont reçu le mandat spécial d'accueillir à nos portes ces femmes, ces enfants, innocentes victimes de la scélératesse monarchique.

Les municipalités leur assureront un toit.

Le sentiment de la solidarité humaine, si profond chez tout citoyen de Paris, leur réserve une hospitalité fraternelle.

Paris, 25 avril 1871.

La Commission exécutive :

JULES ANDRIEU, CLUSERET, FRANCKEL, JOURDE, PASCHAL GROUSSET, PROTOT, RAOUL RIGAULT, VAILLANT, VIARD.

N° 119, 29 avril.

Le délégué à la guerre,

Considérant que la mobilité dans les grades détruit la discipline et l'organisation de la garde nationale,

ARRÊTE :

Tout officier régulièrement élu sera muni d'une commission délivrée par le chef de légion.

Cette commission portera qu'elle est délivrée sur le vu du procès-verbal d'élection.

Celles des capitaines et officiers supérieurs seront visées par le délégué à la guerre.

Toute personne qui portera des insignes d'officier, sans être munie de sa commission, sera immédiatement arrêtée et emprisonnée, quels que soient les grades qu'elle ait pu obtenir antérieurement à l'élection ou autrement.

Paris, 28 avril 1871.

Le délégué à la guerre,
E. CLUSERET.

Les forces destinées à la défense de la Commune de Paris seront ainsi réparties :

La défense extérieure sera confiée aux bataillons de guerre.

Le service intérieur sera fait par la garde nationale sédentaire.

Les forces chargées de la défense extérieure seront divisées en deux grands commandements.

Le 1ᵉʳ, s'étendant de Saint-Ouen au Point-du-jour, sera confié au général Dombrowski.

Le 2ᵉ, allant du Point-du-jour à Bercy, sera confié au général Wroblewski.

Chacun de ces commandements sera subdivisé en trois.

La 1ʳᵉ subdivision du 1ᵉʳ commandement comprendra Saint-Ouen et Clichy, jusqu'à la route d'Asnières.

La 2ᵉ subdivision, Levallois-Perret et Neuilly, jusqu'à la porte Dauphine.

La 3ᵉ subdivision comprendra la Muette et s'étendra jusqu'au Point-du-Jour.

La 1ʳᵉ subdivision du 2ᵉ commandement comprendra les forts d'Issy et de Vanves.

La 2ᵉ subdivision comprendra les forts de Montrouge et de Bicêtre.

La 3ᵉ subdivision comprendra le fort d'Ivry et l'espace compris entre Villejuif et la Seine.

Le quartier général du 1ᵉʳ commandement sera au château de la Muette, et celui du 2ᵉ à Gentilly.

Toutes les communications relatives au service seront adressées au délégué à la guerre par l'entremise des généraux commandant en chef. Les communications faites directement ne seront pas prises en considération.

Les commandants en chef établiront immédiatement à leurs quartiers généraux un conseil de guerre en permanence et un service de prévôté.

Paris, 28 avril 1871.

Le délégué à la guerre,
E. CLUSERET.

COMMISSION DE LA GUERRE

La commission de la guerre rappelle à tout chef de légion qu'il est tenu d'envoyer, chaque matin, rue Saint-Dominique-Saint-Germain, 86, salle du rapport, à neuf heures très-précises, son chef d'état-major, avec une *situation conforme au modèle adopté par la commission*, de l'effectif, armement, habillement et besoins de ladite légion.

Toute demande d'effets ou d'armement qui ne passe pas par la voie du rapport est considérée comme non avenue.

Paris, 28 avril 1871.

La commission de la guerre,
ARNOLD, AVRIAL, DELESCLUZE, RANVIER, C. TRIDON.

Il faut en finir avec un abus coûteux pour la Commune. Certains officiers briguent, à l'envi, sabres et galons ; puis, repoussés par leurs hommes, se retirent avec l'équipement et les armes qui ne leurs appartiennent plus.

Les chefs de légion, et, après eux, les chefs de bataillon, sont chargés de faire rentrer au magasin central ce qui est le bien propre des légions et des bataillons.

Paris, 28 avril 1871.

La commission de la guerre,
ARNOLD, AVRIAL, DELESCLUZE, RANVIER, G. TRIDON.

N° 121, 1ᵉʳ mai.

La commission exécutive,

ARRÊTE :

Le citoyen Rossel est chargé, à titre provisoire, des fonctions de délégué à la guerre.

Paris, 30 avril 1871.

La commission exécutive :
JULES ANDRIEU, PASCHAL GROUSSET, ED. VAILLANT, F. COURNET, JOURDE.

Le citoyen Cluseret est révoqué de ses fonctions de délégué à la guerre. Son arrestation, ordonnée par la commission exécutive, est approuvée par la Commune.

Il a été pourvu au remplacement provisoire du citoyen Cluseret ; la Commune prend toutes les mesures de sûreté nécessaires.

Aux citoyens membres de la Commission exécutive.

Citoyens,

J'ai l'honneur de vous accuser réception de l'ordre par lequel vous me chargez, à titre provisoire, des fonctions de délégué à la guerre.

J'accepte ces difficiles fonctions, mais j'ai besoin de votre concours le plus entier, le plus absolu, pour ne pas succomber sous le poids des circonstances.

Salut et fraternité.

Paris, 30 avril 1871.

Le colonel du génie,
E. ROSSEL.

N° 122, 2 mai.

La Commune,

DÉCRÈTE :

Art. 1er. Un comité de salut public sera immédiatement organisé.

Art. 2. Il sera composé de cinq membres, nommés par la Commune, au scrutin individuel.

Art. 3. Les pouvoirs les plus étendus sur toutes les délégations et commissions sont donnés à ce comité, qui ne sera responsable qu'à la Commune.

La Commune,

DÉCRÈTE :

Les membres de la Commune ne pourront être traduits devant aucune autre juridiction que la sienne (celle de la Commune).

Ont été nommés membres du comité de salut public les citoyens : Antoine Arnaud, Léo Meillet, Ranvier, Félix Pyat et Charles Gérardin.

———

L'incurie et la négligence du délégué à la guerre ayant failli compromettre notre possession du fort d'Issy, la commission exécutive a cru de son devoir de proposer l'arrestation du citoyen Cluseret à la Commune, qui l'a décrétée.

La Commune a pris d'ailleurs toutes les mesures nécessaires pour retenir en son pouvoir le fort d'Issy.

———

N° 123, 3 mai.

Le comité de salut public,

Considérant :

Qu'au point de vue de la défense de Paris, il est de toute urgence et du plus haut intérêt que ce qui est élément marin soit placé sous la direction du ministère de la marine,

ARRÊTE :

1° Le ministère de la marine, pour tout ce qui concerne les opérations militaires du siége, reste sous la direction du ministère de la guerre ;

2° Les chefs de bataillon rayeront des cadres de leurs compagnies tous les marins qui y sont incorporés et les dirigeront, dans les vingt-quatre heures, au ministère de la marine, où ils seront mis à la disposition du délégué à ce ministère ;

3° Tous les marins-fusiliers et matelots incorporés dans les compagnies de la garde nationale, quitteront ces compagnies et se présenteront dans les vingt-quatre heures au ministère de la marine, pour se mettre à la disposition du délégué à ce ministère ;

4° Les marins-fusiliers seront immédiatement organisés en compagnies de débarquement ;

5° Les matelots seront également organisés en compagnies de débarquement ; mais ces compagnies seront aussi considérées comme compagnies de dépôt, dans lesquelles le délégué au ministère de la marine pourra puiser pour le besoin du service des canonnières composant la flottille de la Seine ;

6° A partir de ce jour, 2 mai 1871, le bataillon des marins de la garde nationale, commandé par le citoyen Bloch, est placé sous la direction spéciale et absolue du délégué au ministère de la marine ;

7° Le délégué au ministère de la marine prendra dans les cadres de ce bataillon les officiers, sous-officiers et matelots capables, nécessaires à la composition des équipages de la flottille de la Seine ;

8° Des compagnies de débarquement seront immédiatement armées avec le reste de ce bataillon, de concert avec les fusiliers et matelots dont il est parlé dans les articles 4 et 5.

Paris, 2 mai 1871.

Pour le Comité de salut public,
F. PYAT, A. ARNAUD.

N° 126, 6 mai.

Le Comité de salut public,

ARRÊTE :

Art. 1er. La délégation à la guerre comprend deux divisions :
Direction militaire,
Administration.

Art. 2. Le colonel Rossel est chargé de l'initiative et de la direction des opérations militaires.

Art. 3. Le Comité central de la garde nationale est chargé des différents services de l'administration de la guerre, sous le contrôle direct de la commission militaire communale.

15 floréal an 79.

Le Comité de salut public,
ANT. ARNAUD, CH. GÉRARDIN, FÉLIX PYAT, LÉO MEILLET, G. RANVIER.

Le Comité de salut public,

Considérant que l'immeuble connu sous le nom de chapelle expiatoire de Louis XVI est une insulte permanente à la première Révolution et une protestation perpétuelle de la réaction contre la justice du peuple,

ARRÊTE :

Art. 1er. La chapelle dite expiatoire de Louis XVI sera détruite.

Art. 2. Les matériaux en seront vendus aux enchères publiques au profit de l'administration des domaines.

Art. 3. Le directeur des domaines fera procéder, dans les huit jours, à l'exécution du présent arrêté.

Paris, 16 floréal an 79.

Le Comité de salut public;

ANT. ARNAUD, CH. GÉRARDIN, LÉO MEILLET, FÉLIX PYAT, RANVIER.

Le membre de la Commune délégué à la sûreté générale,

Considérant que, pendant la durée de la guerre, et aussi longtemps que la Commune de Paris aura à combattre les bandes de Versailles qui l'assiégent et répandent le sang des citoyens, il n'est pas possible de tolérer les manœuvres coupables des auxiliaires de l'ennemi ;

Considérant qu'au nombre de ces manœuvres on doit placer en première ligne les attaques calomnieuses dirigées par certains journaux contre la population de Paris et la Commune, et, bien que l'une et l'autre soient au-dessus de pareilles attaques, celles-ci n'en sont pas moins une insulte permanente au courage, au dévouement et au patriotisme de nos concitoyens ;

Qu'il serait contraire à la moralité publique de laisser continuellement déverser par ces journaux la diffamation et l'outrage sur les défenseurs de nos droits, qui versent leur sang pour sauvegarder les libertés de la Commune et de la France ;

Considérant que le gouvernement de fait qui siége à Versailles interdit dans toutes les parties de la France, qu'il trompe, la publication et la distribution des journaux qui défendent les principes de la révolution représentés par la Commune ;

Considérant que les journaux le *Petit Moniteur*, le *Petit National*, le *Bon Sens*, la *Petite Presse*, le *Petit Journal*, la *France*, le *Temps* excitent dans chacun de leurs numéros à la guerre civile, et qu'ils sont les auxiliaires les plus actifs des ennemis de Paris et de la République ;

ARRÊTE :

Art. 1er. Les journaux le *Petit Moniteur*, le *Petit National*, le *Bon Sens*, la *Petite Presse*, le *Petit Journal*, la *France*, le *Temps* sont supprimés.

Art. 2. Notification du présent arrêté sera faite à chacun des susdits journaux et à leurs imprimeurs, responsables de toutes publications ultérieures, par les soins du citoyen Le Moussu, commissaire aux délégations, chargé de l'exécution du présent arrêté.

Paris, 5 mai 1871.

Le membre de la Commune délégué à la sûreté générale,

F. COURNET.

En exécution de l'arrêté du Comité de salut public en date du 15 floréal an 79.

Le délégué à la guerre arrête ainsi qu'il suit la répartition des différents commandements militaires :

Le général Dombrowski se tiendra de sa personne à Neuilly, et dirigera directement les opérations sur la rive droite.

Le général La Cécilia dirigera les opérations entre la Seine et la rive gauche de la Bièvre. Il prendra le titre de général commandant le centre.

Le général Wrobleski conservera le commandement de l'aile gauche.

Le général Bergeret commandera la 1re brigade de réserve ; le général Eudes commandera la 2e brigade active de réserve.

Chacun des généraux ci-dessus désignés conservera un quartier à l'intérieur de la ville, ainsi qu'il suit :
1° Le général Dombrowski, à la place Vendôme ;
2° Le général La Cécilia, à l'Ecole militaire ;
3° Le général Wrobleski, à l'Elysée ;
4° Le général Bergeret, au Corps législatif ;
5° Le général Eudes, à la Légion d'honneur.
Un ordre ultérieur déterminera les troupes que le ministère de la guerre mettra à leur disposition.

Paris, 5 mai 1871.

Le délégué à la guerre,
ROSSEL.

N° 131, 11 mai.

Le Comité de salut public,

Vu l'affiche du sieur Thiers, se disant chef du pouvoir de la République française :

Considérant que cette affiche, imprimée à Versailles, a été apposée sur les murs de Paris par les ordres du sieur Thiers ;

Que, dans ce document, il déclare que son armée ne bombarde pas Paris, tandis que chaque jour des femmes et des enfants sont victimes des projectiles fratricides de Versailles ;

Qu'il y est fait un appel à la trahison pour pénétrer dans la place, sentant l'impossibilité absolue de vaincre par les armes l'héroïque population de Paris,

ARRÊTE :

Art. 1er. Les biens meubles et les propriétés de Thiers seront saisis par les soins de l'administration des domaines.

Art. 2. La maison de Thiers, située place Georges, sera rasée.

Art. 3. Les citoyens Fontaine, délégué aux domaines, et J. Andrieu, délégué aux services publics, sont chargés, chacun en ce qui le concerne, de l'exécution IMMÉDIATE du présent arrêté.

Paris, 21 floréal an 79.

Les Membres du Comité de salut public,
ANT. ARNAUD, EUDES, F. GAMBON, G. RANVIER.

Dans la séance de ce jour, la Commune a décidé :

1° Le renvoi devant la cour martiale du citoyen Rossel, ex-délégué à la guerre ;

2° La nomination du citoyen Delescluze aux fonctions de délégué à la guerre.

La Commune de Paris.

ORDRE.

Tout officier venant de l'extérieur ou de l'intérieur qui se présenterait au ministère de la guerre ou à la Place sans être porteur d'ordres de son supérieur hiérarchique s'exposera à être mis en état d'arrestation.

Le délégué civil à la guerre,
DELESCLUZE.

A LA GARDE NATIONALE.

Citoyens,

La Commune m'a délégué au ministère de la guerre ; elle a pensé que son représentant dans l'administration militaire devait appartenir à l'élément civil. Si je ne consultais que mes forces, j'aurais décliné cette fonction périlleuse ; mais j'ai compté sur votre patriotisme pour m'en rendre l'accomplissement plus facile.

La situation est grave, vous le savez ; l'horrible guerre que vous font les féodaux conjurés avec les débris des régimes monarchiques vous a déjà coûté bien du sang généreux, et cependant, tout en déplorant ces pertes douloureuses, quand j'envisage le sublime avenir qui s'ouvrira pour nos enfants, et lors même qu'il ne nous serait pas donné de récolter ce que nous avons semé, je saluerais encore avec enthousiasme la Révolution du 18 Mars, qui a ouvert à la France et à l'Europe des perspectives que nul de nous n'osait espérer il y a trois mois. Donc, à vos rangs, citoyens, et tenez ferme devant l'ennemi.

Nos remparts sont solides comme vos bras, comme vos

cœurs; vous n'ignorez pas d'ailleurs que vous combattez pour votre liberté et pour l'égalité sociale, cette promesse qui vous a si longtemps échappé; que si vos poitrines sont exposées aux balles et aux obus des Versaillais, le prix qui vous est assuré, c'est l'affranchissement de la France et du monde, la sécurité de votre foyer et la vie de vos femmes et de vos enfants.

Vous vaincrez donc. Le monde qui vous contemple et applaudit à vos magnanimes efforts s'apprête à célébrer votre triomphe, qui sera le salut pour tous les peuples.

Vive la République universelle !
Vive la Commune !

Paris, 10 mai 1871.

Le délégué civil à la guerre,
DELESCLUZE.

N° 132, 12 mai.

Citoyens,

La Commune et la République viennent d'échapper à un péril mortel.

La trahison s'était glissée dans nos rangs. Désespérant de vaincre Paris par les armes, la réaction avait tenté de désorganiser ses forces par la corruption. Son or, jeté à pleines mains, avait trouvé jusque parmi nous des consciences à acheter.

L'abandon du fort d'Issy, annoncé dans une affiche impie par le misérable qui l'a livré, n'était que le premier acte du drame : une insurrection monarchique à l'intérieur, coïncidant avec la livraison d'une de nos portes, devait le suivre et nous plonger au fond de l'abîme.

Mais, cette fois encore, la victoire reste au droit.

Tous les fils de la trame ténébreuse dans laquelle la Révolution devait se trouver prise sont, à l'heure présente, entre nos mains.

La plupart des coupables sont arrêtés.

Si leur crime est effroyable, leur châtiment sera exemplaire. La cour martiale siège en permanence. Justice sera faite.

Citoyens,

La Révolution ne peut pas être vaincue ; elle ne le sera pas.

Mais s'il faut montrer au monarchisme que la Commune est prête à tout plutôt que de voir le drapeau rouge brisé entre ses mains, il faut que le peuple sache bien aussi que de lui, de lui seul, de sa vigilance, de son énergie, de son union, dépend le succès définitif.

Ce que la réaction n'a pu faire hier, demain, elle va le tenter encore.

Que tous les yeux soient ouverts sur ses agissements.

Que tous les bras soient prêts à frapper impitoyablement les traîtres. Que toutes les forces vives de la Révolution se groupent pour l'effort suprême, et alors, alors seulement, le triomphe est assuré.

A l'Hôtel de ville, le 12 mai 1871.

Le Comité de salut public,
ANT. ARNAUD, E. EUDES, F. GAMBON, G. RANVIER.

Le membre de la Commune délégué à la sûreté générale,

ARRÊTE :

Art. 1er. Le *Moniteur universel*, l'*Observateur*, l'*Univers*, le *Spectateur*, l'*Étoile* et l'*Anonyme* sont supprimés.

Art. 2. Notification du présent arrêté sera faite à chacun des susdits journaux et à leurs imprimeurs, responsables de toutes publications ultérieures, par les soins du citoyen Le Moussu, commissaire aux délégations, chargé de l'exécution du présent arrêté.

Paris, 11 mai 1871.

Le Membre de la Commune délégué à la sûreté générale,
F. COURNET.

N° 133, 13 mai.

Partie officielle.

Le citoyen Vésinier est nommé délégué au *Journal officiel* pour les fonctions de rédacteur en chef.

Le Comité de salut public.

N° 134, 14 mai.

Partie officielle.

Ordre est donné au délégué à l'*Officiel* de le faire vendre demain, 24 floréal, à cinq centimes le numéro, en conformité du décret de la Commune.

Le Comité de salut public.

N° 135, 15 mai.

Le Comité de salut public,

Considérant que, ne pouvant vaincre par la force la population de Paris, assiégée depuis plus de quarante jours pour avoir revendiqué ses franchises communales, le Gouvernement de Versailles cherche à introduire parmi elle des agents secrets dont la mission est de faire appel à la trahison.

ARRÊTE :

Art. 1er. Tout citoyen devra être muni d'une carte d'identité contenant ses nom, prénoms, profession, âge et domicile, ses numéros de légion, de bataillon et de compagnie, ainsi que son signalement.

Art. 2. Tout citoyen trouvé non porteur de sa carte sera arrêté et son arrestation maintenue jusqu'à ce qu'il ait établi régulièrement son identité.

Art. 3. Cette carte sera délivrée par les soins des commissaires de police sur pièces justificatives, en présence de deux témoins qui attesteront par leur signature bien connaître le demandeur. Elle sera ensuite visée par la municipalité compétente.

Art. 4. Toute fraude reconnue sera rigoureusement réprimée.

Art. 5. L'exhibition de la carte d'identité pourra être requise par tout garde national.

Art. 6. Le délégué à la sûreté générale ainsi que les municipalités sont chargés de l'exécution du présent arrêté dans le plus bref délai.

Hôtel de ville, 24 floréal an 79.

Le Comité de salut public,

ANT. ARNAUD, BILLIORAY, E. EUDES, F. GAMBON, C. RANVIER.

N° 136, 16 mai.

La tête de ce numéro est modifiée.

La ligne de tête est revue et augmentée, la voici :

26 floréal an 79.   N° 136.   113ᵉ année, 16 mai.

Liberté, égalité, fraternité.

PROCLAMATION AUX GRANDES VILLES.

AUX GRANDES VILLES.

Après deux mois d'une bataille de toutes les heures, Paris n'est ni las, ni entamé.

Paris lutte toujours, sans trêve et sans repos, infatigable, héroïque, invaincu.

Paris a fait un pacte avec la mort. Derrière ses forts, il a ses murs; derrière ses murs, ses barricades; derrière ses barricades, ses maisons, qu'il faudrait lui arracher une à une et qu'il ferait sauter, au besoin, plutôt que de se rendre à merci.

Grandes villes de France, assisterez-vous immobiles et impassibles à ce duel à mort de l'Avenir contre le Passé, de la République contre la Monarchie?

Ou verrez-vous enfin que Paris est le champion de la France et du monde, et que ne pas l'aider, c'est le trahir?...

Vous voulez la République, ou vos votes n'ont aucun sens;

vous voulez la Commune, car la repousser, ce serait abdiquer votre part de souveraineté nationale ; vous voulez la liberté politique et l'égalité sociale, puisque vous l'écrivez sur vos programmes ; vous voyez clairement que l'armée de Versailles est l'armée du bonapartisme, du centralisme monarchique, du despotisme et du privilége, car vous connaissez ses chefs et vous vous rappelez leur passé.

Qu'attendez-vous donc pour vous lever? Qu'attendez-vous pour chasser de votre sein les infâmes agents de ce gouvernement de capitulation et de honte qui mendie et achète, à cette heure même, de l'armée prussienne, les moyens de bombarder Paris par tous les côtés à la fois.

Attendez-vous que les soldats du droit soient tombés jusqu'au dernier sous les balles empoisonnées de Versailles?

Attendez-vous que Paris soit transformé en cimetière et chacune de ses maisons en tombeau?

Grandes villes, vous lui avez envoyé votre adhésion fraternelle; vous lui avez dit : « De cœur, je suis avec toi! »

Grandes villes, le temps n'est plus aux manifestes : le temps est aux actes, quand la parole est au canon.

Assez de sympathies platoniques. Vous avez des fusils et des munitions : Aux Armes! Debout les villes de France!

Paris vous regarde, Paris attend que votre cercle se serre autour de ses lâches bombardeurs et les empêche d'échapper au châtiment qu'il leur réserve.

Paris fera son devoir et le fera jusqu'au bout.

Mais ne l'oubliez pas, Lyon, Marseille, Lille, Toulouse, Nantes, Bordeaux et les autres...

Si Paris succombait pour la liberté du monde, l'histoire vengeresse aurait le droit de dire que Paris a été égorgé parce que vous avez laissé s'accomplir l'assassinat.

Le délégué de la Commune aux relations extérieures,

PASCHAL GROUSSET.

N° 137, 17 mai.

Le Comité de salut public,

ARRÊTE :

Art. 1er. Tous les trains, soit de voyageurs, soit de marchandises, de jour et de nuit, se dirigeant sur Paris, par une ligne quelconque, devront s'arrêter hors de l'enceinte, au point où est établi le dernier poste avancé de la garde nationale.

A cet effet, un signal spécial sera placé au point d'arrêt par les soins des autorités compétentes.

Art. 2. Aucun train ne pourra dépasser la limite précitée sans avoir été préalablement visité par l'un des commissaires de police délégués à cet effet.

Art. 3. Les travaux nécessaires seront immédiatement exécutés à la hauteur de l'enceinte pour être en mesure de détruire instantanément tout train qui essayerait de forcer la consigne.

Art. 4. Un délégué civil, faisant fonctions de commissaire de police spécial aura le commandement du poste chargé de visiter les trains au point d'arrêt.

Art. 5. Le membre de la Commune délégué aux relations extérieures, d'accord avec le délégué civil à la guerre, est chargé de l'exécution du présent arrêté.

Le délégué de la Commune près les chemins de fer prendra ses ordres à cet égard.

Fait à Paris, le 16 mai 1871.

Le Comité de salut public.

Pour copie conforme :
Le secrétaire général.
HENRI BRISSAC.

N° 138, 18 mai.

Le gouvernement de Versailles vient de se souiller d'un nouveau crime, le plus épouvantable et le plus lâche de tous.

Ses agents ont mis le feu à la cartoucherie de l'avenue Rapp et provoqué une explosion effroyable.

On évalue à plus de cent le nombre des victimes. Des femmes, un enfant à la mamelle ont été mis en lambeaux.

Quatre des coupables sont entre les mains de la sûreté générale.

Paris, 27 floréal an 79.

Le Comité de salut public,

ANT. ARNAUD, BILLIORAY, E. EUDES, F. GAMBON, G. RANVIER.

AUX GARDES NATIONAUX DE PARIS.

Vos ennemis, ne pouvant vous vaincre, voudraient vous déshonorer. Ils vous jettent les épithètes de brigands et de pillards, en ajoutant ainsi la calomnie à la série de leurs crimes. Répondre par la force à leurs attentats contre la République, voilà le brigandage ; lutter pour le triomphe des franchises communales, voilà le pillage.

Bonapartistes, orléanistes et chouans sont ligués contre vous et n'ont de lien commun que leur haine pour la Révolution. Ils rêvent de rétablir un trône qui servirait de rempart à leurs priviléges, et ils voudraient écraser la République, garantie de tous les progrès, sous l'ignorance des campagnes qu'ils égarent ou corrompent.

Vous déjouerez leurs projets liberticides par votre discipline et votre héroïsme. Leurs trahisons nous ont empêchés de sauver l'intégrité de notre patrie, mais elles n'auront pas la puissance de nous rejeter sous le joug, même passager, d'une restauration monarchique.

Il faut que ces insurgés contre les droits du peuple en prennent leur parti : nous réaliserons le sublime programme tracé par nos pères en 92. L'ordre dans la République, la liberté, l'égalité, la fraternité ne demeureront pas lettre morte. La lutte soutenue en France depuis quatre-vingts ans contre le vieux monde va toucher à son dénoûment.

Si vous remplissez vos devoirs, il n'est pas douteux : c'est Paris triomphant, ce sont les villes qui brûlent de suivre votre exemple, ce sont les campagnes élevées à la notion de leurs droits, c'est la République devenue inébranlable et affranchissant le peuple de l'ignorance et de la misère, c'est une ère nouvelle ouverte à tous les progrès.

Si, au contraire, vous hésitiez ou vous reculiez, ce serait Paris livré aux vengeances féroces des sicaires de Versailles et noyé dans les flots de sang, ce serait la dévastation et le carnage dans toutes les rues, l'égorgement et la déportation des républicains dans toute la France, le deuil de la République ajouté au deuil national, l'esclavage du citoyen greffé sur la patrie démembrée, une rétrogradation effroyable dans toutes les orgies du royalisme.

Gardes nationaux! votre choix est fait : vous combattez pour la République, pour votre salut, pour la plus noble des causes, et vous vaincrez!

Vive la République!
Vive la Commune!

Paris, 27 floréal an 79.

Le Comité de salut public.

Partie officielle.

ORDRE FORMEL.

8ᵉ LÉGION.

Tous les citoyens de 19 à 40 ans, faisant partie des 3ᵉ et 4ᵉ bataillons, qui n'auront pas rejoint *immédiatement* leur casernement à la caserne de la Pépinière, seront arrêtés et déférés à la Cour martiale (*La peine encourue est celle de mort*).

Trois bataillons étrangers à l'arrondissement sont mis à la disposition de la légion pour faire exécuter cet ordre.

Paris, 17 mai 1871.

Le lieutenant-colonel sous-chef de légion, chef d'état-major,

AUGUSTE PETIT.

Vu et approuvé :
Les membres du bureau militaire,
BAUCHE, BRESSLER, DENNEVILLE, LÉGALITÉ.

N° 139, 19 mai.

Le Comité de salut public,

ARRÊTE :

Art. 1er. Les journaux la *Commune*, l'*Echo de Paris*, l'*Indé-pendance française*, l'*Avenir national*, la *Patrie*, le *Pirate*, le *Républicain*, la *Revue des Deux-Mondes*, l'*Echo de Ultramar* et la *Justice* sont et demeurent supprimés.

Art. 2. Aucun nouveau journal ou écrit périodique politique ne pourra paraître avant la fin de la guerre.

Art. 3. Tous les articles devront être signés par leurs auteurs.

Art. 4. Les attaques contre la République et la Commune seront déférées à la cour martiale.

Art. 5. Les imprimeurs contrevenants seront poursuivis comme complices, et leurs presses mises sous scellés.

Art. 6. Le présent arrêté sera immédiatement signifié aux journaux supprimés par les soins du citoyen Le Moussu, commissaire civil délégué à cet effet.

Art. 7. La sûreté générale est chargée de veiller à l'exécution du présent arrêté.

Hôtel de ville, 28 floréal an 79.

Le Comité de salut public,
ANT. ARNAUD, EUDES, BILLIORAY, F. GAMBON
G. RANVIER.

N° 142, 22 mai.

AU PEUPLE DE PARIS. — A LA GARDE NATIONALE.

Citoyens,

Assez de militarisme, plus d'états-majors galonnés et dorés sur toutes les coutures!

Place au peuple, aux combattants, aux bras nus! L'heure de la guerre révolutionnaire a sonné.

Le peuple ne connaît rien aux manœuvres savantes, mais

quand il a un fusil à la main, du pavé sous les pieds, il ne craint pas tous les stratégistes de l'école monarchiste.

Aux armes ! citoyens, aux armes ! Il s'agit, vous le savez, de vaincre ou de tomber dans les mains impitoyables des réactionnaires et des cléricaux de Versailles, de ces misérables qui ont, de parti pris, livré la France aux Prussiens, et qui nous font payer la rançon de leurs trahisons !

Si vous voulez que le sang généreux qui a coulé comme de l'eau depuis six semaines ne soit pas infécond, si vous voulez vivre libres dans la France libre et égalitaire, si vous voulez épargner à vos enfants et vos douleurs et vos misères, vous vous lèverez comme un seul homme, et devant votre formidable résistance, l'ennemi, qui se flatte de vous remettre au joug, en sera pour la honte des crimes inutiles dont il s'est souillé depuis deux mois.

Citoyens, vos mandataires combattront et mourront avec vous, s'il le faut. Mais au nom de cette glorieuse France, mère de toutes les révolutions populaires, foyer permanent des idées de justice et de solidarité qui doivent être et seront les lois du monde, marchez à l'ennemi, et que votre énergie révolutionnaire lui montre qu'on peut vendre Paris, mais qu'on ne peut ni le livrer ni le vaincre !

La Commune compte sur vous, comptez sur la Commune !

Le délégué civil à la guerre,
CH. DELESCLUZE.

Le Comité de salut public,
ANT. ARNAUD, BILLIORAY, E. EUDES,
F. GAMBON, G. RANVIER.

N° 143, 23 mai.

Ce numéro, également sur une feuille simple, n'est imprimé que d'un seul côté ; c'est le seul numéro de ce genre ; il ne contient rien de bien intéressant; il est rempli en grande partie par les rapports des séances de la Commune et la vérification de comptes des finances, plus quelques faits divers.

N° 144 et dernier, 4 prairial an 79.

Ce journal qui, jusqu'à présent, avait été imprimé quai Voltaire, 31, fut, à ce dernier nnméro, tiré à l'imprimerie Nationale.

Il est assez intéressant par les appels aux peuples, etc., et les ordres et proclamations qu'il publie.

Les voici :

COMMUNE DE PARIS.

COMITÉ DE SALUT PUBLIC.

Que tous les bons citoyens se lèvent !
Aux barricades ! l'ennemi est dans nos murs !
Pas d'hésitation !
En avant pour la République, pour la Commune et pour la Liberté !
AUX ARMES !
Paris, 22 mai 1871.

Le Comité de salut public,
ANT. ARNAUD, EUDES, BILLIORAY,
F. GAMBON, G. RANVIER.

RÉPUBLIQUE FRANÇAISE.

Liberté, Égalité, Fraternité.

COMMUNE DE PARIS. — COMITÉ DE SALUT PUBLIC.

Soldats de l'armée de Versailles,

Le peuple de Paris ne croira jamais que vous puissiez diriger contre lui vos armes quand sa poitrine touchera les vôtres ; nos mains reculeraient devant un acte qui serait un véritable fratricide.

Comme nous, vous êtes prolétaires ; comme nous, vous avez intérêt à ne plus laisser aux monarchistes conjurés le droit de boire votre sang comme ils boivent vos sueurs.

Ce que vous avez fait au 18 mars, vous le ferez encore, et le peuple n'aura pas la douleur de combattre des hommes qu'il regarde comme des frères et qu'il voudrait voir s'asseoir au banquet civique de la Liberté et de l'Égalité.

Venez à nous, frères, venez à nous; nos bras vous sont ouverts!

Le 3 prairial an 79.

Le Comité de salut public,
ANT. ARNAUD, BILLIORAY, E. EUDES,
F. GAMBON, G. RANVIER.

Soldats de l'armée de Versailles,

Nous sommes des pères de famille,

Nous combattons pour empêcher nos enfants d'être, un jour, courbés, comme vous, sous le despotisme militaire.

Vous serez, un jour, pères de famille.

Si vous tirez sur le Peuple aujourd'hui, vos fils vous maudiront, comme nous maudissons les soldats qui ont déchiré les entrailles du Peuple en Juin 1848 et en Décembre 1851.

Il y a deux mois, au 18 mars, vos frères de l'armée de Paris, le cœur ulcéré contre les lâches qui ont vendu la France, ont fraternisé avec le Peuple : imitez-les.

Soldats, nos enfants et nos frères, écoutez bien ceci, et que votre conscience décide :

Lorsque la consigne est infâme, la désobéissance est un devoir.

3 prairial an 79.

LE COMITÉ CENTRAL.

Citoyens,

La porte de Saint-Cloud, assiégée de quatre côtés à la fois par les feux du Mont-Valérien, de la butte Mortemart, des Moulineaux et du fort d'Issy, que la trahison a livré; la porte Saint-Cloud a été forcée par les Versaillais, qui se sont répandus sur une partie du territoire parisien.

Ce revers, loin de nous abattre, doit être un stimulant énergique. Le Peuple qui détrône les rois, qui détruit les Bastilles, le Peuple de 89 et de 93, le Peuple de la Révolution ne peut perdre en un jour le fruit de l'émancipation du 18 mars.

Parisiens, la lutte engagée ne saurait être désertée par personne ; car c'est la lutte de l'avenir contre le passé, de la Liberté contre le despotisme, de l'Égalité contre le monopole, de la Fraternité contre la servitude, de la Solidarité des peuples contre l'égoïsme des oppresseurs.

AUX ARMES !

Donc, AUX ARMES ! Que Paris se hérisse de barricades, et que, derrière ces remparts improvisés, il jette encore à ses ennemis son cri de guerre, cri d'orgueil, cri de défi, mais aussi cri de victoire ; car Paris, avec ses barricades, est inexpugnable.

Que les rues soient toutes dépavées : d'abord parce que les projectiles ennemis, tombant sur la terre, sont moins dangereux ; ensuite, parce que ces pavés, nouveaux moyens de défense, devront être accumulés, de distance en distance, sur les balcons des étages supérieurs des maisons.

Que le Paris révolutionnaire, le Paris des grands jours, fasse son devoir ; la Commune et le Comité de salut public feront le leur.

Hôtel de ville, le 2 prairial an 79.

Le Comité de salut public,
ANT. ARNAUD, E. EUDES, F. GAMBON,
G. RANVIER.

ORDRE.

Les ingénieurs et les capitaines adjudants-majors des bataillons se rendront, chaque matin, au rapport du Directeur du génie, à 9 heures, à la caserne de la Cité.

2 prairial an 79.

Le Délégué à la guerre,
CH. DELESCLUZE.

Paris, 3 prairial an 79.

L'ennemi s'est introduit dans nos murs plutôt par la trahison que par la force : le courage et l'énergie des Parisiens le repousseront.

A l'heure où toutes les grandes communes de la France entière se réveillent pour la revendication de leurs libertés, pour se fédérer entre elles et avec Paris, Paris la ville sainte, le foyer de la révolution et de la civilisation n'a rien à redouter.

La lutte est rude, soit ; mais n'oublions pas que c'est la dernière, que c'est le suprême effort de nos ennemis.

A ces hommes que rien n'a pu instruire, à ces hommes qui ne tiennent compte ni de la grande Révolution, ni de 1830 ; — à ces hommes qui ont oublié les luttes de 1848, les hontes de décembre 1851 et de Sedan ; — qui ne savent pas même se souvenir du 4 septembre, des journées du siége et du 18 mars, nous allons donner la grande leçon de prairial de l'an 79 !

Ouvrons nos rangs à ceux que les Versaillais ont enrôlés de force et qui veulent s'unir à nous pour défendre la Commune, la République, la France.

Mais, pas de pitié pour les traîtres, pour les complices de Bonaparte, de Favre et de Thiers.

Tout le monde aux barricades. Tous doivent travailler, de gré ou de force même, à les construire ; tous ceux qui peuvent manier un fusil, pointer un canon ou une mitrailleuse, doivent les défendre.

Que les femmes elles-mêmes s'unissent à leurs frères, à leurs pères et à leurs époux.

Celles qui n'auront pas d'armes soigneront les blessés et monteront des pavés dans leurs chambres pour écraser l'envahisseur.

Que le tocsin sonne ; mettez en branle toutes les cloches et faites tonner tous les canons, tant qu'il restera un seul ennemi dans nos murs.

C'est la guerre terrible, car l'ennemi est sans pitié : Thiers veut écraser Paris, fusiller ou transporter tous nos gardes nationaux ; aucun d'eux ne trouvera grâce devant ce proscripteur souillé par toute une vie de crimes et d'attentats à la souveraineté du peuple. Tous les moyens seront bons pour lui et ses complices.

La victoire complète est la seule chance de salut que nous laisse cet ennemi implacable. Par notre accord et notre dévouement, assurons la victoire.

Aujourd'hui que Paris fasse son devoir, demain la France entière l'imitera.

AUX FRANCS-MAÇONS DE TOUS LES RITES ET DE TOUT GRADE.

Frères,

La Commune, défenseur de nos principes sacrés, vous appelle à elle.

Vous l'avez entendue, et nos bannières vénérées sont déchirées par les balles et brisées par les obus de ses ennemis.

Vous avez répondu héroïquement; continuez, avec l'aide de nos frères de tous les compagnonnages.

L'instruction que nous avons reçue dans nos respectables ateliers dictera à chacun de nous, à tous, le devoir sacré que nous avons à remplir.

Heureux ceux qui triompheront, glorieux qui succomberont dans cette lutte sainte!

COMMUNE DE PARIS.

2e *Arrondissement. — Mairie de la Bourse.*

Les monarchistes qui veulent anéantir Paris se croient sûrs de la victoire; ils ne font que creuser leur tombe.

Aux barricades, frères! aux barricades!

Que chaque coin de rue devienne une forteresse, que les enfants roulent des pavés, que les femmes cousent des sacs à terre!

Aux armes, bataillons fédérés! la province, éclairée, enthousiasmée, marche à votre aide. Aujourd'hui la lutte acharnée, demain la victoire définitive. Debout! vous tenez en vos mains le sort de la Révolution.

Vive la Commune! Vive la République!

Paris, 22 mai 1871.

La délégation communale,
EUGÈNE POTTIER, AUGUSTE SERAILLER, JACQUES DURAND, JULES JOHANNARD.

RÉPUBLIQUE FRANÇAISE.

Liberté, Egalité, Fraternité.

COMMUNE DE PARIS.

Le peuple de Paris aux soldats de Versailles.

Frères!

L'heure du grand combat des peuples contre leurs oppresseurs est arrivée.

N'abandonnez pas la cause des travailleurs!

Faites comme vos frères du 18 mars!

Unissez-vous au peuple dont vous faites partie!

Laissez les aristocrates, les privilégiés, les bourreaux de l'humanité se défendre eux-mêmes, et le règne de la justice sera facile à établir.

Quittez vos rangs!

Entrez dans nos demeures.

Venez à nous, au milieu de vos familles. Vous serez accueillis fraternellement et avec joie.

Le peuple de Paris a confiance en votre patriotisme.

Vive la République!

Vive la Commune!

Le 3 prairial an 79.

La Commune de Paris.

RÉPUBLIQUE FRANÇAISE.

Liberté, Egalité, Fraternité.

COMMUNE DE PARIS.

Comité de salut public.

Le Comité de salut public arrête :

Art. 1er. Les persiennes ou volets de toutes les fenêtres demeureront ouverts.

Art. 2. Toute maison de laquelle partira un seul coup de fusil ou une agression quelconque contre la garde nationale sera immédiatement brûlée.

Art. 3. La garde nationale est chargée de veiller à l'exécution stricte du présent arrêté.

Hôtel de ville, le 3 prairial an 79.

Le Comité de salut public,
ANT. ARNAUD, BILLIORAY, E. EUDES,
F. GAMBON, G. RANVIER.

Le Comité de salut public autorise les chefs de barricades à requérir les ouvertures des portes des maisons là où ils le jugeront nécessaire.

A réquisitionner pour leurs hommes tous les vivres et objets utiles à la défense, dont ils feront récépissé et dont la Commune fera état à qui de droit.

Paris, le 3 prairial an 79.

Le membre du Comité de salut public,
G. RANVIER.

RÉPUBLIQUE FRANÇAISE.

FÉDÉRATION RÉPUBLICAINE DE LA GARDE NATIONALE.

Comité central.

Au moment où les deux camps se recueillent, s'observent et prennent leurs positions stratégiques;

A cet instant suprême, où toute une population, arrivée au paroxysme de l'exaspération, est décidée à vaincre ou à mourir pour le maintien de ses droits,

Le Comité central vient faire entendre sa voix.

Nous n'avons lutté que contre un ennemi : *la guerre civile.* Conséquents avec nous-mêmes, soit lorsque nous étions une administration provisoire, soit depuis que nous sommes entièrement éloignés des affaires, nous avons pensé, parlé, agi en ce sens;

Aujourd'hui et pour la dernière fois, en présence des malheurs qui pourraient fondre sur tous,

Nous proposons à l'héroïque Peuple armé qui nous a nommés, nous proposons aux hommes égarés qui nous attaquent la seule solution capable d'arrêter l'effusion du sang, tout en sauvegardant les droits légitimes que Paris a conquis :

1° L'Assemblée nationale, dont le rôle est terminé, doit se dissoudre ;

2° La Commune se dissoudra également ;

3° L'armée dite *régulière* quittera Paris, et devra s'en éloigner d'au moins 25 kilomètres ;

4° Il sera nommé un pouvoir intérimaire composé des délégués des villes de 50,000 habitants. Ce pouvoir choisira parmi ses membres un gouvernement provisoire, qui aura la mission de faire procéder aux élections d'une Constituante et de la Commune de Paris ;

5° Il ne sera exercé de représailles ni contre les membres de l'Assemblée ni contre les membres de la Commune pour tous les faits postérieurs au 26 mars.

Voilà les seules conditions acceptables.

Que tout le sang versé dans une lutte fratricide retombe sur la tête de ceux qui les repousseraient.

Quant à nous, comme par le passé, nous remplirons notre devoir jusqu'au bout.

4 prairial an 79.

Les membres du Comité central,

Moreau, Piat, B. Lacorre, Geoffroy, Gouhier, Prudhomme, Gaudier, Fabre, Tiersonnier, Bonnefoy, Lacord, Tournois, Baroud, Rousseau, Laroque, Maréchal, Bisson, Ouzelot, Brin, Marceau, l'Évêque, Chouteau, Avoine fils, Navarre, Husson, Lagarde; Audoynud, Hanser, Soudry, Lavallette, Chateau, Valats, Patris, Fougeret, Millet, Boullenger, Boult, Grelier, Drevet.

Journal populaire (le), politique et quotidien, grand format, feuille double à 15 centimes.

Du 17 au 23 mai 1871 ; 7 numéros.

Imprimerie Serrière et C⁰, 123, rue Montmartre.

Directeur-gérant, Ch. Français.

Collaborateurs : Ayraud-Degeorge, T. de la Bédollière, H. de Deserille.

Le *Journal populaire*, comme l'indique du reste son premier article, n'était autre que le *National* supprimé par la Commune et qui, à l'exemple de ses confrères, reparaissait le lendemain au nez et à la barbe du délégué à la sûreté générale.

Voici comment il fait son entrée en scène :

N° 1.

Paris, 16 mai.

« Pan, pan, pan.

— Qui est là?

— Ouvrez, ouvrez vite, nous n'avons pas une minute à perdre.

— Mais pardon, je ne suis pas prêt ; ma toilette n'est pas encore faite.

— On ne vous demande pas tant de toilette que cela ; il s'agit bien en ce temps-ci de toilette : moins vous en aurez et mieux vous serez reçu. Ignorez-vous donc que le sans-culotte est plus que jamais à la mode ?

— Mais enfin ?

— Enfin, nous causerons de tout cela plus tard ; ouvrez et venez !

— Voici ce dont il s'agit : Je suis ouvrier imprimeur ; nous avons su dans la composition, dont je fais partie, que vous aviez pris vos dispositions pour pouvoir vous adresser au public sous ce titre : « le Journal populaire. »

— Par ce temps d'épidémie mortelle, qui tue chaque jour tant de feuilles, il ne faut pas de longs préparatifs pour entrer en scène, et le public n'est pas exigeant à l'endroit des saluts et des avis préalables.

— Ah ! dame ! pour ne pas perdre de temps, il ne faut pas craindre d'endosser une partie de la défroque encore chaude d'une des dernières victimes de l'épidémie.

— Le *National* vient de descendre la garde.

« Son équipe de composition était formée de braves pères de famille qui, comme moi, ne demandent qu'à trouver dans le travail les moyens de jouir en paix de ce que la République a pour but de nous assurer, cette équipe m'a délégué près de vous pour vous demander de saisir la balle au bond et nous assurer ainsi la reprise de notre travail quotidien, dont la suppression, retombant non-seulement sur nos femmes et nos enfants, mais encore sur tous ceux que nos dépenses aidaient à vivre, contribuerait à accroître cet état de misère générale qui est un des plus grands dissolvants de l'idée républicaine.

« Est-ce dit ?

— Ma foi ! oui, votre proposition me décide ; je n'étais pas complétement prêt ; mais je compte sur l'indulgence du public.

— Eh bien, topez-là ! et, ce soir, le premier numéro du *Journal populaire* paraîtra. »

N° 4.

A partir de ce numéro, le *Journal populaire* publia deux éditions, une pour le matin et une pour le soir, le format existant prit la mention d'édition du soir et celle du matin fut créée sur une feuille simple in-folio au prix de 5 centimes ; il annonce ainsi la publication de cette seconde édition :

En présence des événements, le *Journal populaire* publiera tous les matins une édition à cinq centimes, rendant compte des événements de la soirée et d'une partie de la nuit.

L'édition du matin n'eut que 3 numéros : commencée au n° 4, elle s'arrêta au n° 6, 23 mai 1871, par suite de l'entrée des troupes de Versailles dans Paris.

Journal du soir (le), grand format, feuille simple imprimée des deux côtés, prix, 10 centimes.
Du 4 au 7 mai 1871 ; 3 numéros.
Bureau de vente, rue du Croissant, 21.
Imprimerie spéciale, Dubuisson.
Administration et rédaction, 5, rue Coq-Héron.

Ce journal, tout entier consacré aux nouvelles, s'arrêta à son 3ᵉ numéro (6 mai 1871) et disparut de la scène sans en donner le motif.

Justice (la), journal politique quotidien, grand format, feuille double, 4 pages, à 10 centimes.

Du 10 au 19 mai 1871.

Administration et rédaction, 5, rue d'Aboukir.

Imprimerie L. Bovré, imprimeur et gérant de la *Justice*, 3, rue d'Aboukir.

Feuille anonyme, inspirée, dit-on, par Vermorel.

N° 1, 10 Mai 1871.

Les événements accomplis depuis le 4 Septembre et depuis le 18 Mars ont créé pour le pays une situation nouvelle.

La révolution du 4 septembre a été une révolution nationale; celle du 18 mars une révolution communale.

Le pays entraîné dans une guerre désastreuse a compris, trop tard, hélas! au lendemain de Sedan, qu'il n'y avait aucune sécurité pour son honneur et ses intérêts, dans un régime qui plaçait ses destinées entre les mains d'un seul homme, à la merci de sa volonté ou de son caprice.

Cette nouvelle situation a besoin d'un organe nouveau qui ne cherche ses inspirations dans aucun passé et ne les demande à aucun parti; qui soit dégagé de tout préjugé comme de tout lien politique et ne soit attaché à aucune utopie; qui se donne pour mission d'instruire et de manifester l'opinion publique, de lui donner, par la publicité, la puissance qu'elle n'a pas eue encore; qui l'aide enfin à devenir et à rester ce qu'elle doit être désormais, unique et libre souveraine.

C'est cet organe que nous créons.

Nous examinerons et discuterons avec une égale impartialité es actes de tous les pouvoirs et de toutes les administrations.

Nous rechercherons avec sincérité toutes les solutions positives, pratiques, exigées par les événements, et les événements et les évolutions sociales, convaincus que nous sommes que le pays est plus divisé par des erreurs et par des préjugés que par des intérêts.

Nous appellerons enfin l'opinion publique à étudier avec nous, au jour le jour, tous les problèmes, toutes les questions, toutes les affaires de la vie publique, afin de former le seul parti qui doive exister désormais dans un pays, — celui des hommes libres, intelligents et honnêtes ; afin d'amener l'opinion publique à réaliser elle-même les réformes qui assureront au pays l'économie, l'ordre, l'indépendance et la prospérité.

Nous remplirons le programme auquel nous avons l'inébranlable volonté de demeurer fidèle, malgré les événements et les hommes, et qui est tout entier, sage, net, indépendant, impartial, dans ce titre que nous osons prendre et que nous nous efforcerons de justifier dans ce mot sévère et sacré :

La Justice.

LA VÉRITABLE POLITIQUE.

Le 18 Mars a été une révolution et non une émeute ou même une insurrection. Le gouvernement a eu le tort de ne pas le comprendre, d'autant plus qu'il y a entre sa conduite et son appréciation des faits une contradiction éclatante.

Devant une émeute, son devoir était de rester à son poste et de vaincre. Il devait prévoir le trouble, empêcher qu'il se produisît et le réprimer après l'avoir circonscrit.

Il a fui à Versailles, abandonnant la ville à ce qu'il appelle les factieux, l'administration et les services publics au hasard, et les hommes d'ordre qu'il devait croire en majorité, s'il ne s'agissait que d'une insurrection, à la merci d'un coup de main, sans chef et sans défense.

Tout gouvernement n'étant légitimé que par les garanties d'ordre, de sécurité, de stabilité et de régularité qu'il peut offrir, celui-ci, en se retirant devant un mouvement qu'il qualifie d'émeute, a perdu sa légitimité, mérité sa déchéance.

La désertion entraîne la révocation.

Qui ne sait défendre ne peut gouverner.

Ainsi abandonnée, la ville a dû suppléer au gouvernement qui disparaissait. Elle n'avait rien autre chose à faire. Libre d'elle-même, mais placée soudain violemment dans une crise à laquelle rien ne l'avait préparée, la population parisienne n'a pu créer un ordre de choses définitif.

Elle n'a pas usurpé sur les droits de la nation en prononçant solennellement la déchéance du gouvernement qui venait de fuir et en intrônisant un nouveau régime.

Seulement, après avoir procédé à l'élection d'un pouvoir destiné à remplacer provisoirement, et quant à elle, celui qui l'avait abandonnée, elle a réclamé des garanties dont la demande n'a été que trop justifiée par la conduite du gouvernement et dont les événements ont démontré la nécessité.

Aussi nous espérons encore que l'opinion publique qui vient, dans des circonstances aussi graves, de s'affirmer d'une façon si haute, pour la première fois, exercera la souveraineté qui lui appartient, et qu'elle interviendra comme pacificateur et libérateur, sans se laisser intimider par les menaces d'un gouvernement qui n'a d'autre force que le concours ou l'inertie de l'opinion, et dont la résistance à ses volontés constituerait une plus grande insurrection.

ARISTIDE.

N° 3.

LA COMMUNE.

Nous avons vu jusqu'ici des gouvernements forts, qui reposaient sur un principe faible, c'est-à-dire faux.

La Commune nous donne aujourd'hui le spectacle rare, sinon absolument nouveau, d'un gouvernement faible qui repose sur un principe fort.

Les gouvernements forts dont nous parlons sont tous successivement tombés, et d'une chute misérable, parce que la solidité d'un édifice est toute entière dans ses fondements.

La Commune, telle que nous la voyons, faible, inconsistante, inconséquente, divisée, d'une inintelligence et d'une ignorance politiques qui dépassent tout ce qu'on eût pu imaginer, résiste et tient bon malgré tout ; — et nous avons la certitude de son triomphe définitif. L'établissement actuel est misérable ; mais les fondements sur lesquels il repose sont solides, et ils deviendront les assises du plus magnifique monument.

La révolution du 18 mars, si elle triomphe, — et elle triomphera,—sera le point de départ de la rénovation du vieux monde européen. Elle aura le mérite d'avoir repris en sous-œuvre la Révolution française de 1789 et de lui avoir donné sa formule définitive, la formule fédérative : Les États-Unis d'Europe constitués en regard des États-Unis d'Amérique.

L'impuissance de la Commune, en tant que gouvernement, est manifeste. L'importance de son œuvre aura été précisément de briser le vieux monde gouvernemental.

. . . .

Aucun chef n'attachera son nom à la défense de Paris, pas plus qu'à la révolution du 18 mars. Et il fallait que cela fût car il faut que le siége actuel de Paris soit la fin du militarisme, comme la révolution du 18 mars doit signaler la fin du gouvernementalisme.

La révolution du 18 mars est issue de l'anarchie, elle a vécu et s'est soutenue par l'anarchie, c'est par l'anarchie qu'elle triomphera.

N° 10 et dernier numéro, 19 mai 1871.

LA PRESSE ET LA COMMUNE.

Il y a dans la rage que met la Commune à supprimer les journaux quelque chose de ce ridicule sauvage que présente le spectacle d'un taureau furieux se ruant cornes basses sur un tas de mouches. Tout ce qu'il y gagne, c'est d'être piqué sans tuer rien. L'essaim, un instant épouvanté, prend son vol, se disperse en bourdonnant, et s'attache à la peau de la bête, dont elle augmente l'impuissante furie.

Que la Commune et le Comité de salut public ne s'essoufflent donc pas à essayer de tuer à coups de décrets une presse qui ne devient un danger que lorsqu'on la poursuit, et qu'ils laissent les mouches du journalisme tranquilles sur leur fumier ou dans leur ruche, et qu'ils ne s'attirent pas de piqûres tuméfiantes parfois mortelles, en voulant faire cesser un bourdonnement irritant peut-être, mais inoffensif.

Lamentations de la mère Duchêne (les), pastiche du Père Duchêne avec des culs-de-lampe intercalés dans le texte.

N° 1 sans date (23 avril) avec une vignette signée: E. Rosambeau.

Cahier in-8°, 8 pages : prix, un sou.

Imprimerie Rouge, 43, rue du Four-St-Germain.

Livre rouge (le), brochure in-32, de 16 pages, avec une couverture de papier lie-de-vin ; prix, 10 centimes.

N'a eu qu'un seul numéro (22 avril).

En vente chez Plataut, rue du Croissant, 15.

Imprimerie Nouvelle, rue des Jeûneurs, 14.

Publié et signé Jean La Coste.

Pamphlet contre Versailles dans le genre de l'entrefilet suivant :

Un des délégués de Marseille eut besoin de parler hier à M. Thiers ; il fut reçu comme on reçoit un chien dans un jeu de quilles par le chef des pouvoirs exécutifs.

Il paraît que, quand ce mâtin-là est en train d'avaler, il ne se dérange point ; forcé de se déranger pour une pareille visite, il devint presque insolent auprès du délégué.

Il porte des moustaches, et, paraît-il, elles étaient pleines de ragoût.

Il était affreux, m'assure un témoin ; son nez de dindon lui tombait sur la bouche entr'ouverte, et ramenait en respirant les morceaux de ragoût qui y étaient attachés.

Son réservoir entr'ouvert contrastait avec ses petits yeux mourants qui semblaient deux batteries démontées.

Mère Duchêne (la), brochure dans le format du *Père Duchêne*; cahier in-8° de 8 pages ; prix, 5 centimes.

Du 3 au 5 avril 1871.

Directeur, A. Larue.

Imprimerie Nouvelle (Association ouvrière), rue des Jeûneurs, 14, G. Masquin et Ce.

N° 1, 3 avril 1871.

L'entête de ce numéro est disposée de la façon suivante :

LA

MÈRE DUCHÊNE

COMMENCE A SE FACHER. ELLE DISPUTE SON MARI.

LE PÈRE DUCHÊNE. — Il me semble, citoyenne, que vous êtes en fort mauvaise humeur?

LA MÈRE DUCHÊNE. — Eh oui ! vous dites vrai, et n'y a-t-il pas assez de motifs pour cela ?

LE PÈRE DUCHÊNE. — Voyons-les donc, expliquez-vous.

Maintenant, suit le journal.

Cette publication a pour but de critiquer vivement le *Père Duchêne* dont elle est, en quelque sorte, la contrepartie.

———

Moniteur des Arts (le), projet de journal ainsi expliqué par Gustave Courbet, président des peintres, dans un projet de fédération artistique :

Toute commande d'objets d'art dont l'utilité sera reconnue, serait mise au concours par ces mêmes délégués. Il serait, par ses soins, publié un journal qu'on pourrait intituler le *Moniteur des Arts*.

Voir l'*Officiel des Arts*.

Mont-Aventin (le), écho des Buttes-Montmartre.
Feuille simple imprimée des deux côtés, format ordinaire, prix, 10 centimes.

Rédaction et administration, 6, rue du Croissant.
Imprimerie Dubuisson et Ce, 5, rue Coq-Héron.

Ce journal qui faisait l'apologie du comité central, n'eut que 2 numéros.

N° 1, 26 mars 1871 (6 germinal an 79) et n° 2, 30 mars 1871 (9 germinal an 79).

N° 1.

LA COLÈRE DU MONT-AVENTIN.

C'est du Mont-Aventin qu'est parti le signal de la Révolution; c'est du haut de cet Olympe que, roulant avec fracas, la colère populaire s'en est allée dans tous les quartiers de Paris, enflammant tous les cœurs des citoyens et criant de sa voix puissante :

Le peuple a assez de vingt ans de monarchie, de vingt ans de mensonges, de vols, de scandales, d'oppressions et de soufflets. Il veut reconquérir ses droits, il veut ses franchises municipales, la libre élection et la libre révocation de ses chefs.

Quand un peuple se soulève dans un but aussi sacré, quand un peuple, après avoir gémi durant vingt années sous la férule d'un despote, se soulève et se fortifie pour la revendication de son droit imprescriptible, inaliénable et souverain, peut-on, de bonne foi, l'accuser de vouloir fomenter la guerre civile, quand tous les cœurs doués du véritable civisme sont prêts à s'unir?

Malheur à qui fait les guerres civiles! Malheur, surtout, à cette Chambre qui, peureuse et tremblante, s'est réfugiée à

Versailles, alors qu'il lui était facile de rester à Paris pour y entendre les grondements du peuple qui ne réclame qu'une chose : « la République », que l'on veut étrangler !

Et elle se dit républicaine, cette Chambre, composée pour la plupart de farceurs qui sourient et lèvent les épaules quand on lui parle du mot République !

Naguère encore, quand elle siégeait à Bordeaux, criait-on : « Vive la République! » les vieux toupets, les mêmes qui ont amené le roi des capitulards à la tête du pouvoir, soubresautaient en glapissant : « On nous insulte ! »

Ah ! on vous insulte, vieux drôles, complices de tous les coups d'Etat, vieux restaurateurs de monarchies, parce que, sous l'empire, vous avez restauré vos châteaux, vos porte-monnaies, et que, sous la République, vous ne pourriez rien restaurer, rien, pas même vos consciences !

Allons, riez bien, riez tout à votre aise, vous tous qui voudriez voir couler le sang sur le pavé de Paris, vous tous qui voudriez voir la guerre civile dans nos rangs, pour ameuter contre nous vos bons amis les Prussiens !

Ce n'est pas à coups de fusil que nous voulons nous battre, entendez-vous bien, mais bien à coups de bulletins de vote !

A. S.

N° 2, 30 mars 1871 (9 germinal an 79).

Ce numéro porte en sous-titre : organe quotidien de la fédération républicaine. Grand format, feuille simple.

Administration, 6, rue du Croissant; Joanny administrateur.

Rédaction, 19, Faubourg Saint-Denis; H. Lefèvre, secrétaire.

Rédacteur en chef, A. Secondigné.

VIVE LA COMMUNE! LE LION A RUGI.

Ah ! c'en est bien fait, cette fois, des paysans de Versailles !
Que n'étaient-ils là, les pauvres ruraux ! Ils eussent été bien

affaissés, bien ennuyés, bien vexés, bien insultés par ce cri immense, imposant, majestueux : Vive la Commune !

Ah ! oui, vive la Commune ! cela fait du bien et rajeunit les cœurs opprimés par vingt années de servitude. Le voilà donc libre, ce grand peuple, que les Bonaparte ont tenu si longtemps en laisse !

Il a brisé ses fers dans un élan sacré, prompt et unanime. Malheur aux étrangleurs de Républiques, aux trafiqueurs de nations, aux monarchistes qui oseraient maintenaient lui ravir sa liberté ! Le lion blessé, mordu partout, a rugi.

Malheur à eux !

Vive la Commune !

Tudieu ! il n'est donné qu'une fois dans la vie — et encore ! — de voir un tel spectacle.

Qu'il était beau d'entendre ces cent mille poitrines pousser de toute la force de leurs poumons ce cri sublime !

28 MARS 1871.

Date éloquente et chère ! Ne l'oubliez pas surtout, ruraux et bonapartistes, car la nation, ravivée et libre, pourrait bien vous l'inscrire sur l'épaule au fer rouge. Votre règne est fini, sachez-le !

Tremble, Chambre caduque et dynastique, dans ton château de Versailles ! Tes heures sont comptées et tu râles. Il faut que tu expires.

N'as-tu pas entendu le cri : Vive la Commune ! passer par-dessus ta tête et rouler ses bruyants échos dans tous les coins de la France ?

N'as-tu pas été mouillée par la pluie de cette vague populaire fuyant par-dessus toi ?

Allons, fuis pendant qu'il en est temps encore, car autrement, chassée, maudite et conspuée partout, tu ne trouverais plus un coin pour cacher ta honte !

Ce journal donnait l'avis suivant dans ce dernier numéro : « Avis ». — Le Mont-Aventin publiera dans la journée une seconde édition, contenant la proclamation authentique de la Commune, et des renseignements d'une telle importance, que nous sommes obligés d'en ajourner l'insertion jusque après vérification.

Le secrétaire de la rédaction,
H. LEFÈVRE.

Mais hélas! ses jours étaient comptés, il ne reparut plus.

Montagne (la), journal de la Révolution sociale. Grand format, feuille simple, imprimée des deux côtés; prix 5 centimes.

Du 2 au 25 avril 1871, 22 numéros.

Imprimerie : Association générale typographique, 19, Faubourg Saint-Denis.

Administration et vente chez Châtelain, 13, rue du Croissant,

Rédaction, 19, Faubourg Saint-Denis.

Rédacteur en chef, Gustave Maroteau.

Gérant, Jules Gouffé.

Collaborateurs: Francis Enne, Léon Picard, A. Olorini, Gustave Sauger, G. Tridon, membre de la Commune, Passedouet, E. Protot, E. Maréchal, Georges Sauton, Tibaldi, Henri Verlet, etc., etc.

N° 1, 2 avril 1871 (12 germinal an 79).

. . . .

La Commune bivouaque à l'Hôtel de Ville. Veillons sur elle, sac au dos, trompette aux dents, fusil chargé.

Thermidor aiguise sa hache.

Les décrets d'hier étaient beaux; il en faut tout de suite d'autres. Séparation de l'Eglise et de l'Etat.

Instruction gratuite et obligatoire.

Envoyez-moi vite à l'école tous les pauvres petits diables

dont le vent fouette les guenilles : ce moutard coiffé en marin d'eau douce, cette fille encapuchonnée comme un hanneton dans son tablier.

Mettez à prix les têtes infâmes.

De l'audace! hurlait Danton.

Vive la sociale !

GUSTAVE MAROTEAU.

Le numéro 1 a deux éditions; une du soir, datée du dimanche 2 avril et une du matin, datée du lundi 3 avril 1871 (13 germinal an 79) ; ce numéro 1 bis n'est du reste que la répétition exacte du premier.

N° 2.

Dans un article de ce numéro, intitulé : *La guerre civile*, Gustave Maroteau s'adressant à l'Assemblée de Versailles, s'exprime ainsi :

La Commune vous met ce matin en accusation ; vous serez jugés et condamnés. Il le faut.

Heindreich, passe ton couperet sur la pierre noire.

Oui !

En fondant la *Montagne*, j'ai fait le serment de Rousseau et de Marat : « Mourir s'il le faut, mais dire la vérité. »

Je le répète : Il faut que la tête de ces scélérats tombe !

GUSTAVE MAROTEAU.

N° 4.

AUX CITOYENS MEMBRES DE LA COMMUNE.

La Commune a signé hier deux décrets de haut style et de grande énergie.

Mais à cette heure où se décident les destinées de la Révolution, à cette heure où la victoire plane incertaine entre les chouans et les républicains, il est un décret d'urgence.

Qui de vous, citoyens, trempera dans l'encre, pour l'écrire, la plume de Danton ?

Que tous les établissements publics se ferment; que tout citoyen valide soit de suite enrôlé dans la garde nationale; qu'on déclare traîtres à la patrie tous les hommes qui ne suivront pas nos tambours.

Quoi! pendant que là-bas nos frères meurent sous le feu de la monarchie, quelqu'un aurait ici le droit de chanter et de rire, les filles continueraient à traîner leur soie sur les trottoirs? Non!

Décrétez de suite la levée en masse.

GUSTAVE MAROTEAU.

N° 7.

Un avis, inséré dans ce numéro, prévient les lecteurs que *la Montagne* paraîtra désormais régulièrement tous les soirs à deux heures, et les marchands, que M. Châtelain n'est plus pour rien dans l'administration du journal.

La vente se fera désormais rue du Faubourg Saint-Denis, 19.

N° 19.

MONSEIGNEUR L'ARCHEVÊQUE DE PARIS.

En 1848, pendant la bataille de juin, un prélat fut tué sur une barricade.

C'était Monseigneur Affre, archevêque de Paris. Il était monté là, dit-on, sans parti, en apôtre, pour prêcher l'évangile, pour lever du bout de sa crosse d'or le canon fumant des fusils.

Cette mort excusait, pour elle, les cruautés de Cavaignac. On feignit de trouver, dans les mains qui saignaient sous le fer du bagne, des lambeaux de robe violette.

C'était faux. On ignore encore aujourd'hui de quel côté vint le coup; on ne sait point si la balle partait du fusil d'un soldat ou de la canardière d'un insurgé.

Les républicains baissèrent la tête comme des maudits sous cette aspersion de sang bénit.

L'instruction nous a rendus sceptiques.

C'est fini! nous ne croyons plus à Dieu! la Révolution de 1871 est athée; notre République a un bouquet d'immortelles au corsage.

Nous menons, sans prières, nos morts à la fosse et nos femmes à l'amour.

Nos pères, nos filles n'iront plus s'agenouiller, balbutiantes, dans l'ombre de vos confessionnaux.

Vous ne fesserez plus nos marmots.

Notre grande cité de travail proscrit les paresseux et les parasites.

Partez, jetez vos frocs aux orties; retroussez vos manches, prenez l'aiguillon, poussez la charrue.

Chanter aux bœufs est mieux que chanter des psaumes. Quittez-moi la burette pour la cruche où le vin bleu mousse. Laissez le rosaire pour les longs chapelets d'andouilles. Oubliez les amours de sacristie. Laissez la robe des enfants de cœur pour chiffonner un peu le fichu blanc des belles filles.

Que les nonnes s'enrôlent, qu'elles donnent un coup de ciseaux dans le cordon de leurs tabliers, laissent rouler leurs cheveux, ouvrent leurs guimpes.

Leurs doigts blancs ne sont pas faits pour les paresses du couvent; leurs bouches rouges pour les baisers de sainte Thérèse.

Il y a dans leurs seins ronds de quoi allaiter des hommes.

Partez, partez vite, demain il serait peut-être trop tard.

Prenez garde aux colères du peuple. Si, par hasard, il se mettait à feuilleter vos dossiers, s'il comptait vos crimes, s'il pensait à ses filles que vous avez déshonorées ou rendues folles, à ses enfants que vous avez hébétés, flétris, il ne resterait point debout une pierre de vos églises; il mettrait votre chair jaune en lambeaux.

Et ne parlez pas de Dieu. Ce croquemitaine ne nous effraie plus. Il y a trop longtemps qu'il n'est qu'un prétexte à pillage et à assassinat!

C'est au nom de Dieu que Guillaume a bu à plein casque le plus pur de notre sang; ce sont des soldats du pape qui bombardent les Ternes.

Nous biffons Dieu!

Les chiens ne vont plus se contenter de regarder les évêques, ils les mordront; nos balles ne s'aplatiront pas sur les scapulaires; pas une voix ne s'élèvera pour nous maudire le jour où l'on fusillera l'archevêque Darboy.

Il faut que M. Thiers le sache, il faut que M. Favre, le marguillier, ne l'ignore pas.

Nous avons pris Darboy comme otage, et si l'on ne nous rend point Blanqui, il mourra.

La Commune l'a promis; si elle hésitait, le peuple tiendrait le serment pour elle.

Et ne l'accusez pas!

Que la justice des tribunaux commence, disait Danton, au lendemain des massacres de septembre, et celle du peuple cessera....

..... Ah! j'ai bien peur pour Monseigneur l'archevêque de Paris.

Gustave Maroteau.

Mot d'ordre (le). C'est le vendredi 3 février 1871 que parut le 1er n° du *Mot d'ordre* ayant pour rédacteur en chef Henri Rochefort; administrateur, M. Lacaze, et comme secrétaire de la rédaction M. Eug. Mourot.

Dans ce premier numéro se trouve un article intitulé: *La République armée*. M. Rochefort donne une courte définition de ce qu'il entend par le mot République. Après avoir reconnu que, malgré tous ses malheurs, la France n'est pas encore suffisamment éclairée, il s'exprime en ces termes :

Apprends donc ceci, France malheureuse mais encore féodale : « Tout prétendant à un trône quelconque est un scorpion que tu as le droit de saisir par la partie la moins venimeuse du corps et de jeter par la fenêtre. Les rois nous ont décidément tué assez d'hommes. Les ménagements dont on use avec eux sont en train de devenir des crimes. Un roi est une espèce de phénomène imprévu qui écrit à un autre phénomène, son voisin : J'ai chez moi deux cent mille hommes de trop, venez me les massacrer, ça me fera une situation.

Puis il continue :

Nous sommes, pour notre part, obligé de le reconnaître et de le déclarer : après les 600,000 assassinats qui viennent d'ensanglanter la France, nous nous trouvons tous, à l'égard des rois, dans le cas de légitime défense prévu par le code pénal. Ce misérable Prim, en sa qualité de « général adoré de l'armée » a imposé à l'Espagne un fils de Savoie. Il en a été puni par trois coups de poignard. Il faut nous en réjouir. Le jour où le même poignard viendra demander audience à Amédée Ier, il faudra nous en réjouir davantage.

Ensuite, en terminant, il donne ainsi l'explication du titre de son journal :

Ce mot, si euphonique et si grand : *République*, pouvant être un jour ou l'autre, proscrit par la réaction, j'ai cru devoir en faire la base immuable de notre politique. C'est pourquoi nous avons appelé notre nouveau journal : le *Mot d'ordre*. Mais, on en pensera ce qu'on voudra, je ne me serais fait aucun scrupule de l'intituler : *Le Régicide*.

Dans le n° 5 du mardi 7 février, M. Rochefort, à propos de l'annonce que MM. Picard avaient faite dans la publication de leur journal, *l'Électeur libre*, du «Dossier de M. Henri de Rochefort, employé à l'Hôtel de ville sous l'empire », à la suite d'une publication faite dans *le Mot d'ordre* sous ce titre : Le dossier des Picard, répond en ces termes :

Tout le monde sait, car je ne m'en suis guère caché, que j'ai été autrefois employé à l'Hôtel de ville. Ce que l'exécuté Arth. Picard semble oublier, c'est que j'y suis entré à l'âge de 19 ans, le 1er janvier 1851, sous la République, et que j'ai donné ma démission sous l'empire, restant avec une famille considérable sur les bras, et 80 fr. par mois que je gagnais alors au *Charivari*.

Le voilà, mon dossier, je le livre au jugement sévère de l'opinion publique. Je défie les Picard d'y découvrir autre chose, si ce n'est qu'à mon entrée au gouvernement, j'étais unique possesseur d'un journal intitulé : *la Marseillaise*, au moyen duquel il m'était facile de faire fortune, et, qu'à la suite d'un article, inséré sans mon aveu, et qui me paraissait de nature à compromettre la défense de la patrie, j'ai supprimé sans hésitation cette importante propriété.

Je comprends qu'en effet, ma conduite ait choqué les deux Picard, qui mettent leur *Electeur libre* en coupe réglée et y publient des fausses nouvelles sur le retentissement desquelles ils tripotent honteusement à la Bourse.

Le n° 14 (jeudi 16 février), nous donne, par la plume de M. Eugène Mourot, secrétaire de la rédaction, ces quelques lignes :

M. Henri Rochefort, notre rédacteur en chef, nous a quittés hier à midi, pour aller à Bordeaux occuper le poste auquel l'ont appelé les Electeurs de Paris ; mais cette absence momentanée, ne nous privera pas de sa direction, et ses devoirs de représentant ne l'empêcheront pas de nous envoyer des articles plusieurs fois par semaine.

Le n° 27 (mercredi 1ᵉʳ mars) porte en tête de sa première colonne ces quelques lignes :

Tant que les troupes allemandes souilleront Paris de leur présence, le *Mot d'ordre* ne paraîtra pas.

Le 11 mars 1871 le *Mot d'ordre*, suspendu par décret du général Vinoy, cesse de paraître le 13 et ne reprend sa publication que le 1ᵉʳ avril sous le régime de la Commune : dans ce numéro M. Rochefort s'exprime ainsi en parlant de la suppression de son journal :

Quelle garantie pour une République, qu'un gouvernement

dont le premier exploit est de supprimer six journaux républicains. Il est vrai que le commissaire de police chargé de l'exécution était précisément un Vinoy qui n'a jamais représenté aux yeux de la France que la fuite et la capitulation. Je ne veux apporter ici aucun esprit de personnalité, mais n'est-ce pas à mourir de rire que moi qui n'ai cessé de travailler sous l'empire à amener cette chère République à laquelle nous aspirions tous, je me voie jugé et dénoncé comme prêchant le pillage et la guerre civile, par qui ? par un ancien salarié sur la caisse du Sénat. Ce n'est pas moi qui prêchais le pillage, déplorable Vinoy, c'est vous qui le pratiquiez, puisque vous touchiez trente mille francs par an pour sanctionner, par vos votes, les escroqueries de Bonaparte.

Quand on porte cette marque sur l'épaule, général de l'épée dans les reins, on se tient à distance respectueuse des honnêtes gens, mais on ne les apprécie pas comme vous avez eu l'impudence de le faire. Ce n'est pas vous, c'est nous qui aurions le droit de vous suspendre pour trois mois, si le mépris public ne s'était, heureusement, chargé de vous supprimer pour toujours.

Le n° 58 du samedi 22 avril 1871, dans lequel M. Henri Rochefort publie son article sous le titre : *Les injures gouvernementales*, prouve qu'il n'était pas toujours au mieux avec les principaux organes de la Commune. Il commence ainsi :

« Je suis insulté dans les termes suivants par le sieur Vésinier, membre de la Commune à la minorité de faveur (pas même le huitième) et rédacteur d'un journal auquel collaborent deux autres membres du gouvernement de l'Hôtel de ville :

« Un journal qui a la prétention d'être républicain et qui, chaque jour, tourne de plus en plus au *Figaro*, se livre à des charges à fond contre les dernières élections. L'ancien acolyte de son rédacteur en chef, le sieur Villemessant ne ferait pas mieux. »

Voici son chef-d'œuvre d'argumentation :

» J'ai eu deux voix : la mienne et celle de mon fils aîné. C'est le 12 millième des électeurs inscrits, mais comme il n'y a à cet égard aucune base établie, je ne vois pas pourquoi j'hésiterais à me considérer comme élu. »

On peut juger, d'après cet échantillon, du sérieux de son auteur.

Décidément il fera bien de rentrer au *Figaro*, d'où il n'aurait jamais dû sortir, dès que cet honnête journal reparaîtra.

M. Rochefort termine en ces termes :

Toutes les impertinences des Vésinier connus, eussent-ils obtenu ce fameux huitième après lequel ils courent encore, ne modifieront en quoi que ce soit, on le pense bien, des opinions aussi arrêtées que les nôtres sur les questions communales; mais si le gouvernement de Paris persiste à laisser ainsi quelques-uns de ses membres faire le coup de poing dans des colonnes de journaux, nous croyons devoir l'avertir que sa dignité y laissera des plumes, car en tolérant les grossièretés qui s'y étalent, il s'en fait pour ainsi dire le complice. Or, ce serait réellement trop d'avoir, à la fois, à son service, les suppressions et les injures.

Rochefort n'épargne pas plus la Commune que le gouvernement de Versailles quand il dit, dans son n° 60 du lundi 24 avril :

La Commune qui doit se garder de mêler la moindre fantaisie à son omnipotence, avait à offrir aux républicains départementaux qui attendent son mot d'ordre, autre chose que la suppression de onze journaux, les visites domiciliaires de M. Pilotell chez Mme Chaudey, ou la chasse à l'homme organisée contre M. Vrignault qui, en échappant à ses limiers, a mis le gouvernement dans une situation voisine du ridicule.

Faites des actes qui frappent les esprits d'alentour, par leur grandeur et non par leur mesquinerie.

Puis un peu plus loin il continue :

Nous savons que les moments suprêmes appellent les moyens extrêmes, mais nous pensons que son rôle est non pas de faire peur aux misérables bêtes brutes qui grouillent à Versailles, mais de faire envie aux républicains intelligents qui fourmillent à Lyon, à Marseille et ailleurs.

Le n° 63 (jeudi 27 avril) contient un entrefilet assez piquant à propos de ces quelques lignes de la circulaire Dufaure :

Et ne vous laissez pas arrêter lorsque, dans un langage plus modéré en apparence, sans être moins dangereux, les journalistes se font les apôtres d'une conciliation à laquelle ils ne croient pas eux-mêmes.

Voici cet entrefilet :

Le *Mot d'ordre* a été supprimé par le fuyard Vinoy, aujourd'hui grand crachat de la Légion-d'Honneur, sous prétexte que nos collaborateurs et moi prêchions la guerre civile. La circulaire Dufaure nous apprend que désormais les journaux seront punis quand ils prêcheront la conciliation. Les misérables écrivains qui trouveront mauvais que des femmes soient renversées par des obus dans les avenues qu'elles traversent pour aller faire leurs provisions, et qui proposeront un moyen quelconque, fut-il excellent, de faire cesser les hostilités, sont dès aujourd'hui assimilés par le ministre de la justice versaillaise aux criminels les plus endurcis.

Le n° 71 du vendredi 5 mai 1871 n'offre rien de particulier, sauf les observations de Rochefort à propos de la création du comité de salut public et d'une phrase du citoyen Jules Miot, auteur du projet de décret.

Nous ne pouvons cependant, dit Rochefort, laisser passer sans observation une phrase dont l'auteur du projet de décret, le citoyen Jules Miot, a accompagné sa proposition.

« Il faut, a t-il dit, un comité qui donne une impulsion nouvelle à la défense, et ait le courage, s'il le faut, de faire tomber les têtes des traîtres. »

Le citoyen Jules Miot, qui a acheté, par de si longues souffrances, si bravement supportées, l'estime dont il est justement entouré, a peut-être eu tort d'annoncer aussi d'avance que le Comité de salut public aurait pour mission de faire tomber les têtes des traîtres.

Les révolutions se succèdent, et elles ont eu jusqu'ici le grand tort de se ressembler. Prendre aujourd'hui à la lettre les paroles menaçantes du citoyen Jules Miot, serait, de la part du Comité de salut public aller contre le but auquel nous tendons tous. Il ne s'agit plus pour Paris d'étonner et de terroriser le reste de la France, mais bien de le séduire et de le solidariser.

N° 84. Jeudi 18 mai. Ce numéro contient un article signé Henri Rochefort qu'il est nécessaire de reproduire tout au long, attendu qu'il contient la réponse de Rochefort aux nombreuses lettres que lui adressaient ses correspondants, lui demandant son appréciation sur la démolition de l'hôtel Saint-Georges; le voici:

Je reçois une quantité de lettres, assez considérable pour me sentir forcé d'en tenir compte, dans lesquelles nos correspondants me demandent de déclarer nettement, si, oui ou non, j'approuve la démolition de l'hôtel Thiers et la confiscation de ses meubles.

Je demande à répondre par un simple récit: Je possédais, moi aussi, il y a quelques mois, une propriété située alors **rue du faubourg Montmartre n° 10**. Cette propriété, j'ose le dire, je l'avais bien gagnée, car son acquisition m'avait coûté, en moins d'un an, cinq ans et demi de prison et cent quinze mille francs d'amende.

Libre chez moi, comme tout citoyen doit l'être, je me croyais le droit incontestable d'y exprimer mes opinions politiques et d'inviter le plus grand nombre possible d'amis à venir les partager.

Un jour le même M. Thiers, ce Marius bonnetier qui pleure aujourd'hui sur les ruines de la place Saint-Georges, est entré chez moi, accompagné du replié en bon ordre Vinoy et en un clin d'œil ils ont fait de ce qui m'appartenait un monceau de décombres.

La propriété dont je parle c'était le *Mot d'ordre*. En admettant que l'axiome « œil pour œil, dent pour dent » ne soit pas du goût de tout le monde, il faut bien reconnaître que ce n'est pas la *Commune* qui a commencé et que le sieur Thiers en supprimant d'un seul coup six journaux appartenant à mes confrères et à moi, nous a donné à tous le funeste exemple de la démolition.

J'insisterai même sur ce point qu'en abattant les murailles à l'abri desquelles M. Thiers a élaboré tant de belles choses on ne lui a pas enlevé la faculté d'en écrire encore de plus belles si le cœur lui en dit, tandis qu'en faisant disparaître nos journaux non-seulement le démoli du 14 mai détruisait nos propriétés, mais il brisait en même temps les plumes au moyen desquelles nous aurions pu nous plaindre de cet attentat.

En dehors donc de toute appréciation sur le bombardement actuel, je prie respectueusement mes correspondants de vouloir bien me dire de quels côtés sont parties les premières violences, et qui, dans ces abattis réciproques, a donné le premier coup de pioche.

N° 85. Vendredi 19 mai 1871. Dans ce numéro, Rochefort termine son article intitulé : *La piété versaillaise*, à propos des prières publiques votées à l'unanimité par l'Assemblée de Versailles, en ces termes :

La Commune a déjà commis plusieurs fautes graves, et il est malheureusement probable qu'elle en commettra encore ; mais l'imbécillité de ses adversaires semble prendre à tâche de les effacer toutes. J'ignore si quelques mesures vexatoires du gouvernement de Paris ont pu faire remonter les actions du gouvernement de Versailles, mais on ne saura jamais au juste à quel point les actes d'idiotisme du gouvernement de Versailles donnent de force à celui de Paris.

N° 86 et dernier N° du *Mot d'ordre*, samedi 20 mai 1871.

Interrompu par suite de l'entrée des troupes dans Paris. L'article de Rochefort dans ce numéro a pour titre : *Les otages*. Après avoir désapprouvé en quelque sorte le décret de la Commune, mais reconnu qu'on doit faire justice exemplaire contre les individus qui auraient pu se rendre coupables de crimes aussi abominables que celui qui a causé l'explosion de la poudrière de l'avenue Rapp; il continue ainsi :

Mais si cette même justice doit être efficace et terrible, c'est à la condition expresse de ne pas être la fantaisie.

Puis, en terminant, il dit:

Le jour où l'on tiendra les misérables qui ont massacré une infirmière après l'avoir violée, et les gendarmes qui se déguisent en gardes nationaux pour aller faire sauter nos poudrières, qu'on sévisse. Mais c'est aux coupables avérés et reconnus que nous sommes tenus de limiter nos représailles. Hélas! les derniers événements ont mis en lumière assez de criminels pour qu'il soit inutile de demander au hasard d'en fournir.

National (le), journal politique quotidien, fondé en 1869; moyen format, feuille double; prix 10 centimes.
Imprimerie Serrière et C⁰, 123, rue Montmartre.
Du n° 781 au n° 840.
Directeur-gérant, I. Rousset.
Collaborateurs : Rabasse, J. Tregogli, Chanloup, H. Ayraud-Degeorge, A. Landrin, G. Lanty, L. Michelont, de la Bédollière, d'Octeville, André Léo, Remeyt, L. Coulon, Adam.

Quoique ce journal n'ait point été créé durant la Commune et qu'il existât depuis 1869, nous avons cependant cru classer dans notre collection les numéros qui ont paru depuis le 18 mars jusqu'au 16 mai 1871, afin de pouvoir reproduire, comme tous ceux de ses collègues parus durant la Commune, son opinion manifestée à l'égard de la révolution de 1871.

N° 783, 25 mars 1871.

On lit dans ce numéro, à propos de l'assassinat des généraux Lecomte et Clément Thomas le 18 mars, la protestation suivante :

Jamais il ne pourra sortir de notre poitrine un cri d'indignation assez fort pour exprimer toute l'horreur que nous inspirent ces crimes atroces que la politique n'a jamais justifiés et que la République, plus que tout autre gouvernement, doit répudier avec énergie.

Il n'y a pas de parti auquel nous ne tiendrions ce langage, s'il acceptait dans ses actes de baptême la souillure du sang humain.

Plusieurs de ceux qui signent cette protestation peuvent se glorifier, au lendemain du 2 décembre, d'avoir flétri de même les massacres dont le boulevard Montmartre avait été le théâtre.

Nous protestons avec non moins d'énergie contre le crime dont ont été victimes les deux malheureux généraux immolés dans la journée du 18 Mars, aux fureurs populaires.

Et nous voulons croire que ceux qui ont entrepris de s'occuper un moment de nos destinées tiendront à honneur de nier toute participation à cet abominable forfait, repoussé avec horreur par le parti républicain.

La Rédaction :

1. Rousset, rédacteur en chef; E. de la Bédollière, Th. de Banneville, A. Husson, M. d'Octeville, L. Michelant, G. Richardet, A. Landrieu, Ayraud-Degeorge, Baron Schop, H. Chanloup, J. Trégogli, Rabasse, Raoul Stewart, Ch. Français, L. Coulon, Henry Gilbert.

N° 785, 22 mars.

Ce numéro reproduit en tête de sa première colonne la déclaration suivante de la presse française.

Déclaration de la presse aux électeurs de Paris.

Attendu que la convocation des électeurs est un acte de la souveraineté nationale ;

Que l'exercice de cette souveraineté n'appartient qu'aux pouvoirs émanés du suffrage universel ;

Que, par suite, le comité qui s'est installé à l'Hôtel de Ville n'a ni droit ni qualité pour faire cette convocation :

Les représentants des journaux soussignés considèrent la convocation affichée pour le 22 mars comme nulle et non avenue, et engagent les électeurs à n'en pas tenir compte.

Suit l'énumération des journaux qui étaient présents et qui ont adhéré.

N° 878.

Dans l'article de ce numéro, M. I. Rousset, après avoir rendu compte de la réception d'arrivée faite aux magistrats de Paris à Versailles et du procédé grossier qu'employa l'Assemblée pour les congédier, lorsque ceux-ci voulurent exposer devant elle les motifs de leur démarche et l'instruire par eux-mêmes du véritable état des choses, fait suivre cette description des quelques réflexions suivantes :

Que peut-on attendre d'une Assemblée pareille ? Nous nous étions évidemment fait de grandes illusions, quand, hier, nous enregistrions le bruit, venu de Versailles, d'un accord par voie de convocation officielle des électeurs parisiens par l'Assemblée pour dimanche prochain.

On nous dit aujourd'hui que ce projet subsiste, mais que la convocation ne sera que pour le 3 avril.

Toujours le même système : ne savoir rien faire, rien concéder en temps utile !

C'est avec cela que l'on va aux abîmes ; c'est avec cela que l'on s'expose à entendre à son tour ce refrain qui doit, à ce qu'il paraît, survivre à toutes les révolutions :

« Il est trop tard ! »

I. ROUSSET.

National (le petit), journal politique quotidien ; petit format, feuille double ; prix, 5 centimes le numéro.

Du 18 mars au 7 mai 1871.

Même directeur que pour le *National*, M. I. Rousset ; du reste, le *petit National* n'est que la deuxième édition du *National* ; il se borne à reproduire très-succinctement les faits qui se sont passés depuis la publication du numéro du jour jusqu'à celle du lendemain et qui n'ont pu être publiés dans ce numéro. Nous n'avons point du reste à l'analyser, puisque les considérations qu'il décrit à propos des faits relatés sont les mêmes que celles du *National*, le personnel de la rédaction étant le même.

Nation souveraine (la), journal politique quotidien ; grand format, feuille double ; prix, 10 centimes.

Du 15 avril au 3 mai ; 19 numéros.

Bureaux, 5, rue Coq-Héron.

Imprimerie Dubuisson et C°, même adresse.

Le gérant responsable, Emile Charpentier.

Rédacteur en chef, Alexandre Rey.

Collaborateurs, MM. Paul Lefort, A. Genevray (Severus), Paul Parfait, Eugène Despois, Courcelle-Seneuil, d'Althon-Sée, Victor Considérant, Achille Mercier, G. Hubbard, G. Wyrouboff, Fernand Papillon, G. Goudchaux.

N° 1, 15 avril 1871.

En tête de chacun de ses numéros, ce journal porte, au-dessous du titre, deux cartouches contenant des extraits de constitution française ainsi conçues et disposées ;

> La souveraineté est une, indivisible, inaliénable et imprescriptible. Elle appartient à la Nation ; aucune section du peuple, ni aucun individu ne peut s'en attribuer l'exercice.
> Constitution du 3-14 septembre 1791.
>
> La souveraineté réside dans le peuple ; elle est une et indivisible, imprescriptible et inaliénable.
> Constitution du 24 juin 1791.

> La souveraineté réside essentiellement dans l'universalité des citoyens. Nul individu, nulle réunion partielle des citoyens ne peut s'attribuer la souveraineté.
> Constitution du 5 fructidor an III.
>
> La souveraineté réside dans l'universalité des citoyens français. Elle est inaliénable et imprescriptible. Aucun individu, aucune fraction du peuple ne peut s'en attribuer l'exercice.

Dans ce numéro, M. Alexandre Rey, au nom de la rédaction du journal, débute par une déclaration de principes qu'il serait trop long de reproduire ici en entier, et dont nous nous contenterons seulement d'extraire quelques passages.

Au moment où la République semble menacée de périr, par le plus incompréhensible et le plus criminel des suicides, nous nous levons pour la défendre.

Nous défendons aujourd'hui les principes de la République contre la dictature qui les viole.

Nous défendrons demain l'existence de la République contre

tous ceux qui, ne comprenant pas qu'elle est la forme définitive de l'ordre et de la liberté, frapperaient dans cette forme l'organisme nécessaire de la souveraineté nationale et le suprême instrument des nouveaux destins.

. . . .

Au 18 Mars, la France, du moins Paris, abdique toute initiative, toute résistance, devant un pouvoir occulte, se révélant tout d'un coup au nom d'un scrutin inconnu, et s'imposant par l'insurrection. Paris, sans le savoir, sans le vouloir, se laisse engager dans la situation la plus obscure, la plus périlleuse, où les horreurs de la guerre civile, déjà si terrible par elle-même, ne sont que le prélude du plus lamentable avenir. Cette fois, la leçon sera-t-elle comprise ?

Que le pays donc répudie tout ce qui l'a perdu : les dictatures personnelles, les dictatures collectives, et jusqu'à la monarchie constitutionnelle qui, depuis 89, même à titre d'expédient transitoire, ne s'achète qu'au prix d'une révolution. Un peuple fait sa destinée, il ne la reçoit pas. Ce qu'il n'est pas par lui-même n'est que fiction, impuissance, jamais réalité vivante, jamais énergie créatrice. Que la France dise à quiconque, sous prétexte de salut, ne lui apporte qu'une usurpation déguisée :

« Je suis seule compétente à ma destinée !

« Le moyen, c'est moi !

« Le but, c'est moi !

« Le droit, c'est moi !

« La souveraineté, c'est moi !

« Et enfin, la République, c'est moi. »

Ce jour-là, la République sera fondée ; car la France aura eu le sentiment de ce qu'elle est, de ce qu'elle peut, de ce qu'elle doit, et elle aura mis en disponibilité les providences officieuses qui ne pourront plus perdre ce qu'elles prétendent sauver.

N° 19 et dernier.

Paris stupéfait, la France, la rougeur au front, l'Europe ironique, assistent, avec une surprise toujours croissante, à l'incroyable spectacle que nous donne l'Hôtel de Ville. Ce n'est pas assez des étranges discussions qui s'y égarent en un imprévu défiant toute prévision. Ce n'est pas assez des résolutions également étranges auxquelles la réalité ne se prête qu'en résistant. Divisé contre la France, on est encore divisé contre soi. On s'insulte, on se proscrit.

Ah! ce n'est pas vous seuls que vous insultez par ces accusations réciproques de lâcheté et d'indignité, accusations que nous ne répéterons pas ici. C'est Paris, c'est la France, que le scandale de telles paroles, de tels actes, insulte! Oui, c'est la décence du langage, c'est la dignité des mœurs, c'est l'homme politique, que vous insultez en croyant n'insulter que vos caractères et vos personnes.

Ce n'est pas vous seuls que vous proscrivez, c'est la République peut-être, peut-être nos plus chères espérances, peut-être nos principes si péniblement conquis!

Cessez, cessez donc de telles cruautés contre vous, contre nous, contre vos propres intérêts, contre l'inviolable honneur!

Souffrez de nous ce conseil, car nous aimons trop notre pays pour vous haïr au point où vous nous haïssez vous-mêmes.

Et voilà la République qu'on nous fait! O Washington!

ALEXANDRE REY.

Ce journal qui pendant tout le temps de sa publication faisait une rude guerre à la Commune, brisa sa carrière politique à Paris par cette dernière charge à fond contre la Commune, car le jour même il fut supprimé par arrêté du comité de salut public : il alla ensuite planter sa tente à Saint-Germain où il parut du 16 au 29 mai, et ce ne fut que vers le 7 juin qu'il reprit sa publication à Paris.

Némésis galante (la), gazette politico-satyrique, paraissant tous les samedis; format in-4°, feuille double, 4 pages ; prix, 10 centimes.

Rédacteur-gérant, Jules Choux.
Imprimerie Ed. Blot, rue Bleue, 7.
Bureaux, 21, rue Gozlin.

N° 1, 29 avril 1871.

Le titre est surmonté d'une vignette représentant la Vérité — toute nue — sortie d'un puits, sur la margelle duquel elle est assise ; un tambour de basque est à ses pieds, un âne broute son miroir ; elle tient, d'une main, un masque et, de l'autre, un fouet. De chaque côté une devise :

Liberté, vérité, solidarité.

Puis :

Tout article non inséré sera rendu poliment à son auteur, avec un refus raisonnablement motivé (*Rien des grands journaux*).

Pas de second numéro.

Officiel des Arts (l').

Il sera créé un organe de publicité intitulé : *Officiel des Arts*.

Ce journal publiera, sous le contrôle et la responsabilité du Comité, les faits concernant le monde des arts et les renseignements utiles aux artistes.

La partie littéraire, consacrée aux dissertations sur l'esthétique, sera un champ neutre ouvert à toutes les opinions et à tous les systèmes.

Progressif, indépendant, digne et sincère, l'*Officiel des Arts* sera la constatation la plus sérieuse de notre régénération.

Ce prospectus a été rédigé par la fédération des artistes de Paris et signé des 14 délégués dont les noms suivent:
G. Courbet, Moulin, Stephen Martin, Alex. Jousse, Roszezench, Trichon, Dalon, Jules Héreau, C. Chabert, H. Dubois, A. Faleynière, Eugène Pottier, Feyen, Perrin, A. Moulliard.

Ce journal allait paraître le lendemain, lorsque l'entrée de l'armée de Versailles dans Paris le mit au tombeau, avant même qu'il ait pu publier un seul numéro.

Ordre (l'), journal politique quotidien; grand format, feuille simple imprimée des deux côtés. Bureaux et imprimerie, 16, rue du Croissant.

Rédacteur en chef, A. Vermorel.

N° 1, 20 mars 1871.

Nous étions à la veille de publier un journal, sous ce titre : l'*Ordre*, lorsque parut le décret dictatorial de M. Vinoy, interdisant la publication de tous nouveaux journaux.

Ce titre et ce programme qu'il exprime ont aujourd'hui plus d'opportunité que jamais.

Ils ont une opportunité impérieuse.

Dans la crise que nous traversons, tous ceux qui croient avoir quelque autorité pour parler ont le droit d'élever la voix. L'abstention n'est pas permise.

Nous n'hésitons donc pas, quelque peu favorables que puissent paraître les circonstances pour l'entreprise d'une nouvelle publication.

APPEL A LA POPULATION PARISIENNE.

Nous nous trouvons placés dans une situation dont la gravité et l'étrangeté sont, on peut le dire, sans précédents dans l'histoire.

Que va-t-il advenir de Paris, abandonné par le gouvernement, et livré par lui à une insurrection triomphante, qu'il a lui-même provoquée?

Est-ce même une insurrection?

L'insurrection est agressive de sa nature.

Ici, il n'y a pas eu agression de la part des faubourgs. Ils ont été attaqués et se sont défendus.

Ils ont même à peine eu besoin de se défendre, car les troupes envoyées contre eux ont refusé de faire feu sur le peuple et se sont retirées ou bien ont passé du côté du peuple.

. . . .

Tous les gouvernements auxquels la population parisienne s'est confiée depuis trente ans l'ont perdue et trahie.

Que Paris se gouverne donc par des représentants, non pas seulement élus par lui, mais choisis dans son sein, parmi ceux qui sont connus de lui, qui ont les mêmes intérêts et qui offrent les garanties d'honnêteté et de capacité nécessaires pour un semblable mandat.

Nous adressons un appel suprême à la population parisienne. Il faut qu'elle prenne elle-même en main la situation, si elle ne veut pas périr, si elle ne veut pas être précipitée dans des malheurs épouvantables, mille fois pires que la mort.

Le danger est immense, urgent.

Il y avait un premier danger, celui sur lequel insistait avec tant de raffinement le gouvernement dans ses proclamations, le danger du désordre et du pillage. Celui-là a été heureusement écarté par ceux-là mêmes que l'on dénonçait comme les partisans du pillage, par ces inconnus dont Paris a vu hier, pour la première fois, affichés sur ses murs, les noms nouveaux pour tout le monde, et qui, après l'abandon du gouvernement, ont occupé l'Hôtel de Ville, pour prendre les mesures provisoires nécessaires au maintien de l'ordre et du calme dans la cité.

Il faut rendre hommage à ces inconnus, ils ont accepté, comme c'était leur devoir, la redoutable responsabilité d'une situation difficile et périlleuse, mais qui leur incombait, puisque c'étaient eux qui, volontairement ou involontairement, l'avaient créée. Mais au lieu d'invoquer la gravité des circonstances pour usurper la dictature, comme l'avaient fait les hommes du 4 Septembre, ils n'ont paru que pour se retirer aussitôt, et pour remettre le pouvoir à la population parisienne, immédiatement convoquée pour procéder à ses élections.

Si ces hommes avaient prétendu garder le pouvoir, la population parisienne aurait peut-être eu le devoir de se lever pour le leur arracher, mais puisqu'ils le rapportent spontanément, elle a le devoir d'aviser aux moyens d'en prendre utilement possession.

Le danger est imminent, urgent, répétons-nous.

Il s'agit de régulariser une situation qui ne pourrait se prolonger sans amener les plus graves, les plus épouvantables complications.

. . . .

Mais ce qui importe, c'est que la population toute entière prenne en main la situation, se mette en mesure d'aviser, et promptement.

Le salut est à ce prix, et seulement à ce prix.

A. VERMOREL.

N° 2.

IL FAUT EN FINIR.

Oui, il faut en finir.

Mais comment?

Il est impossible que la situation se prolonge? il faut une solution, et cette solution ne peut se trouver que dans un réveil énergique de l'esprit public.

Nous ne saurions trop le répéter, la population parisienne ne doit pas plus attendre sa perte de l'Hôtel de Ville qu'elle ne doit attendre son salut de Versailles.

Elle ne doit compter que sur elle-même et il faut qu'elle avise promptement.

Paris n'a guère eu à se féliciter jusqu'ici de ses choix politiques.

Les anciens députés s'instituant gouvernement du 4 septembre, ont achevé de le précipiter, et la France avec lui, dans l'abîme creusé par l'Empire.

Les maires et adjoints qu'il a nommés après le 31 octobre, n'ont jamais su prendre aucune décision, dans toutes les circonstances qui se sont présentées, et n'ont jamais su agir avec cohésion, quand ils ont timidement essayé de faire quelque chose.

Il faut donc que Paris, éclairé par l'expérience, procède désormais à des choix sérieux, afin d'être à l'abri dans l'avenir de tous ces accidents et de toutes ces aventures, qui le conduiraient complétement à sa ruine finale si elles devaient se renouveler.

Qu'est-ce que Paris deviendrait alors, s'il ne sait pas prendre à la fin une attitude virile.

Nous ne saurions trop le répéter ; il n'a rien à attendre du gouvernement de Versailles.

C'est l'incapacité et la sottise du gouvernement qui ont fait tout le mal.

Comment, il a laissé, pendant 15 jours, l'insurrection s'organiser, s'armer, prendre des canons, piller des poudrières, former des comités qui n'avaient rien d'occulte, puisqu'ils agissaient publiquement par des affiches apposées sur toutes les murailles et signées du nom de leurs auteurs.

Il a laissé faire tout cela, sans s'émouvoir, sans prendre aucune mesure.

Puis passant tout à coup de l'extrême faiblesse à l'extrême violence, il a tenté un coup de force, au risque de provoquer la guerre civile.

Cette tentative n'a servi qu'à faire éclater son impuissance ; la force sur laquelle il comptait s'est évanouie misérablement dans ses mains. Il a subi un de ces échecs humiliants auxquels ne survivent pas les gouvernements qui s'y exposent.

Et alors, il s'est enfui honteusement, abandonnant Paris, et le livrant à l'émeute, qu'il avait fomentée, tolérée, surexcitée, provoquée.

Que serait-il advenu de vous, Parisiens, si les hommes formant le comité de la garde nationale, avaient été, comme on nous le répétait sur tous les tons, des communistes ne voulant que le pillage ?

Qu'a fait, nous le demandons, votre gouvernement pour nous défendre, pour défendre vos propriétés, vos familles, votre cité.

Vous n'avez donc rien à attendre de lui.

Songez à prendre les moyens de vous sauver vous-mêmes.

Le comité de l'Hôtel de ville, qui est resté votre épouvantail, vous a montré que vous n'aviez rien à craindre de lui.

Mais vous n'avez rien à en attendre non plus, rien que la conservation provisoire de l'ordre, il vous l'a déclaré lui-même.

Préparez-vous à ressaisir la situation.

Avez-vous bien réfléchi à l'épouvantable situation qui nous menace, si l'anarchie actuelle se prolonge ?

Et je ne parle pas des Prussiens ? ce qui est un autre danger, non moins épouvantable.

Mais à qui sera la faute ?

A vous, à vous seuls, qui n'avez pas su agir, qui vous serez abandonnés vous-mêmes, qui vous serez précipités tête baissée dans l'abîme béant quand il vous suffisait d'un effort pour l'éviter.

Parisiens, pensez-y bien, et sachez prendre la résolution virile qui seule peut vous faire éviter cette extrême catastrophe.

A. VERMOREL.

Paix (la), journal politique quotidien ; grand format, feuille double, 4 pages ; prix, 10 centimes le numéro.
Du 28 avril 1871 au 1ᵉʳ mai 1871 ; 4 numéros.
Bureaux et imprimerie, rue Coq-Héron, 5.

Le *Bien public* venait d'être supprimé. M. H. Vrignault le fit reparaître presque immédiatement sous le titre *la Paix*, mais ce nouveau titre devait bientôt disparaître, supprimé le 1ᵉʳ mai, pour faire place à un nouveau : *le Républicain*.

(Voir à l'R.)

Le journal était toujours le même, on ne supprimait que le titre.

Paris-Libre, journal du soir, politique et quotidien ; grand format, feuille simple imprimée des deux côtés, prix, 5 centimes le numéro.

Du 12 avril 1871 (23 germinal an 79) au 24 mai (5 prairial an 79); 43 numéros,

Bureau de vente, 12, rue du Croissant.

Rédaction et administration, 14, rue des Jeûneurs.

Rédacteur en chef propriétaire : P. Vésinier, membre de la Commune.

Gérant : P. Minetti.

Collaborateurs : E. Morot, J. Dereaux.

Ce journal publiait simultanément deux feuilletons : *Les proscrits du 19ᵉ siècle*, par P. Vésinier, ex-secrétaire d'Eugène Sue, et :

Mariage d'une Espagnole (Mlle de Montijo), par P. Vésinier, condamné à deux ans de prison pour cet ouvrage.

Mais le véritable côté intéressant de ce journal et ce qui lui valut un assez grand succès de publicité, fut sa publication du : *Pilori des mouchards*, liste alphabétique de la plupart des individus qui avaient sollicité, sous l'empire, des emplois d'agents secrets de la police.

Nᵒ 1, 12 avril 1871 (23 germinal an 79).

Dans son article intitulé : *Paris libre dans la France libre*, Vésinier cherche à définir tout à la fois, et son titre, et la Commune.

Voici comment il entend l'un et l'autre :

Paris libre, c'est la Commune de Paris.
La France libre, c'est la France communale fédéralisée.
Les Communes étaient autrefois des fédérations bourgeoises, s'engageant sous la foi du serment à se soutenir les unes les autres contre la féodalité seigneuriale.
C'étaient des *associations* guerrières nées de la révolte organisée des bourgeois contre les seigneurs.

Que doivent-elles être aujourd'hui ?
Les communes de France en général et celles de Paris, en particulier, doivent être des fédérations révolutionnaires démocratiques et sociales, des associations à la fois guerrières et civiles, organisées par le peuple tout entier contre tous les priviléges et tous les monopoles ; contre l'Eglise, la Royauté, l'Empire ; contre la féodalité industrielle, financière, terrienne, cléricale et militaire ; contre cette terrible oligarchie royale et impériale, qui a remplacé la noblesse, le clergé et toute l'ancienne féodalité et qui, depuis trois quarts de siècle fait dévier la révolution de 1789-1792.

La Commune doit remplacer le vieux monde et devenir l'assise du monde nouveau.
Voilà le grand rôle que la Commune doit jouer au XIXe siècle.
Rôle qui ne doit pas être amoindri, abaissé à celui d'une municipalité.
La Commune et la municipalité sont deux institutions parfaitement distinctes et qui ne doivent pas être confondues.

Quand le 18 mars, le peuple de Paris fit une révolution au cri de : « Vive la Commune! » ce fut pour reconquérir tous ses droits civils, politiques et économiques; pour conserver ses armes, ses fusils et ses canons, qui avaient servi à défendre Paris contre l'étranger, et devaient, en restant dans ses mains, assurer toutes les conquêtes de la Révolution.
Que les gens de Versailles ne viennent donc plus nous parler aujourd'hui de nous octroyer une municipalité parisienne, ce n'est pas de cela qu'il s'agit.

Nous voulons, nous aurons, nous avons proclamé et fondé la grande Commune de Paris, nous la maintiendrons, nous saurons la défendre, la faire triompher ou mourir avec elle.

Paris ne sera plus ce centre d'observation, de condensation, de domination politique et administratif, qui a tenu pendant des siècles la France entière courbée sous le joug de la royauté, du clergé et de la noblesse ; qui a fait les campagnes serves et les villes esclaves, lesquelles lui ont renvoyé à leur tour, depuis l'établissement du suffrage universel, les chaînes dont il les avait chargées,

Paris sera la *Washington* de la France.

Paris libre fera donc toute la France libre.

Et la France libre assurera à jamais les destinées de Paris libre.

La Patrie sera sauvée et la Révolution triomphante, si on appelle notre programme :

Paris libre dans la France libre.

P. VÉSINIER.

N° 5.

D'un article intitulé : *Voter et combattre*, nous extrayons les passages suivants :

Le peuple de Paris a fait la Révolution du 18 mars.

Il a chassé un gouvernant infâme et criminel qui a provoqué la guerre civile après avoir trahi et livré la patrie à l'étranger, et qui conspirait ouvertement contre la République.

Il a fait la Commune et depuis quinze jours, il combat courageusement pour elle et pour la République contre les hordes d'assassins réunies à Versailles.

Il a déjà beaucoup fait ce peuple héroïque de la capitale, qui vote, verse son sang et meurt pour une idée.

Mais ce n'est pas encore assez, tant que ses éternels ennemis, les monarchiens et les cléricaux ne seront pas vaincus et détruits, il doit les combattre et continuer d'organiser la Commune jusqu'à ce qu'elle soit définitivement constituée et complétée.

Il est appelé à la fois à combattre et à voter.

Dimanche prochain, il devra tenir le fusil d'une main et le bulletin de l'autre. Etre un citoyen complet, soldat et électeur.

Le bulletin fondera la Commune.

Le chassepot ou le canon assureront sa défense et son triomphe.

. . . .

Les membres de la Commune ne se considèrent pas comme des élus souverains, mais comme de simples commis, comme des mandataires du peuple toujours révocables, acceptant de leurs électeurs un mandat impératif.

Les élections de la Commune, qui auront lieu dimanche, ne seront donc pas, comme toutes celles des assemblées souveraines, une confiscation des droits du peuple, mais au contraire, une affirmation de sa souveraineté qui sera plus forte et plus puissante que jamais.

La Commune, c'est la personnification de tous les droits, de toutes les libertés, de toutes les revendications du peuple.

Elle représente à la fois la défense de la patrie et le salut de la République.

Voter pour elle c'est donc faire acte de bons citoyens.

C'est un devoir aussi impérieux que celui de défendre la République.

. . . .

Citoyens, soyons tous debout dimanche.

Debout devant l'ennemi !

Debout devant l'urne !

Debout, un fusil d'une main et un bulletin de l'autre, et la Commune triomphera et la République et la France seront sauvées.

HASAVÉRUS.

N° 13 et dernier, mercredi 24 mai 1871.

Ce numéro n'est rempli essentiellement que des appels et proclamations adressés à la population parisienne par la Commune et les différents comités à l'occasion de l'entrée des troupes versaillaises dans Paris.

La rédaction de Paris-Libre, elle-même, a cru devoir dans ce moment critique, adresser aussi un suprême appel à la population parisienne.

Cette proclamation, par sa teneur, nous semble assez intéressante pour que nous croyions devoir la reproduire en entier :

Citoyens,

Les Versaillais doivent comprendre, à l'heure qu'il est, que Paris est aussi fort aujourd'hui qu'hier.

Malgré les obus qu'ils font pleuvoir, jusqu'à la porte Saint-Denis sur une population inoffensive, Paris est debout, couvert de barricades et de combattants !

Loin de répandre la terreur, leurs obus ne font qu'exciter davantage le courage des Parisiens !

Paris se bat avec l'énergie des grands jours !

Malgré tous les efforts désespérés de l'ennemi, depuis hier, il n'a pu gagner un pouce de terrain.

Partout il est tenu en échec ; partout où il ose se montrer, nos canons et nos mitrailleuses sèment la mort dans ses rangs.

Le peuple, surpris un instant par la trahison, s'est retrouvé ; les défenseurs du droit se sont comptés, et c'est en jurant de vaincre ou de mourir pour la République, qu'ils sont descendus en masse aux barricades !

Versailles a juré d'égorger la République ; Paris a juré de la sauver !

Non, un nouveau 2 décembre n'est plus possible, car, fort de l'expérience du passé, le peuple préfère la mort à la servitude !

Que les hommes de septembre sachent bien ceci : le peuple se souvient. Il a assez des traîtres et des lâches, qui, par leurs défections honteuses, ont livré la France à l'étranger.

Déjà les soldats, nos frères, reculent devant le crime qu'on veut leur faire commettre.

Un grand nombre d'entre eux sont passés dans nos rangs.

Leurs camarades vont suivre en foule leur exemple.

L'armée de Thiers se trouvera réduite à ses gendarmes. —

Nous savons ce que veulent ces hommes et pourquoi ils combattent.

Entre eux et nous il y a un abîme !

AUX ARMES !

Du courage, citoyens, un suprême effort et la victoire est à nous !

Tout pour la République !
Tout pour la Commune !

La rédaction de PARIS LIBRE.

Père Duchêne (le), publication quotidienne ; cahier in-8°, 8 pages ; prix un sou.

Du 20 ventôse an 79 au 3 prairial an 79, 68 numéros.

Paraissait aussi en séries de 10 livraisons à 50 centimes.

Imprimerie Sornet et bureaux, 16, rue du Croissant.

Principaux rédacteurs, E. Vermesch, Maxime Vuillaume et A. Humbert.

L'etat de siége donnait au général Vinoy le pouvoir dictatorial dont il se servit pour supprimer six journaux ; le *Père Duchêne*, alors à son cinquième numéro, fut compris dans cette hécatombe, à la date du 20 ventôse an 79 ; il ne reprit sa publication, c'est-à-dire son sixième numéro, que le 30 ventôse, 10 jours après le 20 mars.

Ce journal, arrêté à son soixante-huitième numéro, par suite de l'entrée des troupes de Versailles dans Paris, est un des plus curieux de l'époque ; un des plus recherchés et un des plus rares, quoique cependant il ait été tiré à un grand nombre d'exemplaires.

En tête de chaque numéro se trouvait une vignette sur laquelle on lisait : « La République ou la Mort. »

Père Duchêne (le) enfin expliqué par le père Dubois, le Duchêne réactionnaire; feuille double in-8°, même format que le *Père Duchêne*, 4 pages ; prix, 10 centimes.

N° 1, avril 1871, seul et unique numéro.
Imprimerie Dubuisson et Ce, 5, rue Coq-Héron.
Dépôt chez Heyman, 6, rue du Croissant.
Signé : *le Père Dubois, employé.*

Je ne l'avais jamais pris au sérieux ;
Avec ses mots orduriers, son langage ignoble, cela m'avait été impossible.
Je croyais qu'il plaisantait.
Donc je blaguais, pour lui emprunter son style comme ses alinéas et même sa familiarité outrée !
Je lui disais qu'il était de la « rousse. » Et qu'il faisait la charge des communeux en se montrant plus exagéré qu'eux.
Mais pas du tout, on m'assure qu'il est sérieux, — qu'il croit ce qu'il dit.
Alors c'est différent, je puis encore lui répondre sérieusement.
Monstruosité au point de vue moral, d'abord.
Il veut terroriser, imposer son idée par la force.
Au demeurant, le meilleur fils du monde, comme Saint-Just. On ne peut pas pas terroriser toujours, il le sait bien. — une fois l'idée triomphante, il ne terrorisera plus, le chérubin. — Doux comme un mouton. — Et dire qu'ils sont tous comme ça — à quelques-uns près.

Père Duchêne (les mémoires du), 1791-1794.
Cahier in-8° de 8 pages ; prix, deux sous.

Un seul numéro, 30 floréal an 79.

En vente chez le bon bougre Roy, 21, rue du Croissant.

Imprimerie du *véritable père Duchêne*, 16, rue du Croissant.

Signé : *le père Duchêne, marchand de fourneaux.*

En tête de la première page, une vignette représentant un homme coiffé d'un bicorne, une ceinture autour des reins, dans laquelle sont passés deux pistolets ; la main gauche appuyée sur le pommeau de l'un d'eux, la droite élevée et armée d'une hachette ; à gauche, une table sur laquelle se trouve une bouteille et un verre et contre laquelle est appuyé un fusil ; à droite, un curé, les mains jointes, regarde l'homme à la hachette d'un air suppliant ; au-dessous, dans le bas de la vignette, on lit : *Memento mori.*

Au-dessous de la vignette : Je suis le véritable père Duchêne, foutre !

Ce premier numéro débutait par un avertissement avec une grande motion pour qu'on foute au feu tous les ouvrages prétendus historiques de Thiers, et le premier chapitre de ses mémoires, où il rappelle des noms des principaux jean-foutres qui essayaient déjà, en 1793, de faire passer le père Duchêne pour un voleur et un aristocrate.

Père Fouettard (le), format du *père Duchêne*, cahier de 8 pages; prix un sou; paraissait tous les deux jours.

Bureau de vente et imprimerie, Armand-Léon, 21, rue du Croissant.

Principal rédacteur : Le père Fouettard, orateur, écrivain, poëte et fesseur.

Une vignette en tête de chaque numéro représente un homme barbu, armé d'un martinet dans chaque main, avec lesquels il poursuit Napoléon III, Thiers, Jules Favre, etc.

Au-dessous ces mots : la République ou la trique !

La vignette du dernier numéro est coloriée.

Neuf numéros seulement.

Les foutre, les nom de Dieu et la mélasse du *père Duchêne* y sont remplacés par des clic, clac, clic, des pan, pan, pan et des nom de d'là.

Pilori des Mouchards (le), brochure de 15 pages in-4°, couverture jaune, réunissant les articles parus dans *Paris-Libre*.

La première livraison fut mise en vente le 15 mai 1871, au prix de 25 centimes.

Voici comment le *Paris-Libre* annonça cette publication :

Cette première livraison contient les noms cités avec les adresses des individus, depuis la lettc A jusqu'à la lettre N inclusivement.

Elle est précédée d'une préface avec le discours de Piétri,

prononcé à huis-clos, le 6 novembre 1859, devant tous les argousins réunis dans les salons de l'ex-préfecture de police.

Cinq têtes de mouchards ornent la couverture. La 2ᵉ livraison parut le 18 mai.

Elle contenait les demandes d'emplois que le défaut d'espace n'avait pas permis de publier dans le *Paris libre*.

Un dessin, signé Pilotell, forme couverture; il représente une suite de bois à carcans superposés entre lesquels passent cinq têtes tracassées par des vols de mouches. A côté de ces têtes, deux en haut et trois en bas, on lit : Pietri, Lagrange, Sapia, Véron, Grecco.

Pirate (le), journal quotidien, faisant suite au *Corsaire*, même format, mêmes caractères, mêmes bureaux, même prix de vente, même imprimeur; il n'y a de changé que le nom du rédacteur en chef; c'était Richardet, c'est maintenant Charles Bornet.

En cas de nouvelle suppression, l'administration du *National* avait fait déposer plusieurs titres qui devaient se succéder dans l'ordre suivant : *Le Pirate, le Forban*, etc., mais le décret du 19 mai, tua dans l'œuf les intentions vivaces de ce journal.

Du 17 au 20 mai 1871, 4 numéros seulement.

N° 1, 17 mai 1871.

En ce temps d'orages et de suppressions, il est dangereux de lancer sur cette mer hérissée d'écueils, un nouveau navire.

Mais les hardis marins n'ont jamais peur : témoins Surcouf, Duguay-Trouin, Jean-Bart et cent autres.

Sans vouloir se comparer en rien à ces illustres corsaires, le pirate se hasarde à se mettre à la voile.

Il évitera, autant que faire se peut, les mauvais vents qui soufflent du côté de l'ex-préfecture de police; mais cela ne l'empêchera pas de lâcher ses bordées de bâbord et de tribord, et de faire feu de toutes ses pièces, chaque fois qu'il le jugera utile et convenable.

Charles BORNET.

Politique (la), journal politique quotidien; c'est *la Discussion* sous un autre titre; même format, prix, 15 centimes.

 Bureaux et rédaction, 10, Faubourg Montmartre.
 Imprimerie Schiller, même adresse.
 Rédacteur en chef : A. Gaulier.
 Du 17 mai au 1ᵉʳ juin. 11 numéros.
 Pour devise : La politique est l'honneur de la France. (M. de Rémusat.)

N° 1, 17 mai 1871.

La discussion a publié hier son dernier numéro.
Le premier numéro de la *Politique* paraît aujourd'hui.

A GAULIER.

Après avoir rapporté l'incident qui accompagna la suppression de la *Discussion*, M. Gaulier fait suivre ce rapport des quelques lignes suivantes :

L'incident auquel nous faisons allusion plus haut ne changera rien à notre ligne politique. Nous n'en deviendrons ni plus ni moins sévères pour les hommes de l'Hôtel de ville qui nous préparent une réaction terrible. Nous ne deviendrons ni plus ni moins indulgents pour l'Assemblée dont les intentions nous sont suspectes. Contre les uns et contre l'autre nous continuerons à défendre la République que nous ne séparons pas de la liberté et qui seule peut assurer en France l'ordre et la paix.

Toutefois pour qu'il n'y ait dans notre attitude aucun équivoque, et pour donner satisfaction immédiate à ceux qui nous demandent avec qui nous serons au lendemain de la lutte, nous leur répondrons :

Avec le vaincu, si le malheur veut qu'il y ait un vainqueur.

A. GAULIER.

Prêtres (les), par Molock, forme une série de charges religieuses, non désignées par un titre spécial, mais cependant, ayant un numéro d'ordre. Il y en a eu un peu plus de vingt.

Profils politiques, par M. Klenck, auteur de la série : la Commune.

Il ne parut que trois ou quatre numéros.

Prolétaire (le), organe des revendications sociales (XIe arrondissement); grand format, feuille simple imprimée des deux côtés. Prix, 5 centimes.

Bureaux, place Voltaire.

Imprimerie: Association générale typographique, 19, Faubourg Saint-Denis.

Ce journal est complétement anonyme avec le nom de Paul Durand comme gérant. On assure pourtant que M. Arémar (Gustave Marx), n'était pas étranger à la publication de cette feuille.

N° 1, 10 mai 1871.

LE PROLÉTAIRE A SES LECTEURS.

Nos principes.

Nous sommes le prolétariat, c'est-à-dire cet homme peuple ne cherchant que la lumière, que l'honnête, le juste et la vérité; abhorrant le mensonge, la bassesse, la trahison et la servilité.

Nous sommes ces Maudits, ces Titans, ces éternels Sisyphes, n'ayant jamais cessé de remonter ce rocher infernal, retombant éternellement sur nos épaules, ne se lassant jamais.

Nous sommes le prolétariat convaincu que l'idée républicaine radicale est le soleil, le salut, la vérité du monde moderne; non point une république de satrapes et de sybarites, mais une république d'intelligence, de savoir, d'honnêteté et de stoïcité, cela nous changera un peu des débauches et des saturnales de l'ex-empire.

Ce que veut le prolétaire :

Il place la Commune au-dessus du droit commun; son principe est indiscutable, comme tout ce qui est vrai.

Seuls ses actes et ses personnalités rentrent dans le droit de discussion.

L'élu doit toujours être prêt à rendre compte de ses actes à ses électeurs, afin d'être constamment en communion d'idées et de principes avec eux.

Suppression de tout privilége, de tout monopole pour leur substituer la loi de la capacité, et afin que le travailleur puisse profiter réellement du produit de son travail.

La fédération politique et la fédération sociale.

Suppression complète de toute instruction congréganiste et cléricale.

Instruction primaire, gratuite et obligatoire.

LE PROLÉTAIRE.

Régime constitutionnel (le), politique et social. Grand format, feuille double, 15 centimes. Bureaux et imprimerie, 11, Faubourg Montmartre.

Rédacteur en chef : Alph. Beau de Rochas.

Collaborateurs : J. Dubreuil, J. Robert, J. de Gastyne, H. Aubertin, L. Barse et C. Morel.

N° 1, 14 mai 1871.

Le journal dont nous commençons aujourd'hui la publication, au plein cœur de la guerre civile la plus effroyable qui ait jamais sévi sur la France déjà si cruellement éprouvée par la guerre étrangère, ne doit pas être un organe de polémique militante et irritante, ni non plus de conciliation, transaction ou compromis impraticable dans l'état des choses entre les partis en arme, mais du moins un organe d'apaisement en cherchant à ramener la discussion et reporter les esprits sur le terrain purement constitutionnel.

Nous disons qu'aucune transaction, conciliation, qu'aucun compromis n'est actuellement possible entre les partis belligérants. Nous ajoutons que cela n'est pas même désirable et qu'il faut en finir d'une manière ou d'une autre une fois pour toutes.

Représentants en représentation. Charges, petit format, par Pilotell. Quatre dessins ont paru.

Républicain (le), journal politique quotidien, grand format, feuille simple; prix, 10 centimes.

Du 14 au 19 mai 1871, 5 numéros.

Administration, 8, rue d'Argout.

Imprimerie Dubuisson.

N° 1, 14 mai 1871.

NOTRE TITRE.

Eussions-nous pu choisir entre ce titre, le *Républicain* et cet autre plus général, la *République*, nous eussions choisi le premier. Ce n'est pas la République qui nous manque. « Ce sont les républicains. »

Ce journal, troisième et dernier d'Henri Vrignault, paru le 13. N° 1 (14 mai 1871); est saisi le 16 à l'imprimerie où le concierge de la maison Dubuisson et le prote de nuit sont arrêtés.

Il reparaît le 18.

Mais enfin tombe définitivement sous l'arrêté du 19, au matin.

République nouvelle (la), journal politique quotidien; à partir du n° 10, il prend le sous-titre de: Journal de la Révolution de Paris. Grand format, feuille simple, 10 centimes ; bureaux, 10, Faubourg Montmartre.

Imprimerie Nouvelle, 14, rue des Jeûneurs.

Rédacteur en chef: Paschal Grousset.

Avec le concours de plusieurs rédacteurs de la *Marseillaise*.

Collaborateurs: MM. A. Arnould, Ed. Bazire, E. Morot, R. Rigault, L. Ronsin, Charles et Gaston Dacosta, Simon Dereure, A. Breuillé, G. Gaulet, A. Crandier, O. Pain, L. Picard, A. Regnard, Eug. Kunemann et P. Vésinier.

Ce journal, malgré son n° 8 qu'il porte à la date du 19 mars, n'est en réalité qu'un nouveau journal qui devait paraître à cette date sous le n° 1, mais pour tourner l'article 2 du décret de Vinoy, interdisant la publication de tout nouveau journal jusqu'à la levée de l'état de siége, il prend très-adroitement le titre porté, durant le siége, par un journal mort à son septième numéro.

De plus, en tête de la première colonne de son premier numéro, on lit :

En raison de la rareté du papier, la *Nouvelle République* avait dû suspendre sa publication.

Elle la reprend aujourd'hui et paraîtra régulièrement tous les jours.

Puis plus bas, à propos du décret de Vinoy concernant la presse, il fait les réflexions suivantes :

L'article qui interdit la publication de tout *nouveau* journal était bien ingénieux, pourtant, et à première vue, valait son pesant d'or.

Mais il est dit que la perfection n'est pas de ce monde ; les avocats qui ont si savamment barbelé la queue de leur décret, ont oublié qu'un journal peut fort bien ne pas être « *nouveau* » et se porter d'autant mieux qu'il a fait un léger somme.

Ce qui les obligera sans doute à compléter leur sentence par un décret additionnel, — circonstance toujours désagréable pour des hommes de chicane, dont le métier est de ne rien oublier, cela peut leur faire du tort dans leur clientèle.

Ce journal, qui publia des documents assez curieux, entre autres la suite du dossier Arthur Picard, dont la première partie avait paru dans le *Mot d'ordre*, termina sa publication à son vingtième numéro, pour céder la place à une nouvelle feuille, *l'Affranchi*, que nous avons vu plus haut.

Voici comment il annonce, dans ce dernier numéro, ce changement à ses lecteurs.

A une situation nouvelle, il faut un nom nouveau.

La *Nouvelle République*, née le 18 mars au matin, avec la Révolution, dont elle a prévu, suivi, reproduit toutes les phases, doit s'arrêter devant la victoire du peuple, aujourd'hui consommée.

Un nouveau journal lui succédera demain, sous ce titre : l'*Affranchi*, journal des hommes libres.

Réveil du peuple (le), paraissant tous les jours, journal du soir: grand format, feuille simple à 10 centimes.

Du 18 avril (28 germinal an 79) au 22 mai 1871, (3 prairial an 79) : 34 numéros.

Bureaux de vente et administration, rue d'Aboukir, 9.

Imprimerie Lefebvre, gérant et imprimeur du *Réveil*, 9, rue d'Aboukir.

Directeur : M. O. Advenant.

Cette feuille parut d'abord sous le patronage de Ch. Delescluze; mais un peu plus tard, le délégué civil à la guerre désavoua ce journal.

Collaborateurs : Jacquot, Emile Richard, Georges Richard.

Le numéro 1 contient une lettre adressée par Ch. Delescluze aux rédacteurs du *Réveil du peuple*, ses anciens collaborateurs au *Réveil*. Après leur avoir souhaité la bienvenue, leur avoir manifesté le regret de ne pouvoir s'associer à eux, et demandé la permission de leur adresser en même temps les quelques conseils que lui dictent sa vieille expérience et le sentiment de la situation, il termine par ces quelques lignes :

Le *Réveil du Peuple*, j'en suis sûr, s'attachera à rendre éclatantes ces vérités que je me contente d'expliquer. En le faisant, il rattachera à la cause révolutionnaire bien des consciences qui s'ignorent ou s'effraient ; il rendra un service signalé à la cause populaire.

Vous marcherez dans cette voie, et je suis certain qu'en lisant votre feuille, je n'en regretterai que davantage de ne pouvoir vous donner un concours aussi complet que je le désirerais.

Et maintenant, bonne chance et bon vent.

Recevez avec mes encouragements, mes fraternelles salutations.

CH. DELESCLUZE.

Révélations d'un curé démissionnaire (les), par Guenot-Winger, ancien vicaire de Ménilmontant, curé démissionnaire de Dugny (Seine), correspondant du *Phare de la Loire*.

Journal brochure ; cahier in-8° de 8 pages à 5 centimes. A eu 8 numéros.

Le premier, sans date, parut le 23 avril ; et les autres suivirent à environ trois ou quatre jours de distance les uns des autres.

Sommaire :

Les *Mystères du cléricalisme;* la *Tyrannie et les fourberies des Monseigneurs;* la *Monacaille ;* les *Nonnes cloîtrées*, etc., etc.

Révolution (la), politique et sociale. Association internationale des travailleurs, sections de la Gare d'Ivry et de Bercy réunies. Grand format, feuille simple; 10 centimes; journal socialiste hebdomadaire.

Du 2 avril au 15 mai 1871 ; 7 numéros.

Bureaux et imprimerie, 19, rue du Faubourg Saint-Denis.

Gérant : V. Marasquin (de l'Internationale).

Rédacteur en chef ; J. Nostag (de l'Internationale).

Collaborateurs : L. Lavérine, H. Goullé, Hamet, Benoist Malon, etc.

N° 1, 2 avril 1871 (13 germinal an 79.)

Du programme de ce journal, nous citerons seulement le passage suivant :

Soyons révolutionnaires.

La Révolution, c'est le progrès en marche vers un but, le bien-être de tous.

La Révolution, c'est la faculté de perfectibilité constante.

Voilà pourquoi nous sommes pour la Révolution, c'est-à-dire un état de choses tel que, sans secousse, sans désordre, sans coup d'État, sans émeute, sans léser aucun intérêt légitime, les réformes politiques et sociales, cessant par la liberté complète de pensée, de discussion, d'association, de la presse, d'être un épouvantail pour les niais et les ignorants, puissent passer aisément du domaine de la théorie sur le terrain de la pratique.

Quant aux intrigants de toutes sortes qui ne peuvent concevoir un Etat dans lequel il n'y aura plus ni monopoles, ni priviléges, et où tous seront obligés de produire en échange, des droits qu'assure la société; ils accepteront, émigreront ou seront anéantis.

Vive la Révolution politique et sociale!

JULES NOSTAG.

Révolution politique et sociale (la). Le journal précédent continuait à paraître quand le numéro spécimen d'un journal sous le même titre, grand format, feuille simple, au prix de 5 centimes, fut lancé à la date du 19 mai 1871 (20 floréal an 79).

Bureaux et imprimerie, Turfin et Juvet, 9, cour des Miracles.

Rédacteur en chef : Jean-Jacques Danduran.

NOTRE BUT?

La République démocratique et sociale universelle.

Nous irons droit au but.

Que se passe-t-il? où allons-nous?

Paris veut vaincre, Paris vaincra. Il combat pour le droit et il a la force.

Et sa victoire sera prompte si la Commune, obéissant à l'exigence de la situation, se montre à la hauteur de son mandat en entrant enfin dans la voie révolutionnaire.

Paris défie les stipendiés, les lâches et les traîtres, parce que Paris veut vaincre et peut vaincre ; mais notre longanimité attribuée à la crainte, au manque de foi dans le succès final, encourage les menées, les lâchetés et les trahisons dont la Commune semblait ignorer l'existence et les dangers.

Le Comité de salut public averti, par les événements, doit prouver, sans retard, sa force et sa résolution.

JEAN-JACQUES DANDURAN.

Rigoletto, journal illustré; dessins d'Eug. Ladreyt ; format in-8°, 4 pages ; prix, 5 centimes.

Imprimerie Vallée, 16, rue du Croissant.
Gérant : Laglaize.
Deux numéros seulement.

Quelques grands formats nous font l'honneur de nous attaquer.
Nous aimons la liberté, la justice, le progrès; voilà notre tort !
Nous avons soutenu la Commune ; voilà notre crime !
Ecumez ! messieurs les *réacs !*
Grincez ! citoyens cagots !
Votre colère est notre premier succès.

Rouge (la), journal des jeunes, format du *Petit Journal,* quotidien. Prix, un sou.

Bureaux et imprimerie, 19, rue du Faubourg Saint-Denis.
Gérant : Fondéville;
Collaborateurs : Georges Gallet, A. Bellirier, H. Benoît, Ch. Duplan.

N° 1, 17 mai 1871.

PRÉAMBULE.

Nous arrivons au plus fort de la mêlée, lorsque le bruit des armes étouffe la discussion, lorsque tous les esprits sont tendus vers le même objectif, la lutte.

Nous ne pouvons donc aujourd'hui que suivre les événements, les enregistrer.

Les faits dominent la doctrine. L'oreille perçoit un son unique, celui de la bataille; il semble que le cœur de Paris soit aux avant-postes et que la question sociale tienne dans la giberne du soldat. Nous avons trop la fièvre pour résoudre, et l'impatience énerve l'esprit le plus positif.

Car il s'agit de vaincre, non pour notre génération écrasée par vingt ans de despotisme, dominée par les mystiques révolutionnaires; il s'agit de vaincre pour la génération qui s'apprête, la seule qui puisse continuer l'œuvre commencée par les jeunes.

Arrière donc les sentiments et les mots sonores qui ont fait tout le bagage de la vieille politique, qui ont sacrifié le peuple à quelques personnalités de mauvais aloi !

Et, bien qu'à ce moment le sabre ait seul la parole, nous allons essayer de poser les jalons qui montreront à la victoire le chemin qui doit la conduire au but.

La Rédaction.

Salut public (le), grand format, feuille simple ; prix, 5 centimes le numéro.

Bureaux, 11, rue du Faubourg Montmartre.
Imprimerie Ch. Schiller.
Directeur politique : Gustave Maroteau;
Collaborateurs : G. Sauton, G. Dillon, Ravanagh.
Du 16 au 23 mai ; 7 numéros.

Le dernier, numéro 7 du 23 mai, n'est qu'un placard sur une feuille simple, grand format, imprimée d'un seul côté ; il contient l'appel suivant :

Citoyens,

La trahison a ouvert les portes à l'ennemi ; il est dans Paris ; il nous bombarde ; il tue nos femmes et nos enfants.

Citoyens, l'heure suprême de la grande lutte a sonné. Demain, ce soir, le prolétariat sera retombé sous le joug ou affranchi pour l'éternité. Si Thiers est vainqueur, si l'Assemblée triomphe, vous savez la vie qui vous attend ; le travail sans résultat, la misère sans trêve. Plus d'avenir, plus d'espoir! vos enfants, que vous aviez rêvés libres, resteront esclaves ; les prêtres vont reprendre leur jeunesse; vos filles, que vous aviez vues belles et chastes, vont rouler flétries dans les bras de ces bandits.

AUX ARMES! AUX ARMES!

Pas de pitié. — Fusillez ceux qui pourraient leur tendre la main! Si vous étiez défaits, ils ne vous épargneraient point. Malheur à ceux qu'on dénoncera comme les soldats du droit ; malheur à ceux qui auront de la poudre aux doigts ou de la fumée sur le visage.

Feu! feu!

Pressez-vous autour du drapeau rouge sur les barricades, autour du Comité de salut public. Il ne vous abandonnera pas.

Nous ne vous abandonnerons pas non plus. Nous nous battrons avec vous jusqu'à la dernière cartouche, derrière le dernier pavé.

Vive la République! vive la Commune! vive le Comité de salut public!

Le Salut public.

Scie (la), organe des aliénés. Feuille in-8°, toute d'illustration, par Molock. N° 1, sans date (25 avril 1871).

2 numéros seulement.

Le n° 2 représente un prêtre, les deux bras plongés jusqu'aux coudes dans le tronc des pauvres; une jeune personne beaucoup trop décolletée pour être dans une église, dit :

— Comment! nous n'avons que trois balles?
— Que veux-tu? ma chère Troufignette, répond gracieusement le prêtre, puisque nous n'avons plus à boulotter que les troncs!.....

Sociale (la), journal politique quotidien du soir. N° 1, 31 mars 1871, moyen format, feuille double, 4 pages; n° 2 et suivants, feuille simple, grand format; prix, 5 centimes.

Du 31 mars au 17 mai 1871, 48 numéros.

Mêmes rédacteurs que le *père Duchêne*, et par madame André Léo.

N° 1, 31 mars 1871 (10 germinal an 79).

Cette fois, la révolution sociale ne se fera plus au profit de la bourgeoisie, ni au profit du paysan.

Le bourgeois et le paysan ont conquis leur droit.

C'est au bénéfice des travailleurs des villes qu'elle s'accomplira!

C'est le droit à l'outil que nous voulons!

C'est la réforme de l'exploitation industrielle!

Nous l'avions assez appelée par les grèves, par les sociétés coopératives, par l'Internationale!

Et nous l'aurons!

Rassurez-vous, ô bourgeois, ô paysans, il ne s'agit pas de vous ravir vos conquêtes.

Vous possédez légitimement ce que vous avez acquis.

Mais nous réclamons aujourd'hui nos droits comme il y a quatre-vingts ans vous avez réclamé les vôtres!

Il n'est pas question de nous mettre à votre place, mais à côté de vous.

Nous pouvons marcher parallèlement.

Nous ne voulons plus rester à la porte de la salle du banquet.

Nous allons procéder pacifiquement, par le raisonnement d'abord, par la loi ensuite, à la révision de la balance économique, à la liquidation sociale.

Plus d'exploitation de l'homme par l'homme; plus de patrons et de salariés!

Le travail, la liberté et la justice!

Egalité!

Pas de droits politiques, sans droits économiques !
Pas de liberté, pas de justice, sans égalité !
Le droit du travailleur est l'envers du droit du citoyen !
Gravons un niveau sur l'urne électorale !
Et n'oublions pas que la misère est la mère de l'esclavage.
Vive la Sociale !

Souveraineté du peuple (la), journal des idées sociales, hebdomadaire, moyen format; prix, 5 centimes ; un seul numéro.

Imprimerie Nouvelle, rue des Jeûneurs, 14.
Rédacteur en chef : Auguste Petit.
N° 1, sans date (11 mai 1871).

Recherches sur la meilleure forme de gouvernement dans un État composé d'hommes libres.
Avec cette devise : « Pas de mots, des idées, des actes. »

Spectateur (le), politique, scientifique et littéraire, quotidien, grand format, feuille double ; prix, 15 centimes.

Rédacteur en chef : E. Masseras ; gérant : Pasquier.
La *France* supprimée le 6 mai, le *Spectateur* sortit de l'imprimerie Schiller.

N'a eu que 3 numéros du 10 au 12 mai 1871. Supprimé de nouveau, le 12 mai, ce journal ne reparut plus sous aucun titre.

Tam-tam (le), revue critique des polichinels politiques, financiers, religieux et autres, par Napoléon Citrouillard. N° spécimen, 10 mars 1871 ; format in-4°, 4 pages ; prix, 10 centimes.

Gérant : Commerson.

3 numéros.

C'est un *Tintamarre* républicain.

Tribun du peuple (le), grand format, feuille simple ; 10 centimes.

Bureaux, 152, rue Montmartre.

N° 1, 17 mai 1871 (26 floréal an 79).

Imprimerie, 9, rue d'Aboukir.

Rédacteur en chef : Lissagaray ; gérant, Edmond Lepellier ;

Collaborateur : H. Maret.

Du 17 au 24 mai, 8 numéros.

Citoyens dictateurs, que le plus digne soit le plus fort — c'est juste — mais soyez sans pitié pour les brouillons, les incapables et les impuissants.

L'heure n'est pas venue de vous demander des comptes politiques. Par la fatalité des événements, malgré les fautes de la Commune, malgré les vôtres, Paris est devenu le boulevard de la République. S'il succombe, le flot limoneux de la réaction couvrira toute la France.

LISSAGARAY.

Vengeur (le), grand format, feuille simple ; prix, 10 centimes.

Directeur : Félix Pyat.

Collaborateurs : MM. A. Gromier, Henri Bellenger, A. Rogeard, Pierre Denis, F. Gambon.

Imprimerie Vallée, 16, rue du Croissant.

Du 30 mars au 24 mai 1871.

N° 1, 2° série, 30 mars (10 germinal an 79.

Le *Vengeur* avait été tué le 11 mars par Vinoy. Le peuple l'a ressuscité.

Le *Vengeur* reparaît avec la Révolution. Il a quitté son pavillon de deuil. C'est la victoire.

Plus de crêpe à son mât ! Il arbore aujourd'hui les nouvelles couleurs, les vives couleurs de la Révolution triomphante, de la Commune révolutionnaire, de la garde nationale de Paris. Il arbore le drapeau rouge, symbole du martyre des peuples, le drapeau rouge aux étoiles d'or, signe d'union de toutes les Communes de France, signe d'alliance de toutes les Communes d'Europe.

Paris libre, c'est le monde libre.

L'équipage du *Vengeur* salue de toutes ses bordées le peuple souverain. Il l'a vu hier, dans son droit et sa force..... libre et armé. Il a entendu deux cent mille hommes crier, d'une voix et d'un cœur unanime : Vive la République! vive la Commune! à cet Hôtel de ville où flottait naguère le drapeau de Sedan et d'Aubin, sur cette grève même où le drapeau du peuple a pris sa pourpre dans le sang des plus purs citoyens.

. . . .

La France du peuple date du 18 mars, ère nouvelle comme son drapeau. La France de la noblesse est morte en 89, avec le drapeau blanc! La France bourgeoise est morte en 70, avec le drapeau tricolore. Plus de castes, plus de classes !

La France du droit, la France du devoir, la France du travail, la France du peuple, la France de tous commence jeune, neuve, vive, ardente, comme son drapeau écarlate..... la chair à canon de Bonaparte, la vile multitude de Thiers, la tourbe de Favre, la barbarie enfin, c'est-à-dire la réserve, le renouveau, le peuple rénovateur et réparateur des vieilles Frances.

Le travail a sa récompense, la force. Le devoir a la sienne aussi, le droit. Le droit et la force réunis sont invincibles. Ils sont vaincus.

. . . .

Le gouvernement de Paris a été digne du peuple de Paris. Le Comité central digne de la garde nationale. La Commune, célèbre avant de naître, sera-t-elle digne de ce pouvoir modeste mais grand? Les fameux vaudront-ils les obscurs. Le *Vengeur* l'espère et d'autant plus que les obscurs ne sont pas tous partis, Dieu merci! Le *Vengeur* s'intéresse paternellement à la Commune. Il lui souhaite donc l'honneur de valoir ce pouvoir ouvrier et ce gouvernement travailleur qui a réhabilité l'anonyme et illustré l'inconnu.

FÉLIX PYAT.

ENFIN!

Enfin, dans l'excès de ses maux, au milieu de ses dangers, au plus bas de sa fortune et du fond de sa détresse, enveloppé par ses ennemis, égaré par ses guides, accablé, mis à mal, écrasé par ses maîtres et achevé par ses sauveurs, le peuple a pris le parti de se sauver lui-même.

Et c'est le bon parti, c'est même le seul, nous le savons maintenant.

Enfin, nous avons quelque chose de plus que la République nominale;

Enfin, nous tenons, au lieu du nom, la chose; au lieu de l'ombre, le corps; avec le droit, le fait; avec l'idée, la réalité.

Enfin, le peuple mesure la hauteur de ses bonds à la profondeur de ses chutes, et répond à la lâcheté de ses maîtres par son héroïsme; à leur infamie, par sa gloire.

Enfin, nous n'avons plus seulement une égalité pour rire, une liberté en peinture, une fraternité par métaphore! Non, non, cette fois, c'est la République en personne qui nous rend visite; c'est la République vivante et par qui nous vivrons.

Pour commencer, elle nous apporte la Commune; mais elle peut être le commencement de tout; car la Commune est le type, le parangon, l'idéal d'un système politique dans lequel il faut, avant tout, qu'aucun citoyen ne puisse posséder plus de pouvoirs que le plus modeste conseiller municipal de la plus humble bourgade.

La troisième République est aussi belle que ses aînées, plus grande peut-être, puisque elle a un caractère plus profondément démocratique; et plus forte aussi, puisqu'elle a déjoué des complots, réprimé des émeutes monarchiques et triomphé d'un coup d'État.

Salut à toi, et sois bénie, Révolution communale de Paris!

Soigne bien ton pauvre malade, et administre-lui de bons remèdes; et grâce à toi, il en reviendra.

Fais-nous de bonnes lois, bonne Commune de Paris; à toi le soin de nous guérir par la justice sociale, à toi la gloire de garder fidèlement la République des travailleurs.

ROGEARD.

N° 24.

A propos de la validation des élections du 16 avril, Félix Pyat adressait la lettre suivante au citoyen président de la Commune :

Paris, 20 avril 1871.

Citoyen président,

Si je n'avais été retenu au ministère de la guerre le jour où la question des élections a été tranchée, j'aurais voté avec la minorité de la Commune.

Je crois que la majorité, cette fois, s'est trompée.

Je doute qu'elle veuille revenir sur son erreur. Mais je crois que les élus n'ont pas le droit de remplacer les électeurs.

Je crois que les mandataires ne doivent pas se substituer au souverain; je crois que la Commune ne peut créer aucun de ses membres, ni les faire, ni les parfaire; qu'ainsi elle ne peut, de son chef, fournir l'appoint qui leur manque pour leur nomination légale.

Je crois enfin, puisque la guerre a chargé la population, qu'il était juste de charger la loi plutôt que de la violer.

Née du vote, en se complétant avec lui, la Commune se suicide. Je ne veux pas être complice de la faute.

Je suis convaincu de ces vérités au point que si la Commune persiste sur ce que j'appelle une usurpation de pouvoir électif, je ne pourrai concilier le respect dû au vote de la majorité avec celui dû à ma conscience ; et alors je serai forcé, à mon grand regret, de donner, avant la victoire, ma démission de membre de la Commune.

Salut et fraternité.

FÉLIX PYAT.

N° 26.

EXPLICATION

Je lis dans l'*Officiel* :

« *Le citoyen Vermorel.* — Le *Vengeur* d'hier blâme avec force la suppression de plusieurs journaux : je tiens à constater que cette mesure a été approuvée ici par le citoyen Félix Pyat, et qu'il en a même, dans une certaine mesure, pris l'initiative. Il faut qu'on le sache, et je demande que mon observation, qui est une observation de moralité politique, soit insérée à l'*Officiel*.

« *Le citoyen Mortier.* — Il a été décidé antérieurement qu'il serait bien convenu qu'aucune démission ne serait admise, et je ne vois pas pourquoi le citoyen Félix Pyat, qui était présent lorsque la mesure sur les journaux a été prise, donne aujourd'hui sa démission.

« *Le citoyen J.-B. Clément.* — Voilà mon opinion sur l'incident. Le citoyen Félix Pyat a toujours été, et je ne l'en blâme pas, pour les mesures énergiques. Eh bien ! je trouve étrange qu'aujourd'hui il nous accuse, et non-seulement au sujet de la presse, mais il y a encore dans son journal un blâme au sujet des citoyens. Eh bien, je dis qu'il est indigne du citoyen Félix Pyat de déserter ainsi la cause. Vous avez arrêté des gens pour bien moins. Je demande formellement l'arrestation de Félix Pyat. »

Le citoyen Mortier s'est trompé. Je n'ai pas donné ma démission sur la question de la presse, mais sur la question des élections.

Quant au citoyen Vermorel, je serai toujours heureux de recevoir de lui des leçons de moralité politique, dès qu'il aura quitté la commission de police, où il a fort affaire, s'il tient, avec ou sans la permission de Rigault, à vider son dossier de certains rapports chiffrés à M. Rouher. C'est un papillon polychrome qui butine toutes sortes de fleurs, royauté et république, et je n'ai pas d'épingle pour lui clouer ses ailes sur le dos.

Ce bombyx à lunettes m'avait dit qu'il voulait me suivre sur le terrain de la question électorale; je devais m'en défier; il m'a suivi, en effet, et m'a piqué par derrière pour un article de Pierre Denis sur la question des journaux.

Pour ce qui est de cette question, la Commission de sûreté est seule responsable de la première saisie, faite malgré le vote de la Commune et de la commission exécutive. De la seconde, c'est la Commune qui en répond, ayant voté la proposition de ladite commission de sûreté.

Mon collaborateur, le citoyen Pierre Denis, l'intelligent rédacteur de la déclaration de la Commune, tout en reconnaissant le droit de saisie, a mis en doute l'opportunité de l'exercice. *Inde iræ*.

Il l'a fait consciencieusement, librement, spontanément, à mon insu même. Je n'ai ni le temps, ni le vouloir de gêner, dans le *Vengeur*, la liberté de mes collaborateurs, pas même celle de dire parfois le contraire de ce que je dis. Je m'en rapporte aux lecteurs.

Mais la question des journaux que le plus moral des membres de la Commune a greffée sur la question électorale, n'a rien à faire à ma démission. A cet égard, j'admets la dictature pour le salut public, *salus populi*..... Mais alors, je l'admets en affirmant le principe d'où elle sort et ne le niant pas. La Commune l'admet jusqu'à l'absurde, jusqu'au pouvoir de se créer et de se tuer elle-même. J'ai dû protester par ma démission pour réserver le droit du souverain.

Je l'ai offerte conditionnellement. Elle est refusée absolument. C'est trop d'honneur et d'indignité à la fois. La Commune se croit le devoir de faire ses membres et même de les défaire, c'est logique. Aussi le citoyen Clément veut-il m'arrêter..... en dépit de son nom. Je ne vois pourtant pas comment je pourrai avoir l'honneur d'être en même temps son collègue et son prisonnier. En attendant, me voilà Sganarelle, le représentant malgré lui.

Pour sortir de cette impasse ridicule..... s'il n'y avait du sang, la clé, c'est le vote du souverain. Il n'y a que le peuple qui m'a élu qui puisse dire si je dois sortir ou rentrer, s'il reprend ou non le mandat que je lui rends.

Je m'en rapporte là-dessus aux électeurs du 10ᵉ arrondissement, au conseil de la 10ᵉ légion.

Félix Pyat.

56ᵉ et dernier numéro, 24 mai 1871.

Ce numéro, sur une feuille simple imprimée d'un seul côté, est plutôt un placard qu'un journal.

Il est rempli par un dernier appel, une dernière proclamation au peuple parisien, dont voici la teneur :

Citoyens,

Depuis trois jours la lutte suprême est engagée dans nos murs ; la grande lutte entre le droit et le privilége, entre le peuple et les exploiteurs du peuple ; entre la plus juste des causes et la plus criminelle des conspirations ; entre la République et la Restauration ; entre la plus belle des Révolutions et la plus odieuse des réactions.

C'est dans nos murs maintenant et sur nos places ;

C'est du haut de nos terrasses ;

C'est des fenêtres de nos maisons que les assassins assassinent, et que les incendiaires bombardent.

Depuis trois jours Paris combat dans ses rues, pour son droit communal, pour les droits de la France, pour les droits du genre humain.

Citoyens,

Vous avez votre glorieuse part dans la guerre sainte séculaire, entre les oppresseurs et les opprimés ; Paris est le héros de cette grande épopée.

Une fois de plus son sang coule pour l'intérêt commun de tous les peuples ;

Une fois de plus, les volontaires de la liberté et de la justice sont aux prises avec les mercenaires du despotisme, les esclave de la discipline, et les aveugles complices de l'usurpation.

Jamais la grande cité n'a autant souffert pour la grande cause ; plus que jamais sa victoire sera féconde, durable et décisive.

Vive la République !
Vive la Commune !

F. Pyat, A. Rogeard, F. Decaudin
C. Clodong, F. Bias.

PAMPHLETS, CHANSONS, FACÉTIES,

APPELS, PROCLAMATIONS, ETC.

Allemagne républicaine (l'), feuille simple, petit format, imprimée des deux côtés ; par E. Voisin.

Typographie de Rouge frères, Dunon et Fresné, rue du Four-Saint-Germain, 43.

Sans date.

Arrestations des Roussins (les) sortant des égouts, à la caserne des Minimes et dans la cour d'une maison, sise boulevard Voltaire, 11.

Comme sous-titre :

Mise en accusation des tyrans dévoilés.

Feuille simple, petit format, imprimée des deux côtés.

Imprimerie Jules Bonaventure, quai des Grands-Augustins, 55.

Par J. P. Bertrand.

Sans date.

Bonaparte (Louis) traduit devant la cour d'assises ; son arrestation et son acte d'accusation.

Anonyme et sans date.

Feuille simple, petit format.

En vente, 16, rue du Croissant.

Imprimerie Berthélemy et Cie, faubourg Saint-Denis, 19.

Sommaire : Le cri du peuple. — L'acte d'accusation. — Châtiment et condamnation.

A la fin : Vive la République démocratique et sociale, une et indivisible.

Bonhomme Franklin (le), sans périodicité fixe, cahier de papier in-8° de 52 pages (10 avril 1871 à mai 1871), couverture jaune ; plutôt brochure que journal ; a paru en numéros.

Écrit tout entier de la main de M. Émile de Girardin, et portant comme épigraphe : « *Eripuit cœlo fulmen sceptrumque tyrannis.* (TURGOT). »

« Dans l'ancien et le nouveau monde, d'un pôle à l'autre,
« toute chose a son contraire ; l'ombre a la lumière, le froid a
« le chaud, le faux a le vrai ; la saleté a la propreté ; la
« bassesse des sentiments et du langage a l'élévation du lan-
« gage et des sentiments ; le père *Duchêne* n'avait pas lu le
« Bonhomme Franklin. »

Bouche de fer (la), par Paschal Grousset; petit cahier in-12, contenant 2 numéros, de 24 pages chacun; N° 1, 8 mars 1871, et N° 2, 11 mars 1871 (20 ventôse, an 79). Prix : 15 centimes le numéro.

En vente chez Châtelain, rue du Croissant, 13.
Imprimerie Vallée, 16, même rue.
Orné de culs de lampe.

Cadavres de l'église N.-D. des Victoires (les), feuille simple, petit format; par J. P. Bertrand.
Imprimerie J. Bonaventure.

Ce que veut Paris, ce que veut la France, Réponse à MM. Thiers, Jules Favre. Par un citoyen de Paris : A. L. G.

Paris, typographie Rouge frères, Dunon et Fresné; grand in-folio, feuille simple; prix : 15 centimes.

Cinq milliards payés par la Commune (les). Proposition et développement. Feuille simple, petit format.
Anonyme et sans date.
En vente chez Heymann et Polack, 6, rue du Croissant.
Imprimerie Nouvelle, rue des Jeûneurs, 14.

Colonne (Pièce de vers sur la), feuille simple, imprimée d'un seul côté.
   Sans nom et sans date.
   Imprimerie du *Tribun du peuple*, 9, rue des Jeûneurs.

Complot découvert (le). Correspondance inédite des souverains de l'Europe, donnant la clef des principaux événements depuis le commencement de la guerre.
   Anonyme et sans date.
   Imprimerie Nouvelle, 14, rue des Jeûneurs.

Conspiration des Jésuites contre la République.
   Sans nom et sans date.
   Imprimerie Nouvelle, 14, rue des Jeûneurs.

Cri de la France (le). Appel à la conciliation. Feuille simple, placard entouré d'un encadrement.
   Par un témoin auriculaire.
   Paris, 28 avril 1871. « J. de S. »
   Prix : 10 centimes.

Crimes de Versailles (les) et la justice du peuple, par le petit état-major du 137ᵉ bataillon.
   Feuille simple, petit format; sans date.

   « 1° Mitrailleuse de Neuilly. »
   « 2° Le crime de Courbevoie. »

« 3° Assassinat des Prisonniers. »
« 4° Justice du Peuple. »
Un sergent-major et un fourrier du 137ᵉ bataillon.

———

Crise financière (la). Moyen de payer ses billets. Placard moyen format; prix : 10 centimes; sans date et sans nom.

Paris. Spécialité d'impressions typographiques et lithographiques. Émile Lévy, 2, rue du Petit-Carreau.

———

Débandement de l'armée de Versailles, feuille simple, moyen format; anonyme et sans date.

Appel aux soldats de la France.

Paris. Imprimerie Turfin et Ad. Juvet, 9, cour des Miracles.

———

Découverte d'une grande conspiration bonapartiste. Rapport d'un agent de police.

Par X..., agent volontaire.

Imprimerie Schiller, 10, faubourg Montmartre.

———

Démission de M. Thiers. Placard grand format.

A signé :

« *La justice pour tous et pour chacun.* »

Et *pour copie conforme* : Albert de Châteauneuf.

Paris. Imprimerie Ém. Voitelain et Cie, rue J.-J Rousseau.

Démonstration des droits de la Commune de Paris. Feuille simple petit format.

Situation actuelle de Paris, par Bertrand, et *Conciliation sociale*, par E. Voisin.

Typographie Rouge frères, Dunon et Fresné.

Dernier Mot (un), par A. Blanqui. Prix : 5 centimes ; feuille simple, moyen format.

Deuxième discours du citoyen L. Panafieu sur l'outrage fait à Garibaldi. Placard, moyen format, prix : 5 centimes.

Imprimerie Lefebvre, passage du Caire, 87, 89.

Droits de Paris et de Versailles (les) ou réfutation du discours de M. Thiers, par un Parisien.

Signé : Delaurier.

Imprimerie Vallée, 16, rue du Croissant.

En vente chez Saillant, 5 et 10, rue du Croissant.

Écrasons la Commune. La Commune. Voilà ce qu'on dit à Versailles.

Par C. Defayet.

Gouvernement du 4 septembre (le). Documents, papiers, pièces et dépêches publiés par la Commission d'enquête nommée par la Commune.

Édition officielle. Paris, 1871 ; cahier in-8°.
Signé :
Pour la Commission d'enquête :
Le Président,
Casimir Bouis.

En vente chez Chevalier, libraire-éditeur, 61, rue de Rennes.

Grande manifestation des Compagnons du devoir pour arrêter l'effusion du sang.

Feuille simple, moyen format.
Compte rendu, par J.-P. Bertrand.
Imprimerie J. Bonaventure.

Grande nouvelle. Moyen de payer les cinq milliards des Prussiens, sans qu'il en coûte un centime aux bons patriotes.

Qui casse les verres les paye !
Proposition et développement, par J.-P. Bertrand.

Grande Révolution. Ce qui regarde tous les citoyens, pour que tout le monde sache bien vite lire, écrire et compter.

Méthode, par J. Vinot, directeur du *Journal du Ciel.*

En vente chez madame veuve Aubert, 20, rue Domat.

Typographie Parent, rue Monsieur-le-Prince, 31.

Grand Pardon, divisé en deux parties : Le droit à l'existence ; l'Amour sacré de la patrie, par le citoyen Frédéric-Hubert M⸫, véritable ami du peuple et de l'humanité.

En vente chez Roy, rue du Croissant.
Grand in-8°, 8 pages; prix : 50 centimes.
Imprimerie Vallée.

Laissez-moi mes matelas. Lettre de Jean de Paris à Jacques Bonhomme.

Placard, moyen format.
Signé : M...
Imprimerie Émile Lévy, 2, rue du Petit-Carreau.

Manifestation des Francs-Maçons (la). Dernières nouvelles.

Compte rendu, par J.-P. Bertrand ; feuille simple, moyen format.

Nouveaux Impôts (les). Impôt sur le luxe. Impôt sur ces petites dames.

Placard, feuille simple, petit format ;
Signé : Alphonse Ardoin.
Prix : 10 centimes.
En vente chez Châtelain, 13, rue du Croissant.
Imprimerie Berthelemy et Cie, 19, faubourg Saint-Denis.

Obus (l'), par Henri Vrignault. Brochure politique, format de la *Lanterne* de Rochefort. 61 pages. Prix : 50 centimes.

27 avril 1871.

L'obus que craint Vrignault, c'est l'Empire !

En vente à la librairie, 5, rue Coq-Héron.

Imprimerie Dubuisson et Cie.

———

Oraison funèbre à la mémoire des gardes nationaux morts pour la République. Monument commémoratif élevé à leur gloire, place Vendôme, en remplacement de la Colonne.

Feuille simple, dont la première page est entourée d'un grand filet noir ; moyen format.

Signé : J. Deschamps.

———

Premier discours du citoyen Louis Panafieu à l'Assemblée nationale de Bordeaux ; parlant au nom du peuple de Paris pour demander justice.

Placard in-folio ; prix : 5 centimes.

———

Proclamation du droit de la Commune.

Feuille simple, moyen format ; prix : 5 centimes.

Causes de la guerre civile, par J.-P. Bertrand et Conciliation sociale, par Frédéric-Hubert M.˙.

Typographie Rouge frères, Dunon et Fresné.

———

Projet de conciliation entre Versailles et la Commune, par Frédéric-Hubert M.·., J.-P. Bertrand et Voisin ; même format que ci-dessus.

———

Proposition à la France pour la mise en accusation des complices de Napoléon III conformément à la loi, par J.-P. Bertrand.
Proposition et développement.

———

Protestation ; l'appel au peuple ! par.Luther.

A nous Franklin ! à nous Bailly ! si vous ne voulez être ni Peel ! ni Cavour !

A L'ASSEMBLÉE NATIONALE.

« Après nos Forts, nos Remparts ! Après nos remparts, nos
« Barricades ! Après nos barricades, nos cœurs ! si vous ne
« savez pas les prendre!

« LES ASSISES DU COMMUNISME ET DE RÉBELLION. »

« Au Peuple :
« Peuple, nous protestons ! et nous voulons la *Lutte à*
« *outrance !* mais sans armes ! dans celle-là, on ne meurt ni ne
« capitule ! celle-là aussi ne finit jamais !
« Nous voulons la trouée ! mais la trouée dans les cœurs !
« qu'on se haïsse ! soit ! mais, mordieu ! qu'on se supporte ! »

———

Prussiens en république (les). Exposé sur feuille simple, moyen format, par Eugène Régnier.

Imprimerie Rouge frères, Dunon et Fresné.

———

Remise gratuite par la Commune de tous les objets engagés au Mont-de-Piété. Formalités à remplir. Entêtes.

Vente autorisée par le Comité de sûreté générale, en date du 29 avril 1871.

Exposé et projet de loi, par J. Deschamps.

En vente rue du Croissant.

Imprimerie Édouard Vert, 29, rue Notre-Dame de Nazareth.

———

Réponse à M. Thiers, par un Parisien. Feuille simple, moyen format, divisée en deux colonnes, contenant dans la première : une proclamation aux Parisiens, du gouvernement de la République française, divisée en plusieurs paragraphes ; et, dans la seconde, la réponse à chaque paragraphe.

Signé : Levaltier. Prix : 5 centimes.

Typographie Alcan Lévy.

———

Reprise de la guerre. Nouvelle organisation de l'armée. Feuille simple, moyen format, sans signature et sans date ; prix : 10 centimes.

En vente chez Eymann, 13, rue du Croissant.

Imprimerie veuve Poitevin, Éthiau-Pérou et Cie, rue Damiette.

« L'avenir s'appelle : Régénération — Revanche.

« Régénération politique et sociale, revanche militaire, toutes

« deux obtenues par ce merveilleux outil qu'indique M. Thiers :
« *l'Union.* »

République de Marat (*la*), avec des articles de F.-V. Raspail et Alphonse Esquiros. Feuille simple ; prix : 10 centimes.

Vente en gros, librairie F. Roy, rue Saint-Antoine, 183, et rue du Croissant, 16.

Imprimerie Vallée.

République et la Commune démasquées (*la*), par José Villa y Pons, réformateur, mais non révolutionnaire.

Cahier in-8° de 16 pages ; prix : 30 centimes.

En vente chez Heymann et Polack, 6, rue du Croissant. Imprimerie Nouvelle, 14, rue des Jeûneurs.

Républicains suisses (*les*) *aux citoyens français*.

Cahier in-8° de huit pages.

En vente chez Armand Léon, 21, rue du Croissant.

Imprimerie Turfin et Ad. Juvet, 9, cour des Miracles.

Qu'est-ce que la République ?
La République, c'est l'avenir de la France, c'est l'ordre, c'est la paix des peuples.

Suppression des loyers; placard grand format, par Passedouet.

Typographie Rouge frères, etc.

Union française (l'). Brochure in-8° de 70 pages, laquelle reproduit les articles contenus dans le numéro d'un journal portant le même titre que cette brochure, et dont nous n'avons pu nous procurer un seul numéro. Prix : 50 centimes.

Par Émile de Girardin.

Couverture jaune, sur laquelle se trouvent le titre et les désignations suivantes :

L'*Union française*, extinction de la guerre civile par l'adoption de la Constitution américaine.

Quand le monde n'aperçoit pas d'issue au bout des chemins frayés qu'il a longtemps parcourus, il doit, sous peine de s'affaisser et de périr, tenter une autre voie.

Ernest DESMARET, ancien bâtonnier du barreau de Paris et maire démissionnaire du IX° arrondissement
(*Les Etats provinciaux*.)

Vengeance de Versailles contre la Commune, par C. Defayet. Feuille simple, moyen format, divisée en trois colonnes comme les journaux ; imprimée des deux côtés.

Paris. — Typographie Rouge frères, Dunon et Fresné.

Toutes ces publications ne sont, en quelque sorte, que des fragments dont l'importance ne nous semble point mériter une nomenclature spéciale.

UN DERNIER MOT

Des circonstances indépendantes de notre volonté ont amené un retard considérable dans la publication de cet ouvrage.

Depuis les événement se sont succédé : — les esprits se sont calmés et ont considéré avec moins de partialité la période du 18 Mars au 24 Mai.

Les conseils de guerre ont fonctionné ! et les vaincus de la veille se sont retrouvés en présence de leurs vainqueurs, sur le terrain juridique.

La Commission des grâces a fonctionné, elle aussi, et a accepté devant l'histoire la périlleuse mission de faire exécuter les sentences prononcées.

Rossel, Ferré, Bourgeois — 28 novembre 1871.

Gaston Crémieux — 1er décembre 1871.

A quand l'abolition de la peine de mort en matière criminelle et son rétablissement *légal* en matière politique ?

Ceux qui demanderont le rétablissement auront un précédent.

Gaston Crémieux s'était-il rendu coupable d'un crime de droit commun ?

TABLE DES MATIÈRES

Avant-propos. . . . .
Première partie. 3
Conclusion. 80
Deuxième partie. 87
Table alphabétique des journaux. 89
Action (l'). 89
Actualité (l'). 95
Affranchi (l'). 96
Ami de l'ordre (l'). 107
Ami du peuple (l'). 108
Anonyme (l'). 114
Bien public (le). 116
Bonnet rouge (le). 124
Bon sens (le). 127
Bulletin communal. 129
Bulletin des lois. 130
Bulletin du jour. 130
Caïn et Abel. 131
Caricature (la). 133
Châtiment (le). 137
Chefs révolutionnaires (les). 143
Commune (la). 143
Commune (la). 147
Commune dévoilée (la). 148
Confessions d'un séminariste breton (les). 148
Constitution (la). 149
Corsaire (le). 151
Courrier de Paris (le). 153
Cri du peuple (le). 154
Crimes des congrégations religieuses (les). 159
Dessins (les). 160

Discussion (la)	161
Drapeau rouge (le)	162
Écho de Paris (l')	163
Écho du soir (l')	165
Estafette (l')	166
Étoile (l')	168
Faubourg (le)	169
Fédéraliste (le)	170
Fédération communale (la)	173
Fédération (la)	174
Fédéré des Batignolles (le)	177
Feu grégeois (le)	177
Fils du père Duchêne illustré (le)	177
Flèche (la)	182
Fronde illustrée (la)	185
Grelot (le)	186
Indépendance française (l')	188
Indispensables (les)	188
Jacques Bonhomme	189
Journal officiel (le)	191
Journal populaire (le)	279
Journal du soir (le)	281
Justice (la)	282
Lamentations de la mère Duchêne (les)	286
Livre Rouge (le)	286
Mère Duchêne (la)	287
Moniteur des arts (le)	287
Mont-Aventin (le)	288
Montagne (la)	291
Mot d'ordre (le)	295
National (le)	303
National (le petit)	306
Nation souveraine (la)	306
Némésis galante (la)	310
Officiel des arts (l')	310
Ordre (l')	311
Paix (la)	315
Paris-libre	316
Père Duchêne (le)	321
Père Duchêne enfin expliqué (le)	322
Père Duchêne (les mémoires du)	323
Père Fouettard (le)	324
Pilori des mouchards (le)	324
Pirate (le)	325
Politique (la)	326

Prêtres (les). 327
Profils politiques. 327
Prolétaire (le). 327
Régime constitutionnel (le). 329
Représentants en représentation. 329
Républicain (le). 329
République nouvelle (la). 330
Réveil du peuple (le). 332
Révélations d'un curé démissionnaire. . . . 333
Révolution politique et sociale (la). 334
Révolution politique et sociale (la). 335
Rigoletto. 336
Rouge (la). 336
Salut public (le). 337
Scie (la). 338
Sociale (la). 339
Souveraineté du peuple (la). 340
Spectateur (le). 340
Tribun du peuple (le). 341
Vengeur (le). 342

Publications et écrits divers.

Allemagne républicaine (l'). 349
Arrestations de roussins. 349
Bonaparte (Louis). 350
Bonhomme Franklin (le). 350
Bouche de fer (la). 351
Cadavres de Notre-Dame-des-Victoires (les). . 351
Ce que veut Paris ; ce que veut la France. . . 351
Cinq milliards. 351
Colonne (la). 352
Complot découvert (le). 352
Conspiration des jésuites. 352
Cri de la France (le). 352
Crimes de Versailles (les). 352
Crise financière (la). 353
Débandement de l'armée de Versailles. . . . 353
Découverte d'une conspiration bonapartiste. . 353
Démission de M. Thiers. 353
Démonstration des droits. 354
Dernier mot (un). 354
Deuxième discours. 354

Droits de Paris (les). 354
Écrasons la Commune. 354
Gouvernement du 4 septembre (le). 355
Grande manifestation des compagnons du Devoir. . . . 355
Grande nouvelle. 355
Grande Révolution (la). 355
Grand pardon. 356
Laissez-moi mes matelas. 356
Manifestation des francs-maçons. 356
Nouveaux impôts (les). 356
Obus (l'). 357
Oraison funèbre. 357
Premier discours. 357
Proclamation du droit de la Commune. 357
Projet de conciliation. 358
Proposition à la France. 358
Protestation. 358
Prussiens en République (les). 359
Remise gratuite par la Commune de tous les objets engagés au mont-de-piété. 359
Réponse à M. Thiers. 359
Reprise de la guerre. 360
République de Marat. 360
République et la Commune (la). 360
Républicains suisses, etc. (les). 360
Suppression des loyers. 360
Union française. 361
Vengeance de Versailles contre la Commune. 361
UN DERNIER MOT. 363

PARIS. — IMP. VICTOR GOUPY, RUE GARANCIÈRE, 5.

www.ingramcontent.com/pod-product-compliance
Lightning Source LLC
Chambersburg PA
CBHW050250170426
43202CB00011B/1629